海外中国研究丛书

——到中国之外发现中国

秦帝国的诞生

秦帝国の誕生

古代史研究のクロスロード

[日] 籾山明 [美] 罗 泰 编
吴昊阳 曾广桃 译

江苏人民出版社

图书在版编目(CIP)数据

　　秦帝国的诞生 /(日)籾山明,(美)罗泰编；吴昊
阳,曾广桃译. -- 南京：江苏人民出版社,2025.5.
(海外中国研究丛书 / 刘东主编). -- ISBN 978 - 7 - 214
- 30147 - 5

　　Ⅰ. K233.07

中国国家版本馆 CIP 数据核字第 2025F8T639 号

江苏省版权局著作权合同登记号:图字 10 - 2021 - 100 号

书　　　名	秦帝国的诞生	
编　　　者	[日]籾山明　[美]罗　泰	
译　　　者	吴昊阳　曾广桃	
责 任 编 辑	陆诗濛	
装 帧 设 计	陈　婕	
责 任 监 制	王　娟	
出 版 发 行	江苏人民出版社	
地　　　址	南京市湖南路 1 号 A 楼,邮编:210009	
照　　　排	江苏凤凰制版有限公司	
印　　　刷	江苏凤凰扬州鑫华印刷有限公司	
开　　　本	652 毫米×960 毫米　1/16	
印　　　张	19.25　插页 4	
字　　　数	215 千字	
版　　　次	2025 年 5 月第 1 版	
印　　　次	2025 年 5 月第 1 次印刷	
标 准 书 号	ISBN 978 - 7 - 214 - 30147 - 5	
定　　　价	78.00 元	

(江苏人民出版社图书凡印装错误可向承印厂调换)

序"海外中国研究丛书"

　　中国曾经遗忘过世界,但世界却并未因此而遗忘中国。令人嗟讶的是,20世纪60年代以后,就在中国越来越闭锁的同时,世界各国的中国研究却得到了越来越富于成果的发展。而到了中国门户重开的今天,这种发展就把国内学界逼到了如此的窘境:我们不仅必须放眼海外去认识世界,还必须放眼海外来重新认识中国;不仅必须向国内读者迻译海外的西学,还必须向他们系统地介绍海外的中学。

　　这个系列不可避免地会加深我们150年以来一直怀有的危机感和失落感,因为单是它的学术水准也足以提醒我们,中国文明在现时代所面对的绝不再是某个粗蛮不文的、很快就将被自己同化的、马背上的战胜者,而是一个高度发展了的、必将对自己的根本价值取向大大触动的文明。可正因为这样,借别人的眼光去获得自知之明,又正是摆在我们面前的紧迫历史使命,因为只要不跳出自家的文化圈子去透过强烈的反差反观自身，中华文明就找不到进入其现代形态的入口。

当然，既是本着这样的目的，我们就不能只从各家学说中筛选那些我们可以或者乐于接受的东西，否则我们的"筛子"本身就可能使读者失去选择、挑剔和批判的广阔天地。我们的译介毕竟还只是初步的尝试，而我们所努力去做的，毕竟也只是和读者一起去反复思索这些奉献给大家的东西。

刘　东

目 录

前　言

　　2018年5月19日，东京召开了第63届国际东方学者会议，当中有一节"秦帝国的诞生——与英语圈学者们的对话"主题研讨会。我们把会上的报告和点评适当增订之后集结成册，附录上一篇友情赠稿，并取了一个副标题——"古代史研究的交岔路口"，便得到了本书。"交岔路口"这个词寄托了三层意思，一是英语圈与日语圈研究潮流交叉，二是考古学与文献史学的研究方式交叉，三是今后的古代史研究方向上两者的分歧。

　　本书标题"秦帝国的诞生"，表明本书的焦点在于秦始皇统一中国之前到秦帝国形成的这段历史进程。据近年出土的材料显示，公元前8~9世纪已经出现了"秦"的自称。众所周知，秦国是西方强国，获周王承认诸侯地位，并与东方诸侯国争斗不休。公元前221年，秦国统一中国，建立帝国，然而秦帝国却短命而终。因此，从"秦"的出现到秦帝国的灭亡，这长达六个世纪的时光都是秦史研究的对象。中国古代史研究的主题千千万万，然而追踪并解析秦国在历史长河中如何一步步从诸侯（Vassal State）变为帝国(Empire)依然是一个十分有魅力的课题。本书的目的就是让英语圈和日语圈的学者分别展示文献史学和考古学的研究成果,为这一课题打开新局面。

本书的特征之一是刊登了英语圈学者的论文。英语圈对中国古代史、中国考古学的研究自是历史悠久,随着中国新出土材料的面世、国际交流的加强,最近30年更是无论从质还是量上都取得了瞩目的进展。但是,我们要留意的并不是原因而是结果,即今天的中国学研究领域中已经形成了"用英语写作的中国古代史、考古学研究"这一大磁场。只要读一读本书收录的叶山先生所写的学界展望,无论是谁都会认可这一看法。在中国古代史、考古学范围内,这一磁场所及的范围日益扩大。我们之所以拜托罗泰和叶山这两位英语圈的学界领军人物赐稿,也是出于想要告知日本读者这一磁场的存在。

另一方面,日本的中国古代史、考古学研究也发生了很大变化,其背景和英语圈并无二致,只是关注的点和研究方式有时和英语圈差异颇大。考虑到研究对象本身的历史及学者所处的环境不同,研究有差异是十分正常的,也正因为如此才有了相互学习的价值。渡边英幸、高村武幸、吉本道雅三位先生在会上做了报告,编者拜托他们将报告内容增订成文,将之收入了本书。这三篇文章所关注的问题非常鲜明,所使用的研究方法也非常严谨,是目前日语圈的中国古代史研究的代表之作。希望读者们阅读之际,除了能够认识到日语圈与英语圈的差异,还能思考双方合作的可能性。

下面我们将介绍一下各篇论文,为了让普通读者也能读懂,在此会概括得稍微详细一些。

渡边英幸《秦国的自我意识和他者认识》先概括了秦国统一

前的历史,试图综合地论述秦国对外关系中他者认识的层累性及以之为基础的自我认识和秩序结构。传世文献和出土文字材料中透露出的秦国的他者认识大致可分为三层——①秦国或其他诸侯国眼中的蛮夷、少数人群等外族;②与秦国同属一个文明圈的周王室及其他诸侯国;③臣邦、外臣邦、它邦等统治论角度的他者。秦国的自我认识构建在与"他者"的关系之上,按对外关系的推移分为五个阶段——①边境蛮夷的镇服者;②君临蛮夷和诸夏的霸主;③超克了霸主的"王";④比其他国家更高一级的"帝";⑤统治天下的"皇帝"。秦律中的"夏"是一个包含了秦国和臣服于秦国的各邦的概念,这种类似封建制的关系随着秦国统一天下而被否定,秦国治下只有黔首(秦民)和外部蛮夷的划分渐成定制。

罗泰《考古学所见的秦国经济》从遗物和遗址入手,分公共事业、农业经济与铁器革命、作坊、大量生产与非精英群体的消费模式、货币、贸易六个方面论述了战国秦国的经济。尤其引人注目的是陕西省宝鸡市凤翔区豆腐村的制陶作坊遗址和山西省侯马乔村的城市底层居民墓地。前者是制造国家建筑物耗材的作坊(workshop),表明当时的秦国存在大规模、标准化的生产活动;后者的墓中出土了铁制、铜制的装饰和工具,表明当时的社会底层也能够拥有金属制品。随着近年发掘工作的开展,越来越多的证据显示秦国与草原地带的居民有商业往来,这让从欧亚大陆的视野进行秦史研究成为可能。考古学研究把文献没有记录的历史展现在人们眼前,围绕着秦国兴起和统一的各种问题或许能通过考古学得到解决。

高村武幸《文书行政之始》讨论了秦国的文书行政——通过文书来下达命令和接收下级报告的行政体系是何时、如何开始的。按睡虎地秦简透露的信息，这种行政体系早在公元前 4 世纪，作为地方行政组织的郡还没普遍设置时已经出现了。纪年为秦惠文君四年(公元前 334 年)的《秦封宗邑瓦书》中的署名形式可资证明。行政的执行者——县官在公元前 4 世纪后半叶极有可能已经存在。按照里耶秦简透露的信息，秦国中心地区关中有一些与新设小县相同的部门，里面有多名吏员。这表明秦国的行政体系是在短时间内一口气搭建完成的，随着疆域的扩大统一引入到占领地区中。窃以为以公元前 4 世纪中叶为分界线的做法仍有可商榷之处，另外还应该考虑一下经济发展的背景下文字知识的普及，和秦国为对抗邻近各势力而完善制度的方面。

吉本道雅《〈史记〉的秦史认识》以迄今依然是秦史研究基本史料的《史记》为例，通过对比《史记》与司马迁以前的著作，探讨了其秦史认识的特征。《史记》的最大特征是记载了秦国的通史。基于通史写作的必要性，《史记》写了此前不见的秦仲、襄公、文公、献公等先君事迹，在谈到秦国起源时采戎狄说。另外，《史记》用"僭端(僭越的端倪)"一词来形容襄公受封诸侯，在西畤建国之事，又联系汉高祖建立北畤，使得五畤正式形成，得出了在周幽王覆灭之时，由周往秦，再由秦往汉的历史发展已经注定了的结论。《秦始皇本纪》是司马迁在丰富的统一后的秦帝国相关材料中精挑细选而写成的，其独特性体现在方士、封禅、神鬼之说中。这些描写无疑是在影射汉武帝，但更本质的地方在于司马迁通过描写秦始皇的局限性来体现汉取代秦的必然。

叶山《西方学术界的秦史研究前沿》用 6 节的篇幅整理了欧美的最新秦史研究动向，文章以英语文献为中心，辅以法语、德语成果。这些令人耳目一新的研究或许能成为日本读者关注西方秦史研究的契机。正如叶山先生的结论所说那样，西方的中国史研究是在不同于中国和日本的学术传统下产生的,通过阅读西方学者的研究,我们能注意到一些日本的中国史研究没有注意到的问题和角度。不仅如此,这还是一面镜子,让我们反思应该以何种姿态去面对西方学者。文末列出的《西方秦史研究文献目录》是目前最齐全的文献总览(含英文出版物),是读者直接接触西方学术圈研究成果的绝佳指南。

两篇点评都是由在国际东方学者会议研讨会上学者们所提出的问题而整理成的文章。上野祥史《文字材料与物质文化》从一位考古学家的角度提出了考古学与文献史学的研究方式交叉所衍生的问题。如果说出土文字材料和考古材料(遗迹、遗址、遗物)一样,都是当时人类活动的一环的话,那这些材料的使用场景是什么呢? 同时指出,从文化现象的角度去审视出土文字材料也是很重要的。这番发言可谓是正中了文献史学容易陷入到文字本身的弱点。另一方面,土口史记《如何还原秦史的整体像》着目于英语圈和日语圈的研究潮流,精确地指出了双方角度的差异和本书未能提及或被学术界忽视的问题。作者所谓的"长的秦史"和"广的秦史"可以说是贯穿本书的关键词。

最后是江村治树的友情赐稿《战国国家统治的特征——从城市治理的角度》。这篇文章是专门为本书而写的,立足于遗迹和出土文字材料等丰富史料,理清了战国时期各国统治的差异。通过城市遗迹的分布和规模的比较,战国国家分为三晋(韩、赵、魏)等城市发达的地区和不那么发达的边缘地区(燕、齐、秦)。又从兵器铭文和货币的发行主体入手,比较了各国的军事和经济统制,结论是城市发达的地区里城市的军事、经济独立性较强,国家采取默认的统治模式,而不那么发达的地区,国家对城市的统制力度较大,有向中央集权演变的倾向。这篇文章可谓奠定了从战国各国的比较来思考"秦帝国的诞生"的基础,文章附录的地图和战国各国城市遗迹表则是作者长年累月的研究结晶。

无疑,这本小书里还有很多未能承载的东西。只是,我依然希望能通过本书为社会献上达到国际水平的日语秦史研究。正如两篇点评文章所提到的,目前的中国古代史研究之路上出现了分岔,我们该选哪一条路呢? 如果诸位能够通过阅读本书得到一些启发,那么身为编者的我将无比荣幸。

最后,要感谢时任东方学会理事长池田知久先生,是他提议在国际东方学者会议上举办研讨会的。另外还要感谢事务局的河口英雄、大桥由美,感谢他们为会议的顺利进行而尽心尽力。

籾山明

第一章　秦国的自我意识和他者认识

［日］渡边英幸

前　言

　　秦国兴起于甘肃东部西侧的汉水流域,在公元前 8 世纪周室东迁之际获得了诸侯地位,在春秋前期占领了渭河盆地/关中平原,确立了自身西方大国的地位。此后,秦国多次试图向东扩张,都受到晋国霸主体制的阻拦,自春秋后期到战国中期都被堵在关中地区。公元前 4 世纪,秦国再次向东进发,从秦惠文王时期开始,秦国的领土扩张到了关中之外;到了秦昭襄王时期,秦国占领了黄河中游至长江中游,确立了对其他诸侯的压倒性优势。在秦国强大的实力基础之上,秦始皇在短时间内统一了中国,秦国成为不依靠任何第三方而君临天下的唯一政休。但是秦国也面临着难题,即如何以一个统一标准去统治尚不稳的新领土。统一之后,秦国的征服战争还未停止,短短十五年后,人员、物资均消耗殆尽的秦国也迎来了末日。沿着渭河平原,参照天汉而建的阿房宫、极庙等帝国中枢也和众多的生命一同归于尘土。

　　秦国好比是蝉,从地下辛苦发育,经历了长时间的诸侯国身份,成长之后破土而出得见天日,建成的统一王朝却只是昙花一现。秦帝国的这 15 年是第一次达成天下一统的荣耀时刻,但是把时间拉长，这是一个历史长达 6 个世纪的国家盛极而衰的过程。要准确地理解秦王朝，不仅要研究其在统一后的统治体制，还要探讨统一前的国制。

秦国与外族（蛮夷戎狄，barbarian）的关系是秦制研究的一个重要课题。不管是《春秋》三传还是战国，甚至汉代文献，都有很多视秦国为"夷狄""戎狄""戎翟"的记载。这种认识直到现在还在影响着学术界，尤其是在谈到商鞅变法前的秦国时，时不时有学者提出那时的秦国还保留着西北畜牧民族或游牧民族的文化传统。①

只不过按照目前的研究成果来看，很难把建国之后的秦人和畜牧民族或游牧民族等同起来。甘肃省东部大堡子山遗迹墓葬群、甘谷毛家坪遗迹 A 组遗址等都是早期秦人的遗物，反映出当时的秦人社会是稳定的农耕社会。另一方面，宁夏、陕西、甘肃的春秋战国时期长城地带中的确出土了带有"北方系"青铜器文化色彩的畜牧、游牧民族遗物②，但是两者之间无论是时代还是生计模式都迥乎不同③。按照传世文献的记载说秦人是游牧民族

---

① 例如杨宽《战国史（修订本）》，上海人民出版社，1997 年；侯外庐《中国古代社会秦国文明的源流》，载侯外庐《中国古代社会史论》，日文版由太田幸男、冈田功、饭尾秀幸翻译，名著刊行会，1999 年；好并隆司《皇帝権の成立——秦の特殊性》，载《秦漢帝国史研究》，未来社，1978 年；太田幸男《商鞅変法以前の秦国》，载《中国古代国家形成史論》，汲古书院，2007 年（此文中太田不称秦国为"畜牧民族"或"游牧民族"，而称"非农耕民族"）。吉本道雅《秦——戦国中期以前》（载《中国先秦史の研究》，京都大学学術出版会，2005 年）反对"秦国＝游牧民族"说。

② 关于秦国周边的"戎"的概况，见拙文《研究覚書：戦国時代の"戎"と固原周辺の北方系青銅器文化》，载高村武幸、広瀬薫雄、渡边英幸编《周縁領域からみた秦漢帝国（2）》，六一书房，2019 年。

③ 赵化成《寻找秦文化渊源的新线索》，载礼县秦西垂文化研究会、礼县博物馆编《秦西垂文化论集》，文物出版社，2005 年；腾铭予《秦文化：从封国到帝国的考古学观察》第三章《秦文化的起源与形成阶段》，学苑出版社，2003 年；陈洪《秦文化之考古学研究》第三章《出土资料所见早期秦人社会状况》，科学出版社，2016 年。上述研究论述了毛家坪等地的早期秦文化所受到的周文化影响，指出了其与周边的寺洼文化、辛店文化之间的差异，得出了西周时期的秦人已经过着定居农耕生活的结论。

或畜牧民族的认知是时候要改变了。

与此相关,学界就秦人的起源一直有"东来说"和"西来说"的争论。[1] 所谓"东来说"即认为秦人起源于东方,其他嬴姓诸国与通古斯民族有联系的学说;而"西来说"则认为秦人是起源于西边地区的群体,与"西戎"有联系,甚至就是"西戎"本身。秦墓中出土的铲形袋足鬲[2]及屈肢葬、洞室墓[3]等文化元素在过去被认为是外族的特征,但也有相反意见,认为这是周文化对秦文化的影响。[4] 近年清华简《系年》公布后,"东来说"的声音有增加

---

[1] 持"西来说"的代表性学者有王国维、蒙文通、翦伯赞、熊铁基、俞伟超等人,日本也有不少学者持这一观点。而持"东来说"的代表性学者有傅斯年、徐旭生、顾颉刚、黄灼耀、林剑鸣、伍仕谦、何汉文、段连勤、韩伟、何清谷等人,前注所引的《秦西垂文化论集》中收录了双方的代表性论文。高田绫子《秦の出自をめぐる問題》(载宫本一夫编《遊牧民と農耕民の文化接触による中国文明形成過程の研究》,平成十一年度科学研究費成果報告書,2000 年)对比了两种观点。

[2] 铲足鬲是甘肃当地的文化元素,在毛家坪 B 组遗址和战国时期的西戎墓葬中也有出土,一开始被认为是秦文化的特征,后来人们发现秦墓中的铲足鬲都是春秋战国时期之后,遂转而认为这两种铲足鬲的来源不同。见韩伟《关于秦人族属及文化渊源管见》,《文物》1986 年第 4 期,也载于《秦西垂文化论集》;赵化成《甘肃东部秦和羌戎文化的考古学探索》,载俞伟超主编《考古类型学的理论与实践》,文物出版社,1989 年。

[3] 屈肢葬在秦墓中多见,但秦国的统治阶级一直是直肢葬,采用屈肢葬的多为底层阶级。不过随着时代推移,底层阶级墓也越来越多采用直肢葬了。见上引赵化成《寻找秦文化渊源的新线索》、韩伟《关于秦人族属及文化渊源管见》、陈洪《秦文化之考古学研究》第四章。战国时期,洞室墓的数量也多了起来,这显然是外来的因素。

[4] 韩伟《关于秦人族属及文化渊源管见》认为秦文化继承自周文化;赵化成《寻找秦文化渊源的新线索》承认周文化影响了秦文化,但认为两者的渊源不同;滕铭予《秦文化:从封国到帝国的考古学观察》反对西方起源说,认为秦文化是在周文化的影响下形成的;张天恩《早期秦文化特征形成的初步研究》(《秦汉史论丛》第 9 辑,2004年)、村松弘一《黄土高原西部の環境と秦文化の形成》(载《中国古代環境史の研究》,汲古書院,2016 年)把秦文化的来源分为①西河滩类型、②毛家坪 A 组类型、③大堡子山类型三种,从整体而言三者均属于西周文化的范畴,秦文化是以③为主体,融合①、②而成的。

之势。①

　　但是，关于这个起源争论，我们还不应该轻易地下结论。国家、民族的"起源"和"迁移"很难从考古材料的分布去推测，况且准确度不一定高。② 但另一方面，战国时期流传的起源传说也不能不加批判地全盘接受，这点详见下文。就目前而言，不管是"东来说"还是"西来说"，各自都有值得参考的价值，可是没有决定性和必然性的证据来判断孰对孰错。

　　围绕秦人起源的论述越积越多，相对地，有关秦人如何看待自身、如何看待周边团体及他国的问题却几乎无人问津。有关秦人本质的研究很多，但是从秦人的角度出发的研究反倒不够深入。

　　本章选取的材料——春秋时期有关"秦公""秦子"的铭文（以下统称为"秦公诸器"③）、睡虎地秦简中可见的战国秦律有关

---

① 关于清华简《系年》，详见浅野裕一《史書としての清華簡〈繫年〉の性格》，载浅野裕一、小泽贤二《出土文献から見た古史と儒家经典》，汲古書院，2012 年；吉本道雅《清華簡〈繫年〉考》，《京都大学文学部研究紀要》第 52 号，2013 年；小寺敦《清華簡〈繫年〉訳注（第一至四章）》，《出土文献と秦楚文化》第 8 号，2015 年。中国学者对《系年》的释读研究也很多。近年对于秦人起源的争论，可参见宋镇豪主编《嬴秦始源：首届中国（莱芜）嬴历史文化学术研讨会论文集》，中国社会科学出版社，2013 年。

② ［美］罗泰著，吉本道雅译《周代中国の社会考古学》（译者注：即《宗子维城》，上海古籍出版社，2017 年）第二部分第五章《周文化圈内的民族差异》区分了考古学文化和民族集团的概念，认为"用考古学解决有关秦统治集团民族起源的争论，原则上是不可能的"。王明珂《华夏边缘：历史记忆与族群认同》（允晨文化，1997 年）第三章也提到考古学上的物质文化经常对不上民族概念，认为要从族群边界（ethnic boundary）的动态性及政治、经济角度综合考量。Sian Jones, *The Archaeology of Ethinicity: Constructing Identities in the Past and Present* (Routledge, New York ,1997)第一章回顾了 20 世纪后半叶，将物质文化和族群联系起来的观点被考古学界逐渐摒弃的过程。

③ 本章所引用的青铜器铭文参见中国社会科学院考古研究所编《殷周金文集成（增补改订版）》，中华书局，2007 年（下文简称《集成》）；马承源主编《商周青铜器铭文选》1～4，文物出版社，1986～1990 年（下文简称《铭文选》）；林巳奈夫《殷周時代青铜器の研究（一）》，吉川弘文馆，1984 年；白川静《金文通釈》，《白川静著作集：别集》，平凡社，2004 年（下文简称《通釈》）。另外，大堡子山出土的有铭青铜器参见陈昭容《秦公器与秦子器——兼论甘肃礼县大堡子山秦墓的墓主》，《香港中文大学中国古代青铜器国际研讨会论文集》，2009 年；关于秦文字，参见王辉《秦出土文献编年（订补版）》，三秦出版社，2014 年。

"夏""夏子"的语句等,历来受到学界关注。但是以往的研究要么武断地认为睡虎地秦简的"夏"和东方诸国的"诸夏"是对立关系,要么就强行附会传世文献的记载,更有甚者没有充分考虑秦公诸器和睡虎地秦简的史料性质差异便利用两者互证。总之,这些研究在史料使用上都存在各种各样的问题,导致我们难以描绘一个整体轮廓。

笔者曾经就"夏""臣邦"等关键词句做过探讨,提出了自己的见解。[①] 就目前而言,自以为结论还是站得住脚的,只是还有几个课题需要更加深入探讨。首先是睡虎地秦简的秦律的时代性。在之前的文章中,笔者的论述以之不早于战国末期为前提展开,但是随着里耶秦简、岳麓秦简等新史料的面世,睡虎地秦简的秦律年代可能需要重新考证。[②]

其次,笔者认为有必要从秦国的对外关系和国制的角度定位秦国的自我意识和秩序观。秦国在建国之初似乎并不志在征服"天下",后来在与多方他者的接触当中,其自我意识和他者认识慢慢发生了改变,摸索出了秦国自身的秩序。笔者试图从通史的角度阐明这种认识是如何改变的,秦国自身的秩序又是怎样的。

再次,笔者之前在写作时有一份重要文献没有参考,本章打算与之探讨。2007 年,笔者发表了对于秦律中"夏"的个人看法,

---

① 参见拙著《古代中华观念的形成》第六~八章,岩波书店,2010 年。(译者注:中文版为[日]渡边英幸著,吴昊阳译《古代中华观念的形成》,江苏人民出版社,2024年。)另外,拙文《秦漢交代期の民、夷の帰属と編成》(愛知教育大学歴史学会《歴史研究》第 59 号,2013 年),回应了柿沼阳平先生的意见,对秦汉时期朝廷对外国百姓、外族的同化及编入、统御等方式做了探讨。

② 吉本道雅《睡虎地秦簡年代考》,《中国古代史論叢》第 9 号,2017 年;拙文《戦国秦の"邦"と畿内》,《東洋史研究》第 77 巻第 3 号,2018 年。

彼时并没有留意到尤锐先生的研究。① 事实上，尤锐先生提出了很多角度异于日本学界的观点，未能注意到其是笔者自身的疏忽。只不过尤锐先生的观点也有一些值得商榷的地方，本章的其中一个课题就是与尤锐先生讨论。

怀着上述问题意识，本章将首先梳理秦国与周边势力的关系，再从上下文角度分析、解读有关秦国自他认识的语句，并联系语句写作时的时代背景，从而厘清秦人的自我意识和他者认识的基础及其嬗变过程。

1. 秦国始祖传说

(1)《史记·秦本纪》的始祖传说

秦国是如何记忆自身起源的呢？《史记·秦本纪》所载的始祖传说有一部分经过汉人之手处理，呈多重复合性。② 很多学者从这些传说中找嬴秦起源论的依据，说某记载反映了秦人的起源和迁徙。不得不说，把传说的事迹等同于事实，视相关地区为民族迁徙的做法不禁让人感觉有点天真（naive）。正如吉本道雅所说，《秦本纪》的世系显然是不连续、有中断的。③ 下面我们将不去考证传说的真伪，而是以《秦本纪》为纵轴，以其他相关文献、文字史料为横轴，梳理出秦国始祖传说的组成元素，及蕴藏在里面

---

① Yuri Pines，*The Question of Interpretation: Qin History in Light of New Epigraphic Sources*，Early China Vol. 29，2004．
②《史记》的《秦本纪》和《秦始皇本纪》的结构及其史料来源《秦记》的性质，见藤田胜久《〈史記〉戦国史料の研究》（東京大學出版会，1997 年）、《〈史記〉秦漢史の研究》（汲古書院，2015 年）。尤其是《〈史記〉戦国史料の研究》第二編第一章、《〈史記〉秦漢史の研究》第一編第三章，及吉本道雅《秦——戦国中期以前》。
③ 吉本道雅《秦——戦国中期以前》。

的秦公室的自我意识和传承者对秦国的认识。

　　我们先来看世系 A。这是一连串的神话传说,包括了柏翳(伯翳)嬴姓说、颛顼后裔说,还能找到玄鸟卵生的鸟崇拜因素。嬴姓说之中,《秦本纪》的结尾记载徐、郯、莒、黄、江、钟离等国都是嬴姓国,而且这些国家都位于东方,所以有学者认为这反映了嬴秦的移居和起源。①《国语·郑语》明言秦国是伯翳后裔,嬴姓,《左传》《史记》中也说秦女嬴姓。② 另外,秦公在一些场合还谈到了秦国和其他嬴姓诸国的联系。③ 可见,最晚在春秋时期,秦国和其他嬴姓国家是共享尊伯翳为始祖的自我意识的。

　　再看颛顼。秦景公(公元前 576～前 537 年)陵——秦公一号大墓出土的编磬中有"高阳"二字④,表明秦室在春秋中期后半段前就将颛顼定位为远祖了。至于女修等传说是在何时,又是如何形成的,目前还有争议。不过,至少在《秦本纪》的世系 A 里,女修传说是后来附会上颛顼后裔说的,从而起到了连接伯翳等嬴

---

① 《史记·秦本纪》中的徐、黄、江、郯等嬴姓诸国均位于山东和淮河流域。另外,偃姓和嬴姓可通。见刘师培《偃姓即嬴姓说》,载《左盦集》卷五,《刘申叔先生遗书》,1936 年;陈槃《春秋大事表列国爵姓及存灭表譔异》1～3,《"中央研究院"历史语言研究所专刊》52,1969 年。前人研究大多认为嬴秦是从山东迁移到甘肃的,但是也有观点认为山东诸国是嬴秦从西方迁移过来所建的。见江头广《姓考——周代の家族制度》,風間書房,1970 年。

② 《左传·僖公二十三年》出现了"怀嬴",此后一直用嬴姓来表示秦女。《史记·秦本纪》更是在襄公元年就出现了周丰王之妻"女弟缪嬴"。

③ 《左传·文公四年》载秦穆公在江国灭亡时"降服"。要留意的是秦穆公称江国为"同盟"而非"同姓"。蒙文通《周秦少数民族研究》第二章《西戎东侵》(龙门联合书局,1958 年)引此记载质疑了嬴姓说。陈槃《春秋大事表列国爵姓及存灭表譔异》和江头广《姓考》反对蒙说。但是,《左传》中的"同盟"与"同姓""兄弟"是有区别的(参见拙著《古代中华观念的形成》第四章),如果"同盟"一词不是后世讹传的话,据此就可证明秦国嬴姓说是晚出的。

④ 秦公一号大墓编磬上刻有"高阳有庆,四方以鼏平"字样。见王辉、焦南锋、马振智《秦公大墓石磬残铭考释》,《"中央研究院"历史语言研究所集刊》第 67 本第 2 分册,1986 年。

姓传说的作用。或许这段世系是基于秦室内部的世系而作的。[①]

另一个因素就是始于玄鸟卵生神话的鸟类主题(motif)。东北亚的很多族群都有类似的卵生神话,在古代中国语境下最著名的当是殷商始祖神话。秦国的飞廉、恶来传说也和殷商有联系,或许是取自殷商体系也说不定。在后来的世系中也时不时可见诸如大廉(鸟俗氏)、中衍(鸟身人言)等和鸟类相关的记载。

世系 A

以上三个因素一直都被用来论证秦原本是居住于山东半岛的嬴姓鸟崇拜氏族(鸟夷)。但仔细观察我们可以发现这三个因素之间存在一个很突兀的点,那就是颛顼后裔说和嬴姓说的关系。

秦国之外的其他嬴姓诸侯国尊少昊为远祖。[②] 少昊(少皞)是没有名列《五帝本纪》中的一个上古帝王,与鸟类联系紧密,然而《秦本纪》中却记载秦国尊颛顼为祖先,不见少昊之名。顾颉刚在考证嬴姓诸国等鸟夷群体的分布时注意到了这点,认为秦国实

———————————

① 伯翳和伯益或为同一人,辅助大禹驯服鸟兽,获舜赐嬴姓。见赵翼《陔余丛考》卷五;杨宽《伯益考》,《古史辨》第七册上《上古史导论》。杨宽推测伯翳的原型为鸟身神。秦国为伯翳后裔的认识见于《国语·郑语》《世本》《潜夫论》。持东来说的学者把嬴地比定为山东地区,进而论述嬴秦从山东迁移到西方。

② 《左传·昭公十七年》载,嬴姓的郯国保留了少皞、鸟官起源说。《说文解字·女部》谓:"嬴,少皞氏之姓也。"《山海经·大荒东经》说少昊养育了颛顼,不过窃以为此少昊应非彼少昊。

际上尊的是少昊，尊颛顼是司马迁搞错了。[1] 的确，《史记·封禅书》中有秦襄公在西畤祭祀少昊（白帝）的记载，《墨子·明鬼下》也记载了秦穆公在庙内遇到句芒（少昊一脉，人面鸟身），接受祝福的传说。[2]

顾颉刚的观点可谓尖锐，但是秦公一号大墓编磬铭文证明了春秋时期的秦国真的崇拜颛顼，司马迁并没有搞错。那么，秦国的颛顼后裔说和嬴姓说有可能并非同一个世系传承，而是来自不同体系的传说。《秦本纪》在描写《封禅书》所载的祭祀仪式时用了"上帝"一词，可见本来秦襄公在西畤举行的是普通的祭天仪式[3]，但不知道是谁为了使之吻合嬴姓诸国的传说，故意改成了祭少昊。"白帝"这个名称带有浓厚的五行思想色彩，由此推测应该是后世的润色。即使秦国在某个时期引入了少昊信仰，那也应该是尊颛顼为祖先的世系成立后才发生的，不然无法解释为什么少昊没有名列世系之中。

可见，世系 A 显然是由不同来源的元素共同构成的，而且其内容并非事实。不过要强调的是，虽然内容本身不是事实，但是秦室把自身的起源路径攀附到颛顼、虞舜、大禹甚至殷商王朝，还自称嬴姓，表明他们有可能自认为起源于东方。这一点我们后文

---

[1] 顾颉刚《鸟夷族的图腾崇拜及其氏族集团的兴亡》（1960 年，载《史前研究》，三秦出版社，2000 年。又载《顾颉刚全集：顾颉刚古史论文集（卷十下）》，中华书局，2011 年）。文中指出嬴姓诸国源自少昊（少暤）的传说见于诸书，只有《秦本纪》说嬴秦是颛顼苗裔，故推测秦本来也尊少昊。

[2] 《墨子·明鬼下》："昔者郑穆公当昼日中处乎庙，有神入门而左，人面鸟身，素服三绝，面状正方……穆公再拜稽首曰：'敢问神名。'曰：'予为句芒。'"孙诒让《墨子间诂》谓"郑"当为"秦"之讹。句芒是少昊之"叔"（《左传·昭公二十九年》），这段史料常被引用来论证秦国属于少昊族，同时也暗示鸟身人面的祖先神之名并没有流传到秦穆公这代。

[3] 小南一郎《秦の祀天儀礼（上）》，《泉屋博古館紀要》第 34 卷，2018 年；《秦の祀天儀礼（下）》，《泉屋博古館紀要》第 35 卷，2019 年。

另述。

我们再来看世系 B。这份世系追溯到了戎胥轩、骊山之女、中潏、蜚廉和恶来，转而与西方联系紧密。世系 A 和世系 B 之间存在断层，即"子孙或在夷狄，或在中国"，可知两份世系来自不同的传说。戎胥轩，顾名思义，是"戎"人；而骊山之女则容易让人联想到骊戎。蒙文通在论证秦起源于西戎时就用了这条史料作为论据。吉本道雅则认为骊山之女是西戎崇拜的神灵，秦庄公获犬丘之际顺带取得了祭祀骊山之女的权力，他为了增加秦国统治西戎的合法性，于是在秦室的原世系上添上了戎胥轩的谱系。①

世系 B

中衍 ┈┈┈┈ 戎胥轩
　　　　　　‖　　━━━━ 中潏 ━━━ 蜚廉 ┌━━━ 恶来
　　　　骊山之女　　　　　　　　　　└━━━ 季胜

然而，世系 B 与戎关联的传说能上溯到何时，目前还不明确。从内容上看，世系 B 似乎是取自周室东迁的相关传说，《秦本纪》借申侯之口，谓中潏与戎通婚，归附于周，后秦仲统治了戎，以此来论证周王权与戎的关系的重要性。② 但另一方面，就目前所见的秦系文字材料所示，没有发现秦国将自身的起源路径与戎联系的记载。

因此我们认为戎胥轩—中潏的传说与其说是秦室流传的始

---

① 吉本道雅《秦——戦国中期以前》。
② 《史记·秦本纪》："孝王召使主马于汧渭之间，马大蕃息。孝王欲以为大骆适嗣。申侯之女为大骆妻，生子成为适。申侯乃言孝王曰：'昔我先郦山之女，为戎胥轩妻，生中潏，以亲故归周，保西垂，西垂以其故和睦。今我复与大骆妻，生适子成。申骆重婚，西戎皆服，所以为王。王其图之。'"戎胥轩其来历不明，不见于《秦本纪》所载的世系中，相当于世系 A 和世系 B 中断的空白区。

祖神话,更有可能是流传于各国的秦国起源神话之一,说不定就是周室东迁传说的一部分。战国时期,各国都流传着秦国与戎联系紧密的传言。① 当然,秦室内部的传说怎么说是一回事,传说的内容是真是假是另一回事,只是窃以为相较于世系 A,认为秦国与戎关系密切的世系 B 更接近真相。

要强调的是,世系 B 的内部也存在来源不同的部分,即戎胥轩、骊山女、中潏的戎起源传说和蜚廉、恶来的商周革命传说。前者是引申侯之言所说的追溯性语句,而后者则是《秦本纪》的旁白,故我们认为两者的来源不同。吉本道雅指出,中潏这个人物是挑明了两者矛盾的标志,《秦本纪》的旁白中说殷商时期,中潏"在西戎,保西垂",蜚廉和恶来则在商纣王麾下;然而在申侯话中,中潏变成了归顺周王朝,和集西戎的人。虽说东来说当中有观点认为秦人西迁有两个阶段,但是西垂离殷商的地理距离着实太远,在时间线上也难以说得通。所以,我们认为世系 B 是由西方系的戎胥轩、骊山女传说与东方系的蜚廉、恶来传说融合而成的,而中潏就是沟通两者的节点。

再来看世系 C。这段世系是始于恶来革和季胜的两段世系。《史记》明确记载,秦国和赵国有着相同的始祖神话(秦国 C-1,赵国 C-2)。世系 C 和世系 B 之间有一个极其突兀的重复,那就是恶来和恶来革。吉本道雅留意到蜚廉、恶来与恶来革、季胜的断层,推测这是由不同的传说拼接而成的。② 的确,同一个人物换了个"马甲"就出现两次是很突的,世系 B 和世系 C 的来源应是不同的。奇怪的是,造父是季胜的子孙,他立下的功绩竟然能

---

① 清华简《系年》也回顾了秦人统御戎的历史。秦国与戎的紧密联系在战国时期似乎已经是为他国所周知的历史传说了。

② 吉本道雅《秦——战国中期以前》。

成为恶来革子孙获封于赵的理由,可见世系 C 应该有一部分取
自赵氏的谱系。

世系 C

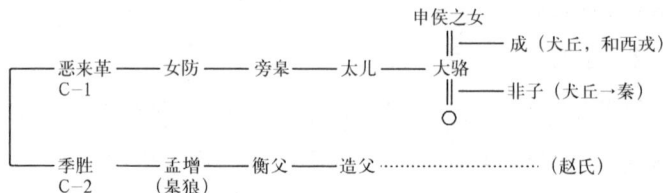

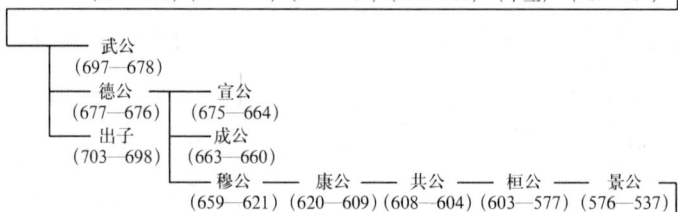

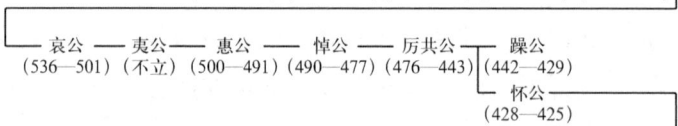

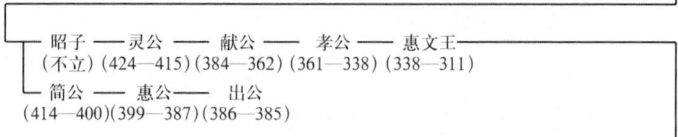

(2) 清华简《系年》第三章的记载

清华简《系年》一方面证明了尊蜚廉为祖的秦东方起源传说
可上溯至战国时期,另一方面也证明了《秦本纪》中的世系 C 不
尽可信。《系年》第三章云:

> 周武王既克殷，乃设三监于殷。武王陟，商邑兴反，杀三监而立禄子耿。成王继伐商邑，杀禄子耿，飞廉东逃于商盖（奄）氏。成王伐商盖，杀飞廉，西迁商盖之民于邾吾，以御奴卢之戎，是秦之先，世作周屏。周室既卑，平王东迁，止于成周，秦仲焉东居周地，以守周之坟墓，秦以始大。①

这段记载与《秦本纪》存在明显的矛盾。《秦本纪》说秦、赵起源于恶来和季胜，而且第一个去西垂统御戎的人是中潏。商周革命之际，恶来为周所杀，恶来革、季胜的子孙分别成了秦人和赵人。另外，《秦本纪》中，秦仲是周孝王时在西垂抗击戎军的人，趁着周室东迁占领周室旧地的人是秦襄公。

《系年》完全没有提到恶来，而且秦的起源虽然和飞廉有关，但飞廉本人不是秦的祖先，藏匿飞廉的商盖氏才是。再者，《系年》对于飞廉的死亡也和《秦本纪》的说法不同。《系年》更认为商盖氏在周成王时期移居西方②，占领了周室旧地的人是秦仲，这些都和《秦本纪》的记载不同。

单纯地考证《秦本纪》和《系年》孰对孰错并不能解决这一矛盾，也无法糅合两者。假设秦的祖先不是恶来，而是商盖遗民，那么《秦本纪》里世系C的秦赵同祖说就是完全的捏造。《系年》认为占领周室旧地的人是秦仲这点也和秦室自身保留的建国传说明显有异。③

---

① 李学勤主编《清华大学藏战国竹简（二）》第三章，中西书局，2011年。

② 其实《秦本纪》内部对中潏的描写也有矛盾之处，但《系年》的"周成王时期西迁说"更加离谱，无法用来缝合中潏商末领西垂的传说。

③ 秦公诸器铭文中，受命建国者为秦襄公，由此判断应是《秦本纪》的记载更接近史实，而《系年》的建国记载不能视为史实。这让人联想起《国语·郑语》中的周室东迁和秦国兴起的预言，当中出现了秦仲。想来，应该是先有秦仲与周室东迁相关的传说，然后《系年》将之与秦襄公建国混淆了。李学勤认为秦仲就是秦襄公，可据吉本道雅《清華簡〈繁年〉考》反驳之，故笔者不从。

换言之，即便《系年》是战国时期的出土文字材料，其内容也包含了违反史实的部分（顺带一提，考古学界认为秦文化的渊源可以追溯到比周成王时期更早的商末周初时期[①]）。

吉本道雅指出，有传说称商盖（商奄）——鲁地是少昊旧地[②]，这点值得留意。有可能《系年》默认了商盖氏是少昊的后裔（嬴姓）。要之，《秦本纪》是先提颛顼、伯翳，再到恶来，然后是非子、秦仲；《系年》所反映的或许是少昊到飞廉、商奄，再到秦仲。这表明《系年》的内容和《秦本纪》分属于不同体系。

从书写形式来看，《系年》也不大可能是秦室保存的传说，更有可能是他国的传唱者所搜集归纳的文献。其第三章表明在战国时期，人们已经拥有了秦先祖与商周革命时的飞廉有关，秦人自东而西迁移等认识。但是，不同于《秦本纪》所载的颛顼、伯翳世系和中潏、蜚廉、恶来传说，《系年》的内容不具史实性，反而反映出了其人为捏造性，同时也表明秦国的祖先传说有多个来源，且作为其中一道来源的飞廉神话又被拆解成了多种版本。

我们再倒回来看《史记·秦本纪》。最晚在战国时期，秦国便以"赵"为氏，自认秦赵同祖（《秦始皇本纪》）。如果说《秦本纪》的世系 A 是颛顼起源说加伯翳嬴姓（clan）说的话，那么世系 C 就是恶来、季胜等的赵氏（lineage）祖先传说。两者之间插入了世系 B 的戎胥轩、中潏传说。这一事实表明世系 A 和世系 C 来源于不同体系，不是连续的传说，秦国后来分别吸收了两者，并做出了一些人为的构建。总而言之，《秦本纪》的神话传说由三部分构成：

---

① 赵化成《寻找秦文化渊源的新线索》；腾铭予《秦文化：从封国到帝国的考古学观察》第三章；陈洪《秦文化之考古学研究》第三章。

② 吉本道雅《清華簡〈繫年〉考》。又，《左传·定公四年》："分鲁公以大路大旂……因商奄之民，命以伯禽，而封于少皞之虚。"

①世系 A：秦室保留的鸟崇拜、颛顼起源说、伯翳嬴姓传说；②秦国西戎起源说及商周革命传说；③秦赵同源的赵氏始祖传说。这些内容的衔接其实并不高明，甚至有点拙劣。如前所述，《史记·封禅书》里还有另一个体系的少昊崇拜没有被采纳到《秦本纪》中。可见，认为世系 A、B、C 都是史实的观点不仅朴素，还有点无稽。另外，秦国的嬴姓赵氏传说本身也不像是纯粹的事实，更有可能是春秋之后，秦室在其他嬴姓国家和赵国里各自取了一点元素，经人手构建而成的①。

《秦本纪》里的世系，我们目前只知道最晚在汉代中期司马迁时已经形成了目前我们所见的形式。不过，我们猜测主体部分，即颛顼起源传说、伯翳嬴姓说、秦国赵氏说的谱系应是根据秦公室官方保留的记录而写成的。另外，《史记》还有少昊崇拜传说和西戎起源说等几个其他体系的祖先传说混入其中，这表明司马迁拿到了这些不同的材料后，并没有强行整合，而是原样记载下来。再者，《系年》的存在反映了有多个关于秦国起源的传说在战国时期并存。

综上所述，《史记》中所收录的秦国起源传说是由多个不同谱系和故事拼接而成的。除了嬴姓赵氏传说，这些传说因素可分为

---

① 秦国的伯翳嬴姓说现已不可考。当然，我们无法贸然否定嬴姓能够追溯到史前的可能性，只是我们觉得更有可能是春秋时期秦国在与他国交流过程中接纳了"嬴"这个姓。冈崎文夫在《古代中国史要》(弘文堂，1944 年)中就指出过秦赵二国冒领姓氏的可能性。春秋时期，诸侯在会盟上会相互承认始祖传说，并以此来决定国际上的地位排序，可见《左传》的宋薛二国狄泉之会辩论(定公元年)和晋吴二国黄池之会上的言论(哀公十三年)。一些国家的历史无法追溯到周初封建，只好捏造一些攀附先商帝王族、先商王朝的始祖传说，并通过盟誓为诸侯国所承认。同样地，秦国有可能不过是自称嬴姓、伯翳后裔而已。另，《国语·郑语》中有秦国嬴姓，是伯翳后裔的记载，关于《郑语》的成书，参见谷口满《祝融诸子伝承の成立》，《文化》第 3、4 号，1977 年。

两大主线：

　　a：颛顼（女修），舜、大禹、伯益（大费），殷商（玄鸟卵、蜚廉、恶来）

　　b：起自西戎、统御西戎（戎胥轩、中潏），畜牧或驯养牲畜（大费、大骆、非子）

　　主线 a 反映了秦国与上古帝王、中原王朝及东方嬴姓诸国的关系；主线 b 则反映了秦国统御西方外族，驯养禽兽牛马的情景，边境色彩较浓。来源不同的各个元素使秦国起源传说具有了复合性质，一是颛顼、大禹、殷商联系紧密的东方"高贵血统"迁移到了西方边境，君临当地戎狄；二是颛顼孙女感应天帝而生的特异族群移居到了西方边境，掌控了当地的外族，进而向中原发展。这里面不仅包含秦室自身的自我意识，兴许还包含了多种传说因素和《史记》作者个人史观的糅杂。

　　值得注意的是，秦国的自我意识尤其强调自身的东方起源因素，即秦国起源于颛顼，尊伯翳为始祖，是嬴姓诸国的一员。《秦本纪》和《系年》虽然都证明不了秦国真的起源于东方，但至少可以证明春秋战国时期的秦室自认为起源于东方。由此可知，秦国并没有与东方的周王及中原诸侯断绝关系，反而一直自认为是当中的一员。这也能解释为什么秦国一直希望染指东方，秦始皇统一之后多次巡狩山东。

2. 秦国对外关系的开展①：
压制关中平原及初次东进受挫

　　《秦本纪》中，非子到秦襄公的事迹刚好就是秦国从附庸到诸侯的建国经过。这一记载自然不能被视为史实。一来，"秦侯"应该不是实际存在的人物；二来，谷口满已经论述过，非子建造秦邑和秦国地位上升是后来加上的,用来作为秦文公日后必然向渭水流域发展的伏笔。① 真正能够证明是现实存在过的人物,最早也就是秦仲、秦襄公这几人。从考古学角度来看,早期秦文化不仅受到周文化的影响,还杂糅了不少当地的文化因素。② 兴许西周时期的秦人族群在甘肃东部的汉水西流域与西戎抗争的过程中,逐渐加强了与周王室的联系。③

就同时代史料而言,春秋时期秦室的"受命建国者"应是秦襄公。《史记·秦本纪》载,秦襄公以西垂(西犬丘)为大本营,在周室东迁之际帮助因犬戎入侵而失去了关中地区的周王室伐戎,遂得到了周王的承认,升级为诸侯,合法统领岐山以西地区。实际上,秦襄公早在西周末混乱期已经从西垂向渭水流域进发了,周室只不过是承认了这个既成事实罢了。

学界认为大堡子山遗迹是秦国时期的秦公陵园及麾下贵族们的墓群。20 世纪 90 年代,大堡子山遗迹遭到大规模盗挖,大量青铜礼器和装饰品被洗劫。对于目前已发现的两座大墓的墓主身份,学界仍有争议,但均认为是秦襄公、秦文公这些早期的秦公④。

---

① 谷口满《王国維〈秦都邑考〉補弁》,北海道教育大学《人文論究》第 38 号,1978 年。
② 赵化成《寻找秦文化渊源的新线策》《甘肃东部秦和羌戎文化的考古学探索》;腾铭予《秦文化:从封国到帝国的考古学观察》第三章;陈洪《秦文化之考古学研究》第三章;村松弘一《黄土高原西部の環境と秦文化の形成》。
③ 不其簋(《集成》4828、4829,西周晚期)以秦庄公为例,谈到了秦国的统治阶级仕于周王室。参见陈梦家《西周铜器断代(上)》,中华书局,2004 年,第 318、319 页;李学勤《秦国文物的新认识》,《文物》1980 年第 9 期。只是铭文中的"公伯"是不是就是《秦本纪》中的"公伯",目前还有争议。参见《通释》193。
④ 陈昭容《秦公器与秦子器——兼论甘肃礼县大堡子山秦墓的墓主》;村松弘一《黄土高原西部の環境と秦文化の形成》。

秦襄公建国之后,秦国的对外关系可分为以下几个阶段:①

第一期:秦襄公～秦成公(前8世纪初～前7世纪前半叶)

第二期:秦穆公～秦景公(前7世纪～前6世纪后半叶)

第三期:秦哀公～秦怀公(前6世纪后半叶～前5世纪后半叶)

第四期:秦灵公～秦献公(前5世纪后半叶～前4世纪中叶)

第五期:秦孝公～秦武王(前4世纪中叶～前4世纪末)

第六期:秦昭襄王～秦王政前半期(前4世纪末～前3世纪后半叶)

第七期:秦王政后半期～统一期(前3世纪末)

接下来,我们将一一概述秦国各阶段对周边势力的动向,及与周边势力的关系。

(1) 从西垂到关中平原

第一期是秦国从建国,到抗击西戎,再到占据关中平原的时期。周幽王垮台之际,秦襄公临危受命伐戎,给秦国争取到了诸侯的地位,可惜不久便逝于岐山阵中(公元前766年)。继承人秦文公在"汧、渭之会",即今宝鸡附近建邑,征伐西戎,打到了岐山(公元前750年),并吸收了周的遗民。秦国势力逐渐向南山、丰地蔓延(公元前739年),并控制了周的旧地。秦文公给秦国打下

---

① 下文中关于秦国领土扩大与对外关系的论述,主要来源是《史记》,并参照林剑鸣《秦史稿》(上海人民出版社,1981年)、马非百《秦集史(上下)》(中华书局,1982年)、吉本道雅《秦——戦国中期以前》、村松弘一《中国古代環境史の研究》第一部的考证。另,战国后期的战争史,参见宫宅洁《秦の戦役史と遠征軍の構成——昭襄王期から秦王政まで》,载《中国古代軍事制度の総合的研究》,平成20～24年度科研費、基盤研究(B)研究成果報告書,2013年。

了岐山以西地区。① 下一代秦宪公讨伐荡社,压制了渭水中游,于公元前 714 年迁都平阳(今陕西省宝鸡市),开始与周王室和鲁国的通婚。② 秦国建国及周王承认秦国另有岐山以西地区,应是在秦文公、秦宪公时期。

接下来是出子、秦武公、秦德公时期。这段时期,秦公室内部十分混乱,在对外上却是秦国开始压制周边外族小国,开始区域统治的时期。出子即位后,秦室爆发了三父之乱,臣下弑出子,改立秦武公。武公继位后平定内乱,将邽冀之戎和小国改为县。③ 邽冀之戎(冀戎)应与毛家坪 B 组遗迹有关联。④ 在这段时期里,秦国积极地将戎纳入到统治之下。太公庙村出土的秦公镈、秦公钟就是铸于出子之时。同时,这也是秦国回首建国历史记忆,建立"蛮夷镇压者"意识的时期。⑤

秦德公于公元前 677 年定都雍城(今陕西省宝鸡市凤翔区)。雍城南郊有一大片历代秦公陵墓区,秦公一号大墓便位于此。直至秦献公迁都栎阳、秦孝公迁都咸阳为止,雍城一直都是秦国首都。同时期还发生了梁、芮来朝(公元前 677 年)和秦晋开战(公元前 672 年)之事,可见此时秦国已经完全控制住了渭河流域,开

① 《史记·秦本纪》。"(文公十六年)文公以兵伐戎,戎败走,于是文公遂收周余民,有之。地至岐,岐以东献之周。"可见秦襄公或周王赐岐山以西地区的故事是以秦文公的事迹为前提补充的回溯性记载。
② 《史记·秦本纪》:"(宁公十二年)宁公生十岁立,立十二年卒,葬西山。生子三人,长男武公为太子。武公弟德公同母鲁姬子生出子。"林剑鸣《秦史稿》引太公庙村出土秦公镈、秦公钟铭文的"秦公""王姬"自称,认为《秦本纪》该句有脱字,应为"武公、弟德公同母鲁姬子。[王姬]生出子"。吉本道雅《秦——战国中期以前》赞同林说,并指太公庙村秦公镈、秦公钟的作器者应为出子。
③ 《史记·秦本纪》:"武公元年,伐彭戏氏。至于华山下,居平阳封宫。三年,诛三父等,而夷三族,以其杀出子也。十年,伐邽冀戎,初县之。十一年,初县杜、郑,灭小虢。"
④ 赵化成《甘肃东部秦和羌戎文化的考古学探索》;陈洪《秦文化之考古学研究》第三章。
⑤ 太公庙村秦公镈、秦公钟的建国传说,见拙著《古代中华观念的形成》第六章。

始与东方的诸侯国接触了。

(2) 东进受挫

第二期为秦穆公至秦景公时期。这段时期,秦国在压制关中的基础上打算向东进发称霸,然而受到了东方晋国的阻挠,最终称霸失败。

秦穆公时期(公元前 659～前 621 年),秦国从关中往东进发,试图建立霸主体制。秦穆公灭掉黄河沿岸的梁、芮两国后,相继插手周室和晋国的内乱,扶立了晋景公、晋文公,杀害了晋怀公(公元前 636 年)。这反映了秦国希望影响晋国,染指黄河中游,志在当上拥立周王的霸主。然而,曾经是秦国帮手的晋文公让秦穆公的东进计划受挫。秦穆公曾试图绕过晋国和周王室,压制滑国和郑国,结果军队在归途中遭到晋襄公攻打,在崤之战中惨败(公元前 627 年)。翌年,秦穆公再次召集军队欲一雪前耻,最终还是放弃了东进的念头,专心对付西戎。[1]

秦穆公的东进受挫是秦国历史上的划时代大事。彼时,秦国东进,与周王室、诸侯频繁接触,一度成为与齐、晋、楚三国比肩的大国,甚至还能觊觎一下拥立王室的霸主地位。春秋中后期秦景公强调秦国"十有二公"统治"蛮夏",显然是意识到秦穆公东进之事才这么说的。另一方面,秦穆公时期也是秦国扩张受挫的时

---

① 《左传·文公三年》:"秦伯伐晋,济河焚舟,取王官及郊,晋人不出。遂自茅津济,封殽尸而还,遂霸西戎,用孟明也。"《韩非子·十过》中,这段故事被明显增幅,戎被描写成游牧、移牧民族。然而《左传》中并没有提到戎是游牧民族,况且长城地带的北方系文化带在春秋前期还未形成。秦穆公时期的戎应该是邻近秦国的外族,是继承寺洼文化或毛家坪 B 组文化的人群(详见后文)。《韩非子》的记载是受到战国后期的戎人形象影响而作的。至于秦穆公时期的秦国领土,仅限于关中内部,参见吉本道雅《秦——战国中期以前》第二部下篇第三章。

期。秦国脱离以周室、晋国为中心的同盟体制也是在这一时期。尽管细节上有差,但《春秋》三传均认为秦国在崤之战后便沦为了"夷狄"。[①] 事实上,在此之后,秦国也的确逐渐远离晋国主导的"夏盟"秩序了。

秦穆公去世后,历代秦公都没放弃东进的念头,不断向东方的晋国发起挑战。秦康公趁着晋国内乱,试图军事介入,结果在令狐之役(公元前 620 年)败北,后来又试图在河曲之役(公元前 615 年)雪耻,结果依然是失败。秦国于是转而和晋国的另外一个对手——楚国交好。后来晋厉公看到秦桓公试图反攻,遂遣吕相前往宣告两国断交,并动员诸侯把秦国打回了泾水西岸(公元前 578 年)。

秦景公时期,秦国的东进已经完全没有希望了。公元前 564～前 562 年,秦国数次出兵,被晋国悉数打退。公元前 559 年,晋悼公成功再次称霸,发动了棫林之战,统领诸侯大军攻打秦国。秦国打退了诸侯军,但再也无力对抗晋国同盟。公元前 548 年,秦国与晋悼公的继任者晋平公讲和[②],事实上屈服于晋国。此后,秦国虽然强化了与楚国的同盟,但再也不敢挑战中原诸夏诸侯和周王室的霸主地位了。秦公子鍼还一度逃亡晋国(公元前 541 年),日后一段长时间里,秦国再也没有试图反攻晋国。

---

① 视秦国为夷狄的问题,参见拙著《古代中华观念的形成》第一章。《公羊传》《谷梁传》的"僖公三十三年"条载,崤之战后,秦国便被"夷狄之"了;而《左传》则贬称秦国"无礼"。《战国纵横家书》第十六章及《战国策·魏策三》指"夷翟"同俗。

② 秦晋结盟,《史记·秦本纪》说是在秦景公二十七年,《十二诸侯年表》说在秦景公二十九年,《左传》说在襄公二十五年,即秦景公二十八年。《史记会注考证》及马非百以《左传》为是。《史记》载秦景公亲自到了晋国,按当时秦晋两国关系这是不可能的,应以《左传》之说,此盟乃晋国韩起与秦国伯车所结的泲盟。至于秦晋讲和意味着秦国向中原进发的最终受挫,见吉本道雅《中国先秦史の研究》第二部下篇第三章。

（3）压制边境

第三期，即春秋后期至战国前期，秦国对外关系的重心转移到南方和西方。楚吴柏举之战（公元前 506 年），秦哀公出兵帮助被打得节节败退、濒临灭国的楚国；秦厉共公至秦躁公时，秦国打通了与巴蜀联络的路线，并出兵攻打大荔、义渠等"戎"。可见秦国在向黄河中游进发的计划受挫后，绕过了黄河中游，联合江汉平原的楚国，并把工作方针转移到统治西方、南方边境之上。

秦国不再向东方用兵，确立边境的政策加快了关中地区的开发进度。文献中对这段时期秦国的社会经济状况记载不足，只能从第四期秦国再次东进、第五期疆域扩展到关中之外，及战国中期秦国的关中地区人口压力陡增来倒推。倒推的结论是，第三期正处于春秋战国交替期，秦国国内的开发进度提高，人口相应增加。商鞅变法出台的各项政策也应该放到关中地区开发和居住人口增加的背景下去理解。

3. 秦国对外关系的开展②：霸主、帝王

（1）再次东进与确立君权

战国前期的秦灵公至秦献公时期是秦国对外关系的第四期。这段时期，秦国再次开始东进，同时君主和世族的斗争也愈演愈烈。秦献公在位之时刚好遇上三晋分裂、霸主体制瓦解，遂趁机确立了君权，战胜了三晋，取得了拥护周室的地位。

首先，秦灵公至秦惠公时期，秦国再次向东用兵，接连攻下少梁（公元前 419 年）、郑下（公元前 413 年）、阳狐（公元前 401 年）、

宜阳(公元前 391 年)。秦国敢大张旗鼓地再次东进,原因显然是晋国事实上分裂,霸主体制显著迟缓。不过,由于三晋猛烈的抵抗,加上秦国国内君主与世族的斗争激化,秦国最终也未能成功称霸。春秋中后期,各国内乱频仍,秦国也不例外。最终,秦献公在斗争中胜出,确立了君权。

秦怀公、秦出公先后为庶长①所弑,秦献公继位后,成功诛灭世族势力,坐稳了君主之位。对内,秦献公改蒲、蓝天、善明、栎阳等要地为县,这里的改县应是指将之改制为中央直辖的军事据点②。对外,秦国在石门之役(公元前 364 年)、少梁之役(公元前 362 年)等战役中战胜三晋,获周王赐"黼黻"。彼时,继承了晋国霸主地位的是魏国③,而复兴的秦国则获得周室承认,得到仅次于魏国的地位。可以说,这是秦穆公之后,秦国久违的再一次接近霸主地位的时期。终于,在秦献公之子秦孝公手上,秦国实现了东进和称霸两个目标。

---

① 关于庶长,目前众说纷纭。林剑鸣《秦史稿》谓庶长即庶民之长;太田幸男《商君变法以前的秦国》(《中国古代国家形成史論》,汲古書院,2007 年)解作中央朝廷軍势力强大的武官;佐竹靖彦《規格地割社会における身分制としての秦代爵制の研究》(《アジア地割制度》,平成 6～8 年度科学研究費研究成果報告書,1997 年)反对林剑鸣之说,认为庶长应系王族公室庶子之长;吉本道雅《中国先秦史の研究》第二部下篇第三章认为庶长是位于统治阶级顶点,由世族(主要是君主旁系家族)最强者所世袭的官职。本章从吉本说,以之为世族阶层之长。
② 战国中期前的"县",参见松井嘉德《県制の遡及》(《周代国制の研究》,汲古書院,2002 年)、土口史记《"県"の系譜——"商鞅県制"成立の前提として》(《先秦時代の領域支配》,京都大学学術出版会,2011 年)。商鞅之前的县制,不详之处甚多,但秦献公的改县,应为把特定的战略要地改制为公室直辖的军事据点。秦献公亲自驻扎栎阳,栎阳成为实质上的首都。统治机构对于战略据点的试点改制,或许就是日后全面置县的滥觞。
③ 吉本道雅《先秦史の研究》第三部第二章。

(2) 变法、称霸、称王

第五期是战国中期秦孝公至秦惠文王时期。这一时期是秦国历史上的重大转折点，秦国成功获得霸主地位，并进一步超越，向专制国家转变。

秦孝公（公元前361～前338年）在即位之初便出兵攻打"戎之獂王"，后起用卫鞅，在公元前359、前350年两次实施变法。关于商鞅变法的研究成果实在太多了，在此不再赘言。不过值得留意的是，商鞅变法之后的秦国，当兵打仗几乎是普通百姓往上爬的唯一机会。这导致了关中的耕地慢性不足，人口压力逐渐增大。① 秦国通过军功爵制、分异政策、开拓新领土来确保社会流动性，构筑起全国枕戈待旦，扩张领土的战时体制。

秦孝公和卫鞅在对外征服层面上，取得了元里之战、攻下少梁（公元前354年）等对三晋的大战果。刚好，周王和魏君在这段时期关系恶化，秦孝公乘机获周王任命为霸主，于公元前360年获赐"胙"，公元前343年获封为"伯"。至于魏国方面，由于史料的不成体系，不详之处颇多，但可以肯定的是魏惠成王在逢泽之会②朝见

---

① 《荀子·议兵》："秦人其生民也陿阸，其使民也酷烈，劫之以执，隐之以阸，狃之以庆赏，鳅之以刑罚，使天下之民，所以要利于上者，非斗无由也。"杨倞注："陿阸，谓秦地固险也。"不合文意。王先谦《荀子集解》引郝懿行："陿阸，犹狭隘也，谓民生穷蹙。《王霸》篇云'生民则致贫隘'，语意正同。注以陿阸谓秦地固险，非也。"陿阸二字有"狭隘"之意，从军事角度来看，这并不单纯是说秦国土地少，还反映了秦国把这本来就不多的农地分出来，通过动员体制半鼓励半强迫地令百姓靠战功获得爵位和土地的内卷举措。

② 逢泽之会，见于《战国策》秦策四、齐策五及《史记》秦本纪、六国年表，古本《竹书纪年》《吕氏春秋·报更》等文献。钱穆《先秦诸子系年》（商务印书馆，2001年）、陈梦家《六国纪年表考证（上下）》《尚书通论（外二种）》，河北教育出版社，2000年）、杨宽《战国史（增订版）》（上海人民出版社，1998年）、平势隆郎《新编〈史记〉東周年表》（東京大学出版会，1995年，第34～40、164～179页）、晁福林《逢泽之会考》（《文史》，2000年第1辑）、吉本道雅《先秦史の研究》等均有论述。

周王后,转而自称"夏王",想要脱离拥戴周王的霸主体制,自为"天子"。或许这就是周王册立秦孝公为霸主的契机。即事件完整经过如下:①

公元前 344 年,秦孝公召集诸侯朝见周王(《史记·六国年表》);

公元前 343 年,周王任命秦孝公为霸主;

公元前 342 年,魏侯针对秦国,在逢泽召集诸侯朝见周王,秦国遣公子少官参加。魏国与周王反目,魏君自称"夏王",妄图登基为"天子";

公元前 342～前 341 年,齐威王介入,于马陵之战大败魏军;

公元前 340 年,秦军大胜魏军,魏王撤回天子之位。

就这样,秦国取代了魏国,登上了霸主地位。

秦孝公时期,秦国开始对封君阶层实施封建制,给予他们封邑。公元前 340 年,封卫鞅于商邑,以为"商君"。《史记·商君列传》中把商鞅归入列侯之位,不过既然商鞅可称为"君",极有可能实际上是关内侯(内侯)。商邑是汉水上游的战略重地,占领了这个地方,秦兵就可从关中平原出发,经武关直通楚地。自此之后,秦国大量分封功臣、宗室、外戚,把边境的占领地和争议地封给他们经营。

---

① 据《秦本纪》及《竹书纪年》,可以肯定的是公元前 343 年(周显王二十六年,秦孝公十九年),周王册立秦国为霸主,翌年魏国在大梁近郊的逢泽召集周王和诸侯会盟,秦国派公子少官参与。问题在于逢泽之会的盟主是谁。钱穆、杨宽、平势隆郎认为是魏惠王(平势认为逢泽之会发生在公元前 350 年,公元前 343 年封秦为伯,应是封魏才对),陈梦家认为是秦魏同时主盟,晁福林、吉本道雅认为这是秦国向魏国屈服的城下之盟。《战国策》的可信度的确要打个问号,但是《秦策四》中明言魏君"为逢泽之遇,乘夏车,称夏王,朝为天子",《齐策五》也说魏君"又从十二诸侯朝天子",似乎也不能一概否定。从秦国派遣公子与会来看,公元前 342 年之会的盟主应是魏惠成君,他召集会盟的目的是再夺霸主之位。可惜,魏国的如意算盘落空,秦国霸权依旧,魏国遂背叛周王(即位天子)。《秦本纪》《六国年表·秦表》说秦公子少官率诸侯朝见周王,这应该是因为《秦记》是以秦国中心的角度来书写所致。

秦惠文王(公元前 338 年～前 311 年)、秦武王(公元前 311～前 307 年)时期,秦国超越了霸主地位,称王号,开始正式染指关中之外地区。据封宗邑瓦书的铭文记载,公元前 334 年,秦惠文君获周天子赐"文武胙",可见此时的秦国依然是霸主。[1] 然而秦惠文君很快就脱离了霸主体制,自称王号(公元前 325 年)。自秦穆公以来,秦国心心念念想要当上霸主,但这才当上没多久,秦惠文王就放弃了。

惠文君称王前后,秦国开始向关中地区外开疆拓土。公元前 328 年,秦国攻下了魏国上郡,开始了郡制地方行政。接下来,秦军先后攻下了河西少梁、河南陕城,及山西南部的汾阴、皮氏、焦城、曲沃和平周。公元前 316 年,秦国出兵巴蜀,杀蜀王,以秦公子通为蜀侯。这是秦王的第一次封侯。[2] 秦军还尝试压制北方泾水上游的义渠,逼迫义渠戎君称臣,在当地设县邑,纳入秦国版图(公元前 315 年)。不仅如此,秦国还撕毁了与楚国的盟约。惠文王后十三年(公元前 312 年),秦国攻打楚国的次数陡增,并攻占了汉中郡。此即秦楚两国关系的转折点。而主导这一系列外交政策的人是秦相邦张仪。

于是,秦惠文王时期,秦国通过"郡"统治了关中外部,并在边境地区分封侯、君、君长,实施封建统治。同时,秦国脱离了尊周王为"天子"的体制,自立为王,开始构建新的体制。

---

[1] 封宗邑瓦书出土于 1948 年的陕西省户县(鄠县)。参见陈直《秦陶券与秦陵文物》,《西北大学学报(人文科学版)》,1957 年第 1 期;尚志儒《秦封宗邑瓦书的几个问题》,《文博》,1986 年第 6 期;郭子直《战国秦封宗邑瓦书铭文新释》,《古文字研究》第 14 辑,中华书局,1986 年;王辉《秦出土文献编年》。瓦书中刻有"四年,周天子使卿大夫辰来致文武之酢(胙)",这里的"四年"即秦惠文君四年(公元前 334 年)。

[2] 封建蜀侯及秦国的封君、封侯情况,参见拙著《古代中华观念的形成》第八章。杉村伸二《漢代列侯の起源》(《東洋史研究》第 75 卷第 1 号,2005 年)论述了汉代诸侯王和列侯制起源于战国秦国封建制。

秦武王时期,秦国与魏联手攻打韩国宜阳,遭到韩国军队的顽强抵抗,攻城战陷入胶着状态①,不过秦国依然把疆域成功扩展到河南三川地区。

(3) 昭襄王崛起与秦王朝建立

公元前 307 年,秦武王意外身故,秦昭襄王(公元前 306～前 251 年)在内斗中胜出,继位新任秦王。自秦昭襄王至庄襄王、秦王政前期,我们划分为第六期。

秦武王、昭襄王时期,中原局势发生了改变。东方齐国在齐威王、齐湣王治理下国力强盛,接连击败了燕国(公元前 314 年)和楚国(公元前 301 年),又与三晋、宋国、中山国合纵,一度击败秦军(公元前 296 年)。齐国灭宋(公元前 286 年)之后,实力达到顶峰,之后便走上了下坡路。后来,燕国和秦国联军攻打齐国,齐湣王出逃,身死异乡。

北方赵国在赵武灵王主持下学习胡服骑射(公元前 306 年)②,经略居住于"胡地"——今山西北部到内蒙古东南部、河套地区的林胡、楼烦等游牧民族。又在阴山山麓筑长城,分隔开归

---

① 秦武王对外攻打的地方集中在黄河南岸交通要冲上的城市,参见林剑鸣《秦史稿》、马非百《秦集史》。攻下宜阳之后,秦国终于走出了秦岭山脉和黄河两边包夹的洛河上游狭道,推进至洛阳盆地,为日后打通往函谷新关(今河南新安县)的东西通路打下基础。函谷新关遗迹中发现了战国秦国修建的道路。另外,河南、山西等黄河中游地区是大城市密集地区,秦国要控制这里,自然需要大量的劳动力,具体情况可参见江村治树《戦国時代の都市の性格》(《春秋戦国秦漢時代出土文字資料の研究》,汲古書院,2000 年)。
② 最近关于胡服骑射的研究有桥本明子《戦国趙の"胡服騎射"》,《名古屋大学東洋史研究報告》第 30 号,2006 年;石本利宏《戦国趙における"胡服騎射"改革》,《東洋史苑》第 73 号,2009 年;柿沼阳平《戦国趙武霊王の諸改革》,《日本秦漢史研究》第 13 号,2013 年。诸家所说此不赘言。

顺的游牧民族和域外游牧民族。① 赵国以武力灭掉了心腹大患中山国(公元前 296 年),与秦国在北方呈拮抗之势。之所以能够做到这点,很大可能靠的是赵武灵王统合游牧民族。可惜,赵武灵王被卷入了夺嗣之争,被亲生儿子软禁起来,落得个饿死的悲惨下场。在他死后,赵国失去了集结游牧民族的地位。

在这一系列实力均衡(power balance)局面被打破之际,秦昭襄王把秦国的实力抬高了一个台阶。外戚魏冉起用白起,在伊阙之战中大胜韩、魏、周联军,牢牢控制住了宜阳以东的洛阳平原东西通路。秦军继续向东、南、北三方进发。往东,打下了陶邑之后,以之作为魏冉的封地;往南,压制了江汉平原,打下了楚国郢都(公元前 278 年);往北,灭掉了早已归顺称臣的义渠,扩展至泾水上游至六盘山麓,一边剿戎,一边筑长城,置北地郡(公元前 271 年前后)。秦昭襄王前半期,秦国陆续新设郡,开始正式的郡县制治理模式。②

秦昭襄王时期也是秦国对占领地的统治方式发生改变的转折时期。秦惠文王时起,秦国便开始了向关中之外扩张,一开始的目的更多的是占领尽可能多的战略要地,优先移居秦国百姓,

---

① 赵武灵王几乎没跟胡人开战过。《赵世家》载,武灵王二十年"西略胡地,至榆中,林胡王献马",赵惠文王二年"西遇楼烦王于西河而致其兵"。即赵国反而通过联络君长阶层来动员胡骑。林巳奈夫《中国殷周时代の武器》(朋友书店,1999 年,第 431、432 页)指出,骑射是游牧民族专属的技术,不是光靠换套衣服就能学会的。吉本道雅《史記匈奴列伝疏証——上古から冒頓単于まで》(《京都大学文学部研究紀要》第 45 号,2006 年)也指出,赵武灵王向北发展并不是为了攻打游牧民族,而是为了招收、动员他们。

② 土口史记《先秦時代における"郡"の形成とその契機》(载《先秦時代の領域支配》)考证了秦置郡的经过,指出置郡大多集中于公元前 234 年之后的战国末期,但秦昭襄王时期,秦国置郡数量不少,如南郡(公元前 278 年)、黔中郡(或洞庭郡,公元前277 年)、南阳郡(公元前 272 年)、河东郡(公元前 290～266 年)、陇西郡(公元前280 年前)、北地郡(公元前 271 年前后),又废蜀国,改为蜀郡(公元前 285 年)。相较于秦惠文王、秦武王时期,秦昭襄王时期的秦郡数量大幅增加。

让他们居有定所,耕有土地。至于获得他国人口则不是重点,秦国攻下上郡和河东地区之后,曾数次驱逐原住民,让秦国百姓搬到当地①,蜀地更是长期以来的流放之地。目前,各地均发现了秦人移居者的墓地。②

可是,秦昭襄王中期之后,几乎找不到出民的事例,秦国反过来积极地将占领地的原住民编入"秦"以为使役。公元前260年长平之战后,秦昭襄王亲赴河内动员新领地的居民,授之以爵。③秦国按照归属的来历,用"故"和"新"来区分本国居民,不过这并不意味着"新"人不被认可为秦国人。④

同时,秦国还在积极构建新的国际秩序。《史记》记载,秦国

① 西嶋定生《中国古代帝国の形成と構造——二十等爵の研究》(東京大学出版会,1961年,第517页起〔译者注:中文版为武尚清译《中国古代帝国的形成与结构——二十等爵制研究》,中华书局,2004年〕)、王子今《秦兼并战争中的"出其人"政策——上古移民史的特例》(《秦汉交通史新识》,中国社会科学出版社,2015年)、于振波《秦律令中的"新黔首"与"新地吏"》(《中国史研究》2009年第3期)都探讨过秦国的"出民"。按《史记》的《秦本纪》和《六国年表》,秦昭襄王二十一年(公元前286年),秦国攻下河内安邑等城市后,驱逐了本地居民。当然,秦国并非全部驱逐,但是考虑到秦昭襄王前半期,秦国都在扩张领土,比起获得新人口,让秦人获得土地才是当务之急。

② 从墓葬的分析可推知有很多关中地区的秦人殖民到陕县(今河南省三门峡市),族群构成(ethnicity)十分多元。参见大岛诚二《秦の東進と陕县社会》,《アジア史における制度と社会》,刀水書房,1996年;陈洪《秦文化之考古学研究》第二章。此外,四川、黄土高原、河南、山西、江汉平原各地均发现了大量秦墓,证明了秦国在占领地殖民秦民的事实。参见间濑收芳《雲夢睡虎地秦漢墓被葬者の出自について》,《東洋史研究》第41卷第2号,1982年;腾铭予《秦文化:从封国到帝国的考古学研究》第四章;陈洪《秦文化之考古学研究》第二章。

③ 见《史记·白起武安君列传》。西嶋定生《中国古代帝国の形成と構造——二十等爵の研究》第512页指赐爵是面向所有秦国百姓的,但浅野裕一《漢の皇帝権力と諸侯王》(载《黄老道の成立と展開》,創文社,1992年)注9指赐爵和动员仅面向河内居民。

④ "故秦"并非关中地区之谓,参见拙文《戦国秦の"邦"と畿内》。战国末年至秦统一时期的新故之别笔者正打算另文讨论。

视韩国、魏国为封国,加强了对这两个国家的统制①,与屈服了周室的齐湣王一度并称西东二帝(公元前 288 年),在对外关系上处于更强势地位。② 这一强势地位在公元前 260 年秦国打赢长平之战后得以最终巩固下来。没过多久,秦国便废掉了周赧王和西周武公。公元前 256 年,周王朝灭亡。这实际上可以看成是秦昭襄王在宣告新王朝的诞生。

晚年的秦昭襄王采纳了扳倒穰侯的应侯范雎的意见,不再往山东方向进发,转而专心地对付邻近的韩赵魏三国。结果就是韩国和魏国叫苦连天。韩王和魏王不仅对秦臣属程度逐渐加深,在秦昭襄王末年至秦庄襄王时期还接连失去三川地区和河北的城市。③ 可见,昭襄王末年,秦国在构建新的国际秩序的同时,还加大力度扩张实质统治的范围。

(4)嫪毐之乱前后——第六、七期

秦庄襄王继位后第一时间就灭掉了在鞏苟延残喘的东周君,又出兵攻打韩国,取成皋、荥阳,置三川(参川)郡,压制黄河中游要地,剑指魏都大梁(今开封)。另一方面,命蒙骜、王齕率军攻打

---

① 秦惠文王之后,秦国通过派遣相邦(公元前 322 年、公元前 313 年、公元前 308 年)、太子来朝(公元前 307 年)、国王亲自来朝(公元前 302 年、公元前 299 年、公元前 254 年)等方式加强对韩、魏、楚的统制。秦昭襄王五十三年(公元前 254 年),"天下来宾。魏后,秦使摎伐魏,取吴城。韩王入朝,魏举国听令"。

② 大栉敦弘《统一前夜——战国後期の国际秩序》,《名古屋大学東洋史研究报告》第 19 号,1995 年。

③ 秦昭襄王三十六年(公元前 271 年)之后,陆续攻打阏与(公元前 269 年)、怀城(公元前 268 年)、邢丘(公元前 266 年)、少曲(公元前 265 年)、陉(公元前 264 年)、韩南阳城(公元前 263 年)、上党(公元前 260 年)、武安、皮牢、太原(公元前 259 年)、邯郸、安阳(公元前 257 年)、阳城、负黍、新城、王城(公元前 256 年)、吴城(公元前 254 年)、成皋、荥阳、鞏城(公元前 249 年)、高都、汲、上党、太原(公元前 247 年)。但总体而言,秦国对黄河以北的城市统治都不怎么牢固。

黄河以北诸县,在上党北边置太原郡。于是,诸侯国合纵反抗秦国,魏公子信陵君纠合五国之兵一度把秦军打回了函谷关内。此时,秦王政继位。

　　年幼的秦王政继位之初,真正掌握国家大权的是庄襄王的知遇恩人——文信侯吕不韦。后来,长信侯嫪毐也得到重用。吕不韦和嫪毐都和太后有着千丝万缕的关系,获封列侯,统领广袤的土地以为封国(封邦)。①

　　秦王政前半期,秦国加大了攻打赵国和魏国的力度,占领了上党郡、太原郡、东郡诸县。不过,秦国在黄河以北的统治力度较弱,经常发生叛乱。秦王政之弟长安君在屯留起兵造反失败,下场十分惨烈,所属军吏被尽数屠戮,当地居民被迁往临洮。② 不过,由此我们也可知,秦王政的权力基础还没十分稳固。

　　嫪毐之乱是秦王政政权的一次里程碑。以此为分界点,我们把统一期归入第七期。秦王政九年(公元前238年),秦王政出发赴雍城加冕,手握王室家产的嫪毐拿着秦王政和太后的符玺在咸阳举兵。嫪毐虽然在山西拥有大片封地,但是他造反能动员的就只有咸阳近郊的兵力(县卒、卫卒、官骑、戎翟君公、舍人),所以很快就被秦王阵营的相邦吕不韦和昌平君、昌文君的军队镇压了。从街巷战死者数百人来看,这场战役的规模并不大。与其说嫪毐是准备万全兴兵造反,倒不如说他被秦王逼到

---

① 吕不韦的封地在西周旧地河南,嫪毐封地在山阳,后改为河西太原。河南和太原都是秦国新打下来的边境战略要地。二人的封地在同时代史料中应记作"邦",即文信侯邦、长信侯邦。
② 《史记·秦本纪》载,秦王政八年,"王弟长安君成蟜将军击赵,反,死屯留,军吏皆斩死,迁其民于临洮。将军壁死,卒屯留、蒲鹝反,戮其尸"。

不得不造反的地步。[1]

长信侯嫪毐逃到好畤被杀，尸体被运回咸阳车裂；太后被软禁起来，她和嫪毐所生的两个孩子被处死；一众相关人员也被严肃处理——卫尉竭、内史肆、左弋竭、中大夫令齐等二十余名高官被枭首，嫪毐的宾客、舍人数千家被流放到蜀地。没过多久，文信侯吕不韦也被罢免，逐到封国，被迫自杀。于是，以太后、吕不韦、嫪毐为中心的三大势力都被清理干净了，秦王政开始亲政。虽然表面上卫尉、内史等人被处理的原因是令咸阳遭受战火，但实际上他们应该是吕不韦在朝中的鹰犬。平定嫪毐之乱，更像是秦王政导演的一场政变，想把一手掌握了朝廷（吕不韦）和王室家产（嫪毐）的太后势力一网打尽。

前人研究认为，嫪毐造反的契机是秦王政起用李斯，强化秦国的法治主义。[2] 从岳麓秦简的记载来看，秦王政后半期的确增加了很多律令，其详情有待今后的实证研究成果公布。另外要强调的是，秦国的国家结构在这一时期发生了明显的变化，封建式的统治模式逐渐被淘汰。

自秦孝公、秦惠文王以来很长一段时间里，秦国都以分封"君""侯"的方式来统治边境要地。但是秦王政清理掉嫪毐和吕不韦势力之后，有着郡级封地的封君、封侯便再也看不到了。当

---

[1] 关于嫪毐之乱，参见西嶋定生《嫪毐の乱について》，载《中国古代国家と東アジア世界》，東京大学出版会，1983 年；鹤间和幸《人間始皇帝》，岩波新書，2015 年（译者注：中文版为杨振红、单印飞译《始皇帝》，中信出版社，2019 年）。鹤间先生以《秦始皇本纪》中的"四月寒冻"和《吕不韦列传》的"以反蕲年宫"为由认为嫪毐有可能并不在咸阳举兵，但窃以为这个论据无法成立，本章依然认为《秦始皇本纪》中嫪毐在咸阳举兵、咸阳发生巷战的记载是可信的。
[2] 西嶋定生《嫪毐の乱について》。

然,统一时期里的确存在列侯、伦侯(关内侯)①,但我们并不知道他们的领地有多大。就连日后为秦王政南征北战,立下赫赫战功的王翦,在出兵伐楚之时也只是希望秦王能赐田宅,而非封地。②可以说,清除嫪毐、吕不韦势力,是秦国全面转向郡县制的契机。

再者,嫪毐造反之际动员了聚居在咸阳的"戎翟君公"。③ 史料中没有透露他们的结局,猜想应该和嫪毐的宾客、舍人一同被肃清或流放。至少我们可以肯定的是,自此之后,居住在咸阳的外族君长、君公绝大部分都消失了。可见秦国对待戎翟君公的手段和君、侯是差不多的。

(5) 迈向统一

秦王政亲政八年后,即秦王政十七年(公元前 230 年),秦国出兵攻打已经是"内臣"的韩国,俘虏了韩王。统一战争拉开帷幕。在此前一年,秦国颁布政令,所有百姓都必须申报年龄,以此作为征兵工作的一环。④ 之后,秦国陆续灭掉了赵(公元前 229

① 《史记·秦始皇本纪》载始皇二十八年琅琊台刻石碑文:"列侯武城侯王离、列侯通武侯王贲、伦侯建成侯赵亥、伦侯昌武侯成、伦侯武信侯冯毋择。"这几个人岁位列列侯、伦侯,但我们无法证明他们领地有吕不韦和嫪毐那么大。不过,秦王政二十一年有"昌平君徙于郢"一句(一说为"徙于陈"。参见黄盛璋《云梦秦简辨正》,载《历史地理与考古论集》,齐鲁书社,1982 年),由此推知昌平君应是有封地的。
② 《史记·王翦列传》:"于是王翦将兵六十万人,始皇自送至灞上。王翦行,请美田宅园池甚众。始皇曰:'将军行矣,何忧贫乎?'王翦曰:'为大王将,有功终不得封侯,故及大王之乡臣,臣亦及时以请园池为子孙业耳。'始皇大笑。"
③ 《史记·秦始皇本纪》秦王政九年四月:"上宿雍。己酉,王冠,带剑。长信侯毐作乱而觉,矫王御玺及太后玺以发县卒及卫卒、官骑、戎翟君公、舍人,将欲攻蕲年宫为乱。"关于戎翟君公,参见拙著《古代中华观念的形成》第八章。
④ 《史记·秦始皇本纪》秦王政十六年(公元前 231 年)"初令男子书年"。睡虎地秦简《编年记》载秦王政十六年"自占年"。参见宫宅洁《秦の戦役史と遠征軍の構成——昭襄王期から秦王政まで》。又,山田胜芳《秦漢財政収入の研究》(汲古書院,1993 年)第四章指出,自秦王政十六年起,秦国的小大区别和傅籍标准从身高转为年龄。

年)、魏(公元前 225 年)、楚①、代、燕(公元前 222 年)、齐(公元前
221 年),统一了天下。

有关统一后的秦国国制及其对外关系,可说的东西太多了,
笔者还未做好准备,只好从中挑选与本章相关的几个论点——
①国际秩序与反"封建";②编入与同化新领土;③持续的巡狩与
征服简单谈谈。

首先是国际秩序与反"封建"。秦国发动统一战争的名义是
镇压诸侯国的反抗和暴动,我们知道秦始皇在朝议上征求新领土
的统治方针之际,否决了封建子弟为诸侯的建议,选择全面直辖
郡县制。始皇二十八年(公元前 219 年)琅琊台刻石碑文载:"诸
侯倍叛,法令不行。今皇帝并一海内,以为郡县,天下和平。"可见
实行郡县制是秦始皇明确的意思。

秦始皇的这个决策要放在嫪毐之乱后"封建"道路逐渐走不
通的背景下去理解。当然,秦始皇亲身经历了王弟和权臣造反也
是一个因素。尤为值得一提的是秦始皇彻底且有点短视的目的
合理性。他认为诸侯国有可能颠覆秦国统治,是天下的不稳定因
素,必须彻底废除。他把诸侯国的原统治阶级叛乱分子称为"从
人",对之极为警惕敌视。里耶秦简和岳麓秦简显示,秦始皇在统
一之后依然执拗地颁布了有关"从人"的法律法规。② 这表明,秦
始皇视"与君主阶层亲近"为不稳定因素的根源,对之采取了扑灭
措施。作为统一后当下的政治课题,这样做的确有合理之处。

---

① 《史记·秦始皇本纪》载,秦王政二十三年(公元前 224 年),王翦率大军攻打楚国,
并于翌年俘获楚王负刍,又翌年,平定江南。岳麓秦简《为狱等状四种》也记载秦国
与江南的"荆"的对立持续到公元前 222 年。
② 有关"从人",参见李洪财《秦简牍"从人"考》,《文物》2016 年第 12 期。里耶秦简和
岳麓秦简中统一期的律令里均有"从人"的事例。

所谓的"封建",就是统治者承认自身之外的其他世袭权力,通过册封、贡献、赐予等象征君臣关系的仪式来修饰当事人双方权利义务性质,是一种维系双方协力与存续的关系。相对地,秦始皇要实施的郡县制统治,是一种废除世袭,由官僚群体实施直辖统治,并通过户籍制度编户齐民,以法律、刑罚、文书实现自律行政的体制。全面的郡县制减少了秦国与周边势力的斡旋余地。西嶋定生的"册封体制"论等经典观点就认为统一后的秦国没有构建起与周边各国保持稳定关系的理论逻辑。①

随着近年出土材料的不断面世,我们发现统一前经常使用的"邦""秦"等字眼——区别秦国与他国的概念——在统一之后使用频率便大幅减少了。② 既然不区别划分国家,自然就谈不上什么国与国的关系。窃以为,秦始皇在试图淘汰我们今天所说的"外交""国际秩序"等规则。

其次是编入与同化新领土。攻下新领土之后,秦国获得了为数庞大的"新黔首"。笔者曾另文指出,战国末年的秦国曾使他国民众"为秦",即编入秦国户口。③ 统一之后,秦国将更多的他国民众和一部分外族人编入"黔首",试图打包"同化"。

为了统治人口不足的新领土,秦国很早就颁布政策把后方的

---

① 见西嶋定生《皇帝支配の成立》,载《中国古代国家と東アジア世界》。浅野裕一《漢帝国の皇帝概念(一)》(载《黄老道の成立》)对于"皇帝"的理解和西嶋定生不同,不过他也承认秦汉皇帝概念区别之一在于有否采取封建制,其论证过程也是在秦国皇帝不得不持续对外扩张的思想背景中展开的。

② 拙文《里耶秦簡〈更名扁書〉試釈——統一秦の国制変革と避諱規定》,《古代文化》第 66 卷第 4 号,2015 年;拙文《戦国秦の"邦"と畿内》,《東洋史研究》第 77 卷第 3 号,2018 年。

③ 拙文《秦漢交代期における民,夷の帰属と編成》,愛知教育大学歴史学会《歴史研究》第 59 号,2013 年;拙文《戦国秦の国境を越えた人びと——岳麓秦簡〈為獄等状〉の"邦亡"と"帰義"を中心に》,载高村武幸編《周縁領域からみた秦漢帝国》,六一書房,2017 年。

吏民、戍卒送到最前线了。据里耶秦简和岳麓秦简记载,这种殖民的秦国吏民时常剥削当地新黔首,或者发生摩擦,政府为了处理这些事也头疼不已。[①] 秦民和原六国民的摩擦在传世文献中也有记载[②],被认为是导致秦朝灭亡的其中一个原因。

里耶秦简还透露边境地区的"黔首"还包括了外部族群(ethnicity)和生计模式异于关中或中原居民的人。[③] 这一现象表明受到统一同化管理的"新黔首"内部有着和主体人群(majority)不同的外人。详情我们留待下一章再述。

再来是第三点——持续的巡狩与征服。秦国本来在原六国地区构筑起来的优势地位就因为全面郡县化而丧失,这些地区还摇身一变成了威胁统治的不稳定因素。反秦势力已经不再是要攻城略地的征服对象,而是屯驻各地的郡县官吏和戍卒日常警惕的对象。当然,对于新领土的普通居民来说,同化为秦民(黔首)的工作与全国性的力役、兵役之重,远超过了可负担的程度,很多居民干脆逃出郡县、乡里社会,跑到山林薮泽里生活。[④]

---

① 岳麓秦简《秦律令(二)》(陈松长主编《岳麓书院藏秦简(五)》,上海辞书出版社,2017年)第39~44简:"新地吏及其舍人敢受新黔首钱财、酒肉、它物,及有卖买、假赁贷于新黔首,而故贵贱其价,皆坐其所受及故为贵贱之赃、假赁费、贷息,与盗同法。其贯买新黔首奴婢、畜产及它物,盈三月以上而弗予钱者,坐所贯买钱数,亦与盗同法。学书吏所年未盈十五岁者不为舍人。有能捕犯令者,城旦罪一人,购金四两;捕耐罪一人,购金一两。新黔首已遗予之而能捕若告之,勿罪,又以令购之。故黔首见犯此令者,及虽弗见或告之,而弗捕告者,以纵罪人论之。"这段条文反映了派遣到"新地"的吏民经常剥削当地的新黔首。
②《史记·项羽本纪》:"诸侯、吏、戍卒异时,故徭使屯戍,过秦中,秦中吏卒遇之多无状。"
③ 里耶秦简J1·8·355:"黔首习俗,好本事,不好末作。其习俗槎田岁更,以异中县。"所谓的"槎田岁更",指的是在山地伐木开垦,以为火田之意。参见拙文《"槎田岁更"小考》,東京外国语大学アジア・アフリカ言語文化研究所《中国古代簡牘の横断領域の研究》,2013年9月:http://www. aa. tufs. ac. jp/users/Ejina/note/note02(Watanabe). html
④ 统一时期的秦国,有很多少年、混混逃到了"泽"地。参见柴田升《漢帝国成立前史——秦末反乱と楚漢戦争》,白帝社,2018年。

　　巡狩是秦始皇统治这些占领区的其中一种方式。秦始皇巡狩的目的历来受到研究者们的关注,成果颇丰。[①] 而这些成果大致上可以用"视察"(视察边境、新领地、圣地)、"展现"(向新黔首展现威势)、"祭祀"(祭祀天地、山川、鬼神)三个关键词来概括。[②] 秦始皇巡狩的足迹遍及北部边境、山东半岛、长江流域各地,让新黔首看到了他们的新统治者的威风。讽刺的是,秦国在统一之际明明已经重新整顿了律令和统治体制,但最终还是要靠宣扬皇帝个人的功德、诉诸权威来稳定统治。

　　说到秦国统一后的征服行动,就不得不提攻打北边的胡人和南边的越人,并在当地筑城、移民的行为了。《史记·六国年表》载,秦国在始皇三十三、三十四年(公元前214、213年)同时南北发兵,南路攻打越地,置桂林、南海、象郡;北路攻打鄂尔多斯、阴山山麓,并在当地置县。里耶秦简中也有一些片段透露秦国郡县向边境地区的扩张,吏民、戍卒搬迁到最前线。[③] 进入第五期后,秦国的国家结构在开疆拓土和往占领地投入人力物力之上取得

[①] 林剑鸣《秦史稿》;稻叶一郎《秦始皇の巡狩と刻石》,《書論》第25卷,1989年;桐本东太《不死の探求——始皇帝巡狩の一側面》,载中国古代史研究会编《中国古代史研究》第6号,研文出版,1989年;鹤间和幸《秦帝国の形成と東方世界——始皇帝の東方巡狩経路の調査をふまえて》、《秦始皇帝の東方巡狩刻石における虚構性》,均载《秦帝国の形成と地域》,汲古書院,2013年;田天《秦汉国家祭祀史稿》,生活·读书·新知三联书店,1997年;松井嘉德《経巡る王》,载角田文卫、上田正昭监修,初期王権研究会编《古代王権の誕生Ⅰ:東アジア編》,角川書店,2002年,后又载松井嘉德《記憶される西周史》,朋友書店,2019年;大栉敦弘《前漢武帝の行幸——その基礎的考察》,《日本秦漢史学会会報》第5号,2004年;目黑杏子《前漢武帝の巡幸——祭祀と皇帝権力の視点から》,《史林》第94卷第4号,2011年。

[②] 此观点来自笔者与爱知教育大学2019年度的指导学生山口若纱的讨论。

[③] 如里耶秦简J1·9·0026简文是始皇三十四年(公元前213年)洞庭郡下达各县的文书,里面提到了要镡成旦(属汉武陵县)向附近的"新县"传达命令。由此可知,往岭南设郡县的工作在稳步推进中。又如南越王赵佗之事所示,秦国在统一期往边境地区投入了很多来自"中县"的吏民。此外,里耶秦简和岳麓秦简也零星可见迁受罚吏民往"新地"的律令。关于这一点,留待后日另文再述。

了平衡,而这一结构似乎在统一后依然保持着。统一后还要继续出兵南北,反映出秦帝国内部结构存在缺陷。

4. 秦国他者认识的层次

综上,我们概述了秦国从建国到统一时期的对外关系,归纳如下:

第一期:秦国建国,与戎人抗争,成功压制关中地区;

第二期:试图东进,挑战晋国的霸主地位;

第三期:放弃东进,改为稳定边境统治;

第四期:再次东进,扳倒世族势力,确立君主权威;

第五期:改革国制,成功称霸,再放弃霸主称号,改称王;

第六期:开疆拓土,国力强盛,摸索建立新国际秩序;

第七期:放弃建立国际秩序,改为天下全境,皇权至上。

那么,在对外关系的变化过程中,秦国又有着怎样的自我意识、统治观和他者认识呢?这一节我们来讨论他者认识。

从文献史料和秦系文字材料中,秦国的他者认识大致可分为三层:

(1) 外族——秦国、诸侯国眼中的蛮夷(barbarian)和少数人群(minority);

(2) 中原地区诸国——与秦国属于同一文明圈的周室及其他诸侯国;

(3) 秦国统治论下的他者——臣邦、外臣邦、它邦等。

我们一一细说。

(1) 外族

《史记》等传世文献记载了秦国自建国到统一为止,不断与周边戎人斗争及往长江流域扩张时收编各地"夷"或"蛮夷"的历史。① 如前所述,《史记》的《秦本纪》和《秦始皇本纪》是依据流传到汉室的秦国官方记录(《秦记》等编年材料)而作的,这些有关"戎""夷"的记载推测也是基于秦国官方记录而写的。

从出土文字材料中也能读到同样的他者认识。太公庙村出土的春秋前期秦公钟、秦公镈铭文记载了秦国建国以来如何统御周边"蛮方""百蛮"的历史。② 这里的"蛮"并非指南方外族,而是一个统称,即《史记》里的"戎"。睡虎地秦简《法律答问》中有"臣邦真戎君长"之语,可见秦国的确以"戎"作第三人称,用来指代与秦国及其他诸侯国迥异的人群。③ 另外,清华简《系年》也回顾了秦国统御"戎"的历史。

另一方面,岳麓秦简的统一时期律令中可见秦国的"故塞""徼"内外有"蛮夷"存在。这些蛮夷潜入秦国境内为间谍、抢掠、盗窃,秦国也知道犯人犯事之后会逃往"故塞、徼外蛮夷"和"徼中

---

① 《后汉书·巴郡南郡蛮传》载巴氏(廪君蛮)、白虎夷之事,提到了秦民与夷人、蛮夷的对比。关于这一类蛮夷的情况,参见伊藤敏雄《中国古代における蛮夷支配の系谱——税役を中心として》,载《堀敏一先生古稀記念論集:中国古代の国家と民衆》,汲古書院,1995年;中村威也《中国古代西南地域の異民族——特に後漢巴郡における"民"と"夷"について》,《中国史学》第10卷,2000年;拙文《秦漢交替期の民、夷の帰属と編成》。

② 拙著《古代中华观念的形成》第七章对太公庙村出土秦公钟、秦公镈(《集成》钟265~266、镈267~269,春秋前期;《铭文选》917、918,秦武公)做了释读,下文也将提及。

③ 睡虎地秦简《法律答问》第114简:"何谓'赎鬼薪鋈足'?何谓'赎宫'?臣邦真戎君长,爵当上造以上,有罪当赎者,其为群盗,令赎鬼薪鋈足。其有腐罪,赎宫。其它罪比群盗者亦如此。"

蛮夷",故严厉打击。① 可见,边境地区的"蛮夷"和"黔首"是不同的人群。

上述的记载虽然来源史料的性质不同,但行文显然都是从秦人的角度出发去看待与本国及其他诸侯国迥异的人群的。而且用词继承了西周时期的"夷狄"一词。此外,"蛮""夷""戎"都是能够上溯到西周时期的外族统称。②

其中,与秦国关系最紧密的差异者当数"戎"。戎不是一个特定的族名。③ 汉文史料中,"戎"的分布范围极广,生活形式、生计模式、社会风俗等呈多样性。翻查传世文献,《左传》中的诸戎要么是居住在中原地区的山林薮泽内的非定居民,要么是定居在诸侯国近郊的"差异者",而《史记·匈奴列传》和《韩非子》中的"戎"则是分布于长城地带各畜牧-游牧民的统称。中原地区的戎人当中或许有一些是来自北亚的移居畜牧民后裔。总之,这些"戎"的

---

① 岳麓秦简《亲律令(一)》第 101 简中有"故塞、徼外蛮夷""徼中蛮夷"之语,即不论身处塞内塞外或徼内徼外,只要是外族都叫"蛮夷"。《后汉书·南蛮西南夷列传》载秦国曾任清江流域的廪君蛮为"蛮夷君长",称阆中白虎夷为"板楯蛮夷"。张家山汉简《奏谳书》案例一中也可见"蛮夷"一词,汉人称北部边境长城内外的外族为"保塞蛮夷"。关于保塞蛮夷,见佐藤达郎《保塞蛮夷小考》,《关西学院史学》第 44 号,2017 年。

② 参见拙著《古代中华观念的形成》第一章。最近,詹姆斯·斯科特(Jame C. Scott)指出世界各地居住在早期国家附近的无国家民众——狩猎民、采集民、海洋采集民、刀耕火种民、游牧民等——的生活要比想象中好很多,他们故意和国家保持距离,显然是在有意拒绝"开化",说他们是"野蛮人"多半有种讽刺意味。见[美]詹姆斯·斯科特著,立木胜译《反穀物の人類史——国家誕生のディープヒストリー》,みすず書房,2019 年(译者注:繁体中文版为翁德明译《反谷》,台湾麦田出版,2019年)。斯科特的另一部著作《ゾミア》[译者注:中文版为王晓毅译《逃避统治的艺术》,生活·读书·新知三联书店,2016 年;2019 年出版修订译本]讨论了东南亚的山地居民。斯科特在著作中提出了很多极具启发性的观点帮助我们理解王朝国家对边境人群称呼的故意性及边境人群内部的多样性。

③ 参见拙著《古代中华观念的形成》第一、二章。又,姚磊《先秦戎族研究》(武汉大学出版社,2016 年)列举了以往诸家对"戎"的观点,认为难以给"戎"下一个准确的定义。

所处时代、分布范围、生活形式都不一样，很难将他们视为一个
民族。

再参考考古学的研究成果，我们可以发现所谓的"戎"的文化
要素实在太多元化了。据赵化成、王辉、史党社、陈洪等人的整
理①，秦国周边的所谓"戎"文化有如下几种：

① 商周时期，分布于青海、甘肃、陕西地区的寺洼文化②：特
征为竖穴土圹墓、马鞍型口双耳罐、袋足鬲等，埋葬方式有直肢
葬、火葬、解体葬。不同于居住于平原的周人和秦人，寺洼文化的
人住在海拔稍高的高地处。下文的毛家坪 B 组遗迹的人应与此
相同。③ 推测寺洼文化的人应是定居民，同时过着农耕和饲养家
畜的半农半牧生活，或为传世文献中的"姜戎"。

② 春秋战国时期，甘肃省毛家坪墓 B 组遗迹④：特征为铲形
袋足分裆鬲、双耳罐等。遗迹中出土了瓮棺葬陶器，与 A 组遗迹
所属的秦人文化不同体系。有观点认为 B 组应是秦国所征服的
戎人墓，秦人和戎人在毛家坪这片土地上共存或相邻。

---

① 赵化成《甘肃东部秦和姜戎文化的考古学探索》；王辉《近年来战国时期西戎考古学
　文化的新发现与新认识》，载蔡庆良、张志光主编《嬴秦溯源——秦文化特展》，台北
　故宫博物院，2016 年；史党社《多彩的边境——考古材料所见公元前 7～前 3 世纪
　秦之西北边地文化》，载蔡庆良、张志光主编《秦业流风——秦文化特展》，台北故宫
　博物院，2016 年，后又载《秦与北方民族历史文化论集》，科学出版社，2018 年；陈洪
　《秦文化之考古学研究》第四章。拙文《研究覚書：戦国時代の"戎"と固原周辺の北
　方系青銅器文化》也有相关分类整理，但有几处错误，于本章修正。
② 赵化成《甘肃东部秦和姜戎文化的考古学探索》。
③ 罗泰《周代中国的社会考古学》，第 188～192 页。
④ 赵化成《甘肃东部秦和姜戎文化的考古学探索》；陈洪《秦文化之考古学研究》第
　三章。

③ 春秋中期至战国时期,长城地带的北方系青铜器文化[①]:墓葬形式多为竖穴土圹墓和竖穴洞室墓,埋葬方式多为仰身直肢葬。随葬品除了北方系的青铜兵器、车马具、首饰,还有大量的马、牛、羊等家畜骨头。由此推测这些人群应多过着畜牧或游牧生活。目前比较有说服力的观点是宁夏固原一带的杨郎文化人是文献中的戎狄、西戎。

④ 战国时期,甘肃东部和陕西北部的所谓"西戎"墓葬[②]:墓葬形式为带墓道的竖穴土圹墓,另有偏洞墓和洞室墓,埋葬方式主要是仰身直肢葬。墓中出土了铲足鬲及大量随葬品,包括中原式青铜器、豪华马车等。张家川马家塬墓地和清水刘坪墓地还出土了大量北方系武器和饰品,另外还发现了葬有马、羊等动物骸骨的殉葬坑。

尽管考古材料和文献史料的比定有着相当难度,我们可以肯定的是,所谓的"戎"无论从时代还是文化角度来看都存在多样性。例如①和②的人群就不是完全的畜牧民或游牧民,④的人群甚至还有可能是秦国贵族(戎翟君公)。"戎"虽然被贴上了"不属于周系文化之人"的标签,但是其囊括的范围极广,从居住在王

[①] 罗丰、韩孔乐《宁夏固原近年发现的北方系青铜器》,《考古》,1990 年第 5 期;宁夏文物考古研究所《宁夏固原杨郎青铜文化墓地》,《考古学报》,1993 年第 1 期;田广金《中国北方系青铜器文化和类型的初步研究》,载苏秉琦主编《考古学文化论集(四)》,文物出版社,1997 年;韩小忙著,犬冢优司译《宁夏北方青铜文化研究》,载韩小忙、横田祯昭合著《宁夏回族自治区における古代の民族と青铜器文化の考古学研究》,溪水社,2002 年;杨建华《春秋战国时期中国北方文化带的形成》,文物出版社,2004 年。又,本章校对时,笔者得知宫本一夫《陇山地域青铜器文化の変遷とその特徴》(《史渊》第 139 号,2002 年)讨论了战国时期龙山地区文化的变化及阶层分化,读者可一并参考。

[②] 陇山地区的山岳、丘陵地带出土的"西戎"墓葬情况,见王辉《近年来战国时期西戎考古学文化的新发现与新认识》;史党社《多彩的边境——考古材料所见公元前 7～前 3 世纪秦之西北边地文化》;陈洪《秦文化之考古学研究》第四章。

朝、诸侯附近的非定居民、半农半牧民,到长城地带以北的游牧民等都属于其范畴。后来随着秦国领土的扩张和北方系文化带的出现,"戎"才逐渐地演变成了边境游牧民的专称。①

综上所述,可知秦国的他者意识源自并继承了西周时期周王朝统治阶层赋予差异者的"夷狄"观念,从秦国建国一直到统一前后都保留着。那么,他们到底要和谁划分区别呢?

人们普遍认为中国古代的主体民族是"华夏族",他们称与自己不同的人为"戎"或"夷"。但实际上,在先秦时期的文字材料中,"戎"和"夷"出现得要比"华夏"早很多。那么他们要和谁做区别呢? 窃以为答案是西周金文中所谓的"诸侯""百姓"②。秦公诸器中有"万生(姓)"一词③,睡虎地秦简有"百姓",岳麓秦简、里耶秦简则有"黔首"④。自从西周以来,区别于王朝、诸侯、百姓的存在都用"戎"或"夷"来指代⑤,秦国的统治阶层也继承了这种他

---

① 关于春秋战国时期的秦国与戎,笔者打算另文从考古学和文献史料两方面加以探讨。

② 拙著《古代中华观念的形成》第一章。兮甲盘铭(《集成》10174,西周后期;《铭文选》437,周宣王;[林]西周Ⅲ B;《通释》191):"淮夷旧我帛畮人,毋敢不出其帛、其绩、其进人、其贮,毋敢不即师即市。敢不用命,则即刑扑伐。其隹我诸侯、百姓,厥贮毋不即市,敢或入蛮宄贮,则亦刑。"驹父盨盖铭(《集成》4464,西周后期;《铭文选》周宣工,《通释》补 8):"南中邦父命驹父即南诸侯,率高父见南淮夷。厥取厥服,谨夷俗。"可见"夷狄"的反义词是"诸侯""百姓"。

③ 北宋庆历年间出土的秦公钟铭(《集成》270,春秋;《铭文选》919,秦武公;《通释》199):"余虽小子,穆穆帅秉明德,睿敷明型,虔敬朕祀,以受多福,协和万民。虔夙夕,烈烈桓桓,万姓是敕,咸畜百辟胤士。"参见拙文《古代中华观念的形成》第七章。本章下文亦有提及。

④ 统一时期的"百姓"向"黔首"转变情况,见拙文《里耶秦简〈更名扁书〉试释——统一秦的国制变革与避讳规定》。

⑤ 《后汉书·南蛮西南夷列传·板楯蛮》载,夷人为奉昭襄王立功,于是秦昭襄王"乃刻石盟要,复夷人顷田不租,十妻不算,伤人者论,杀人者得以倓钱赎死。盟曰:'秦犯夷,输黄龙一双;夷犯秦,输清酒一钟。'夷人安之"。这里把"秦"和"夷"作为反义词,"秦"应指秦民、百姓。

者认识。①

  值得留意的是,统一时期的"黔首"群体之中,有一些人的分类(categories)有别于大多数秦人。里耶秦简 J1·9·2307 简:"都乡黔首,毋濮人、杨人、臾人。"②这或许是迁陵县接到上级官府的什么命令而写的回复或者记录的一部分。从内容上看,编入"黔首(百姓)"的人中有一些其他族群(ethnicity)的人,统治阶级会视情况将他们挑出来差别对待。如果说不属于黔首的外族是"蛮夷"的话,那么这里的"濮人、杨人、臾人"就是黔首内部的"少数人"(minority)③。

  我们推测,秦国在统一过程中把很多外族、他国人编入了本国民中,统一之后一律地将这些居民编为"黔首"。但是,撕开这层表皮,内部的差异、区别依然存在。换言之,囫囵地编成百姓或黔首,只不过是故意无视内部文化、意识差异的懒政,在实际操作中,官方还要因应情况再次强调(focus)差异。

---

① 参见拙著《古代中华观念的形成》第四章。"华夏"一词见于《左传·襄公二十六年》,但这里的"华夏"指的是郑国。至于"诸华""诸夏",主要是指兄弟甥舅和同盟诸侯,还没形成后世"汉族"那种自我意识。

② 宫宅洁《秦代遷陵县志初稿——里耶秦简より見た秦の占領支配と駐屯軍》(《東洋史研究》第 75 卷第 1 号,2016 年)在论述了相关史料的基础上,指出编户之后的"黔首"中可细分为一般的"秦人"和特殊的"蛮夷"。

③ 这些名称反映了古代中国的统治阶级(汉语人群)按照一定的标准给居住在西南边境的"异质"居民——或许还包括了山地居民和火田农耕民——做了分类。例如里耶麦茶墓地的 D 组、E 组遗物所属的人群就不是楚人,考古报告的作者把他们比定为苗人和濮人。见湖南省文物考古研究所《里耶发掘报告》,岳麓书社,2006 年,第 368~373 页。但正如斯科特所说,前近代的部族名是国家特地为了区分、掌握接壤的边境居民而命名的,很多情况下称呼某群体为某名是有意为之的(《反穀物の人类史》,第 213、214 页)。"濮""杨""臾"这种分类或许是因为他们归属于王朝的统治。他们一方面不同于普通的秦人,但另一方面又和秦人一样同属"黔首"。

(2) 中原的王室、诸侯

被秦国视为他者的并不只是外族而已。在黄河、长江流域，除秦国外还有很多继承了周朝秩序和周文化的"他国"。

无论是在传世文献还是出土文字史料中，他国的统称都是"诸侯"，个别段落会特别指出是"楚（荆）"或是"晋"等国名。文献中的事例不胜枚举了，我们只来看出土文字史料。睡虎地秦简中有一条规定，说要烧灼"诸侯客"的马车为之驱虫，又称"诸侯、外臣邦"的人为"邦徒、伪吏"，这完全就是把诸侯和臣邦视为外国了。① 张家山汉简《二年律令》中的"诸侯"或许就是源自战国秦国的词。然而，在统一后编写的里耶秦简中，几乎找不到"诸侯"的事例。②

秦国在某段时期曾尊周王室为"天子"。如秦惠文君二年（公元前334年）的封宗邑瓦书便明确提到了"周天子"。秦公一号大墓出土，铸于春秋中期后半段的秦景公编磬铭文写道："荡荡厥商，百乐咸奏，允乐孔煌。叚敔乃入，有凯乃漾。天子宴喜，共、桓是嗣，高阳有灵，四方以鼏平。"这里的"天子"，有人认为是周王③，有人认为是秦景公④，后者比较受支持。然而，这段铭文的

---

① 睡虎地秦简《法律答问》中的"诸侯"事例如下：

　　a.诸侯客来者，以火炎其衡轭。炎之何？当诸侯不治骚马，骚马虫皆丽衡轭、鞅、鞧、辕、輱，是以炎之。——第179简

　　b.使诸侯、外臣邦其邦徒及伪吏不来，弗坐。何谓邦徒、伪吏？徒、吏与偕使，而弗为私舍人，是谓邦徒、伪吏。——第180简

② 里耶秦简J1·8·652＋8·67是例外，这是迁陵尉于秦王政二十六年十二月二十八日所写的上行文书，引用了洞庭郡太守之令，文中写道："秦人□□□侯中，秦吏自捕取，岁上物数，会九月聖大守府，毋有亦言。"这里的"□侯中"或为"诸侯中"。

③ 干辉《奉出土文献编年》。

④ 吉本道雅《秦——戦国中期以前》；松井嘉德《周王の称号——王、天子、あるいは天王》，《立命館白川静記念東洋文字文化研究所紀要》第6号，2012年，又载松井嘉德《記憶された西周史》，朋友書店，2019年。

语境是编磬的音色和功能。"天子宴喜,共、桓是嗣,高阳有灵,四方以鼏平"可理解成作器者演奏编磬所带来的一连串功效。演奏编磬,故"天子"宴喜,作器者便继承了共公和桓公的地位,又通过展示"高阳"的威灵,让"四方"得以平定。类似的表达在太公庙村出土的秦公钟、秦公镈铭文①中也可见,其云:"灵音鉠鉠雒雒,以宴皇公,以受大福,纯鲁多厘,大寿万年。"这里的"皇公"不可能是作器者秦公本人,或为给作器者带来"大福""纯鲁多厘""大寿万年"的历代秦国先公("以宴皇公"在春秋中后期的秦公簋②铭文中作"以邵皇且")。这样一比较,编磬铭文中的"天子"似乎就不大可能是作器者自称了。

因此,编磬铭文中的"天子宴喜,共、桓是嗣,高阳有灵,四方以鼏平"中,"是嗣"是倒装,应解作"嗣是",而"天子"肯定是作器者演奏编磬所飨应的对象——周王。本章已论述过,第二期的秦公曾经一度东进,想要称霸。基于此,我们认为"天子宴喜"的意思类似于晋文公的践土之盟(见《左传·僖公二十八年》),邀请天子赴宴,接受天子册命之意。虽说秦国最终没能真的把周王请来,但这并不代表秦景公不能在铭文中表达自己称霸受命的希冀。

如此看来,春秋时期至战国中期,秦国一直保持着尊周室为"天子"的观念,而且直到战国末期都视其他中原国家为附属于周王朝之下的"诸侯"。要强调的是,这里的王室、诸侯和上文的戎、蛮夷是明确区分开来的,而且"诸侯"和"蛮夷"这种称呼都具有浓厚的周代传统称呼及传统观念色彩。中原诸侯国虽然是外国,但

---

① 《集成》钟:265～266,镈:267～269,春秋前期;《铭文选》917、918,秦武公;《通释》补16。此铭文与其他秦公器的时代性,参见拙著《古代中华观念的形成》第七章。

② 《集成》4315,春秋前期;[林]春秋Ⅱ B,秦景公;《铭文选》920,秦景公;《通释》199。

并非外族（barbarian）。秦国的认知中，本国和两者分别的差异也存在程度的不同。总之，就他者认识角度而言，秦国是周代世界观的忠实继承者。

的确，文献资料中，战国时期的其他诸侯视秦国为夷狄，可是这并不能证明秦国反过来视东方的周室和诸侯为夷狄。同时，也不能凭秦国完成了本国的内部统一就认为秦君自称"天子"了。

(3) 按统治论划分的区别

除了戎和诸侯，睡虎地秦简、张家山汉简中还可窥见秦国的第三种他者认识，那就是"臣邦""外臣邦"和"它邦"。详情笔者已经另文论述过。[①] 臣邦是指君主阶层接受秦国的分封，处于秦国实质统治下的国家或群体，具体而言即是归顺于秦国的外族（如"蛮夷君长"廪君巴氏和服从于秦国的其他"戎翟君公"）和秦国封建的封君侯国；外臣邦是指服从于秦国，从礼节上向秦国称臣，但未处于秦国实质统治下的国家，譬如朝觐秦国的外族和自称"藩臣"的诸侯国；至于它邦，一开始指的是秦国之外的国家，常与臣邦做对比，但后来演变成了与秦国没有任何直接统属关系的国家，"诸侯"和"蛮夷"都可以看成是它邦。

由此可知，除了①秦国、诸侯国与夷狄的区别和②秦国与"诸侯"的区别，还有第三种区别，即③秦法中按照与秦国统属关系的强弱而划分的区别，这种区别属于统治论范畴。有趣的是，秦律中的"夏"就是建立在这一统属关系上提出的概念。换言之，①②两种他者意识是秦国和其他诸侯国共享的，除此之外，秦还按照统属关系的内外之分，专门从法律层面上划分了一个新的区别。

---

① 拙著《古代中华观念的形成》第八章。

5. 秦国的自我意识及其发展

(1) 春秋时期秦国自我意识的嬗变

目前还没有可信的史料能够反映秦襄公建国时期的自我意识,而能够确定年代的早期史料首先当数太公庙村出土诸器和秦景公(公元前 576～前 537 年)诸器。其中太公庙村诸器或为出子所铸(公元前 703～前 698 年)。一直以来,学术界对于这两套秦公器的差异都缺乏正确认识。① 下面我们将以春秋前期的太公庙村出土秦公钟、秦公镈为"秦器 E",以春秋中期后半段的秦景公器为"秦器 L"。两者的比较情况如下:

i. 建国者事迹

E	我先且受天命,赏宅受或。
L1:宋出秦公钟铭	不显朕皇且受天命,灶有下国。
L2:秦公簋铭	不显朕皇且受天命,鼏宅禹迹。

ii. 先公事迹

E	烈烈邵文公、静公、宪公,不坠于上,邵合皇天,以虩事蛮方。
L1	十又二公,不坠于上,严恭夤天命,保业厥秦,虩事蛮夏。
L2	十又二公,在帝之坏,严恭夤天命,保业厥秦,虩事蛮夏。

① 如《通释》补 16 中,太公庙村出秦公钟、秦公镈的文意与秦公簋、宋出秦公钟铭几乎一样。

iii. 现任秦公事迹

祭祀	E	余……小子,余夙夕……虔敬朕祀,以受多福。
	L1	余虽小子……虔夙夕……虔敬朕祀,以受多福。
	L2	余虽小子……虔敬朕祀
臣民	E	鰲和胤士……咸畜左右
	L1	协和万民……万姓是敕,咸畜百辟胤士
	L2	万姓是敕,咸畜……胤士
德行	E	翼受明德……趫趫允义
	L1	穆穆帅秉明德,叡敷明型……烈烈桓桓,趫趫文武
	L2	穆穆帅秉明德……烈烈桓桓,趫趫文武
内外	E	以康奠协朕或,……盗百蛮,俱即其服
	L1	镇静不廷,柔燮百邦,于秦执事
	L2	镇静不廷

第 iii 部分"现任秦公事迹"中,因为铭文的顺序各有不同,所以笔
者把顺序调整了一下以便比较。此外,铭文中本来还有第 iv 部
分"祝福语"的,在此省略。诸器铭文的行文结构的确有很多共同
点,尤其是 L1 和 L2,内容极其相近。另外,第 i 部分的"受天命"
和第 iv 部分的"匍有(灶有)四方",显然都是沿袭自周王室的用
语,透露出一股"不逊"的气息。正如古本道雅所说,这些铭文都
属于西周王权统治观的变种(variant)。①

　　相同之处很多,但不同之处也很明显。首先来看秦器 E 和
秦器 L 中回顾建国者与先公们的部分。秦器 E 的第 i 部分写的
是"赏宅受或",而秦器 L1 中作"灶有下国",秦器 L2 中作"鼏宅
禹迹";秦器 E 的第 ii 部分写的是"虩事蛮方",在秦器 L 中均作

---

① 吉本道雅《秦——战国中期以前》。

"虢事蛮夏";秦器 E 的第 iii 部分中的"朕或（国）""百蛮"等在秦器 L 中作"百邦"。

由此，我们可以认为铭文的行文结构虽然显示，但依然反映出秦国的自我意识在春秋前期至中后期这段时间里发生了质的变化。简单来说，就是以往认为秦国的统治范围仅限本土加周边蛮夷，现在扩展到了同时君临蛮夷和诸夏国家双方。

另外要谈的是春秋中后期的 L 器群中的"鼏宅禹迹"和"灶有下国"的关系。自从顾颉刚详细考证了大禹神话之后，学术界几乎都认可"禹迹"就是广袤的地表世界之意，"鼏宅禹迹"和"灶有下国"是同义句。[①] 但是，这种看法窃以为可商榷。首先"鼏宅"的意思是定都、定点的意思，而"灶有"是普遍领有的意思，动作含义完全不同。其次，有关"禹迹"的用法，随着时代往后发展，的确有了指代天下全境的意思，如《左传·襄公四年》的"茫茫禹迹，画为九州，经启九道"、《诗经·商颂·殷武》的"天命多辟，设都于禹之绩"。然而，在西周和春秋时期，"禹迹"更多指的是先王定都的某个特定地区。例如《诗经·大雅·文王有声》："丰水东注，维禹之绩，四方攸同。"这里的"禹之绩"就不是地表全境，而是周文王建邑的"四方"腹地——丰水河畔地区之意。又，春秋后期的叔夷镈铭文中提到了商汤"咸有九州，处禹之堵"，这里表示天下全境的词是"九州"，而"禹之堵"指的是建都的地区。《诗经·鲁颂·閟宫》中也说后稷继承了"禹之绪"，"奄有下土"。这些例

[①] 顾颉刚《讨论古史答刘胡二先生》（《顾颉刚古史论文集（一）》，中华书局，1988 年；后又收入《顾颉刚全集》第一卷，中华书局，2011 年）中以"禹迹"又可写作"禹甸""禹之绩""禹之绪""下土方"等为例，认为"禹的'迹'是很广的"。王国维《古史新证》（清华大学出版社，1994 年）也认为"禹迹""禹之绩""禹之堵""禹之绪"是同义词。李学勤《秦公簋年代的再推定》（《中国历史博物馆馆刊》第 13、14 卷，1989 年）认为"灶有下国"和"鼏宅禹迹"是同义句，意为在九州之内获得了一片居住地。

子中,作者在谈到始祖的功绩时,统领广袤的领土(四方、下土、九州)和定都大禹旧址或继承大禹功绩是构成对比关系的。所谓的"禹之绩""禹之堵""禹之绪"都是文明开创者大禹的"旧址""遗业"之意。而始祖要定"宅"的地方,肯定不可能是世界的一个边缘角落,必定是世界的中心才对。

那么,"禹迹"为什么能成为世界中心呢?原因或许是大禹是第一个下凡,为人类开创农耕文化的起点,所以"禹迹"就成了农耕殖产的起源之地了。小南一郎撰文指,大禹的敷土神话中包含了人们认为大禹从天上带着息壤下凡广为撒布的记忆,并推测秦国祭祀的"畤"就是地表上首次栽种谷物的地点。[1] 在此基础上,我们可以进一步猜测,"禹迹"这个词最初是一个美称,用来彰显周文王所建设的都城之伟大(《大雅·文王有声》),后来秦国继承了这一思想,在春秋中后期将本国的建国地定义成大禹始创的文明中心地。这种观念其实并非秦国独有,鲁国(《鲁颂·閟宫》)、齐国(叔夷镈)、宋(《商颂·殷武》)等东方诸国也有,或许是春秋时期诸侯共享的观念。

综上所述,春秋中后期之前的秦国建国传说已经发展出了"秦国继承周王朝,定都禹迹,获天授统领下国全境的权能"观念。这种观念所反映的意识,显然是想要把本国的建国者与传说中的先王(王朝创始人)画等号。

要强调的是,秦公器 F 和 L 都保留了秦国上承天命的传说。乍看起来,秦国好像是要否定周王室的权威。但事实上,始祖受

---

[1] 小南一郎《大地の神話──鯀禹伝説原始》,《古史春秋》第 2 号,朋友書店,1985年;《秦の祀天儀礼(上下)》。

命的传说普遍存在于春秋战国时期的诸侯国①,如:

> 以先祖受命,因时百蛮,王锡韩侯,其追其貊,奄受北国,因以其伯。

——《诗经·大雅·韩奕》

晋公曰:"我皇祖唐公□受大命,佐佑武王,龢□百蛮,广嗣四方,至于大廷,莫不来王。"

——晋侯盨铭(拓本中"大廷莫不来王"六字不清)

夷典其先旧及其高祖:虩虩成汤,又敢才帝所,尃受天命,删伐夏后,败厥灵师。

——叔夷镈铭

中山王厝作鼎于铭,曰:……天降休命于朕邦,又厥忠臣赒。

——中山王厝鼎铭

秦器 E 中,先祖"受命",先公统御"百蛮",内容和《韩奕》相近;而秦器 L1、L2 的行文也与晋侯盨、叔夷镈铭文相似。我们可以肯定秦国是以秦襄公为开创者的,再联系铭文中尊周王为"天子"的语句,可知春秋战国时期的诸侯基本上都会说自己的始祖膺受天命,而这并不意味着否定周王权威。

总而言之,春秋时期的秦国继承了西周金文的"天命""四方"等表述,并将里面所包含的权能规模来了个脱胎换骨。春秋前期秦国所谓的"天命""四方",是用来主张秦国统御边境"百蛮"的概念。春秋中后期之后,秦国开始以本国始祖为王朝开创者,并在

---

① 小南一郎《中山王陵三器銘とその時代背景》,林巳奈夫编《戦国時代出土文物の研究》,京都大学人文科学研究所,1985 年;松井嘉德《周王の称号——王、天子あるいは天王》。

先公事迹中将原来的统治"蛮"扩展成统治"蛮"和"夏"。这种君临"蛮"和"夏"的权力形象，与《左传》所描写的霸主形象相一致。① 即秦景公将受命建国者隐喻为先王，将霸主权力隐喻为十二位先公。

前文已述，秦穆公以来，秦国就一直想着东进。秦景公铭文利用了先祖传说这一形式来表达现实中难以实现的东进愿望。比起实际的事迹，铭文内容更像是把当下的自我形象投射到过去之上。在以往的研究中，有人以秦景公并没有显著的对外功绩为由，认为铭文内容与现实不符。② 这实在是个误会。

近年，有一块刻有铭文的簋盖面世，上面有自称为"秦子"的内容，似乎是大堡子山秦公墓中被盗的文物。铭文当中有这么一段话：③

> ……旹。有柔孔嘉，保其宫外。温恭□□秉德(?)受命屯鲁，宜其士女。秦子之光，卲于夏四方。子子孙孙、秦子、姬用享。

这个簋盖的出土情况、作器者均不详④，或许是某位秦太子所作，目前还难以下定论。在此，我们假设簋盖铸于第一至第二期之间，以此来探讨"夏"和"四方"的定义。

毋庸赘言，秦公簋和宋出秦公钟的"蛮夏"其实就是以"夏"和"四方"作为对比的词语。铭文以"夏"和"四方"做对比，反映了一

① 拙著《古代中华观念的形成》第五章。
② 《通释》199 并不认为铭文中所谓的统御蛮夷是秦景公的实绩，谓作器者应是另外一位秦公。
③ 陈昭容《秦公器与秦子器——兼论甘肃礼县大堡子山秦墓的墓主》；小南一郎《秦の祀天儀礼（上）》。
④ 关于秦子簋盖铭的作器年代情况，曾蒙小南一郎先生私下不吝赐教，谨表谢意。

种同心圆世界观。在这种世界观中,事物从"夏"向着"四方"扩散。类似的例子还有《诗经·大雅·民劳》以"中国"和"四方"对比,也类似于《书经·康诰》中代指周文王都城的"区夏"。即,铭文中的"夏"的意思与其说是"诸夏"(含东方诸侯在内),倒不如说更接近于《诗经·文王有声》中的"禹之绩"和秦器 L 中的"禹迹",意为"四方"之中心。精确点说,"夏"指的就是周室旧址,是"四方"的中心。至于诸侯统御"四方"的表述,在西周末期的虢季子白盘中可见。①

因此,簠盖铭文的大致意思是作器者秦子的威风不仅吹拂周朝故址——"夏",连周边的边境地区——"四方"也沐浴到了秦子威光。这里的"夏"所蕴含的"夏"观念要比秦器 L 铭文中"虢事蛮夏"的"夏"更为原始,可以从春秋中期回溯。

综上所述,秦国在春秋前期有着身为边境的镇服者,统御"百蛮"的自我意识,而且很早就认为本国继承了周朝故址、四方中心——夏(禹迹)。在春秋中后期秦景公之前,秦国又增加了以始祖为受命创建王朝,先公作为霸主君临"蛮""夏"双方(即边境的蛮方和中原的诸夏),获天授予匍有"四方"全境的权能的意识。不过主张始祖受天命的意识并非秦国独有,而且这也并不意味着否定周王的天子权威,而是春秋时期的秦国通过假托始祖为先王,表达了想成为霸主,拥戴周王的愿望罢了。

(2) 战国时期秦国的国制与自我意识

上一节中我们论证了春秋时期秦国沿用了与周室王权相关

---

① 虢季子白盘(《集成》10174,西周后期;[林]西周Ⅲ B;《铭文选》437,周宣王):"隹十又二年正月初吉丁亥,虢季子白作宝盘。不显子白,壮武于戎工,经维四方,搏伐严允于洛阳之阳,折首五百,执讯肰五十,是以先行。"

的语句,从"蛮夷镇服者"的自我认识基础上,在春秋中后期前构建起了新的自我意识——以始祖为王朝创始人,尊先公为霸主。此外,尊周王为"天子"的意识,直到战国中期惠文君继位时依然保持着。

那么,在对外关系发生了质的改变的第五期,秦国的自我意识和秩序观又是如何展开的呢?睡虎地秦简《法律答问》中有关"夏"和"夏子"的条文为我们提供了线索。前文已述,学术界关于《法律答问》的研究成果颇丰,我们在此打算做一番梳理。先来看原文:

> ① 臣邦人不安其主长而欲去夏者,勿许。
>
> 何谓夏? 欲去秦属是谓(去)夏。
>
> ——第 176 简
>
> ② 真臣邦君公有罪,致耐罪以上,令赎。
>
> 何谓真? 臣邦父母产子及产它邦,而是谓真。何谓夏子? 臣邦父、秦母谓也。
>
> ——第 177、178 简
>
> ③ 何谓赎鬼薪鋈足? 何谓赎宫? 臣邦真戎君长、爵当上造以上、有罪当赎者,其为群盗,令赎鬼薪鋈足其有腐罪,(赎)宫。其它罪比群盗者亦如此。
>
> ——第 114 简

秦国在法律条文中用到了"夏"这个字眼,必然是蕴含了某种秩序观。然而前人研究对此可谓大相径庭,粗略划分的话可以分成"夏=秦"和"夏=东方诸国"两种观点。采信的观点不同,导致的结论也会不同。采信"夏=秦"的话,那上述秦律反映的就是秦国构建以本国为中心的体系以对抗中原诸国的构图;而采信"夏=

东方诸国"的话,那就是传统的中华观念。

我们先来检验"夏＝秦"的观点。在这一观点中,"夏"是秦国的自称,或以秦国为中心的特定区域,日本学者中有不少人赞同这一观点。"夏＝秦"又能够细分为三个不同的子观点:

(1-1)"夏"仅指秦国本土;[①]

(1-2)"夏"包括秦国本土和秦国的占领地或附属的臣邦;[②]

(1-3)"夏"是秦国的郡县区域加上附属的周边臣邦。[③]

这三个子观点的共同点在于均认为"夏"是以秦国为中心的特殊中华观念,"夏子"即秦人,这两个概念是秦国用来同化外国民众和周边民族的。按照这种观点,秦律所示的"夏"是与中原地区的"中华"形成对立之势的。

而"夏＝东方诸国"的观点则以传世文献和秦公诸器的记载为论据,认为睡虎地秦简的"夏"即东方诸夏国家之谓。张政烺指条文中的"夏"和"秦"是两个不同的概念,既然秦人之母所生的子女为"夏子",那么秦人之父所生的孩子当为"秦子"。另外又以秦公诸器铭文中的"蛮夏"为由,认为"夏"并非秦国,而是指秦周边的小国及东方三晋诸国。[④]

---

① 堀敏一《中国と古代東アジア世界——中華的世界と諸民族》,岩波書店,1993年。
② 工藤元男《睡虎地秦墓竹簡の属邦律をめぐって》,《東洋史研究》第43巻第1号,1984年;《秦の領土拡大と国際秩序の形成》,載工藤元男《睡虎地秦簡より見た秦代の国家と社会》,創文社,1998年;《秦の領土拡大と国際秩序の形成再論——いわゆる"秦化"をめぐって》,《早稲田大学長江流域文化研究所年報》第2号,2003年;《秦の巴蜀支配と法制·郡県制》,載早稲田大学亜洲区域文化促進研究中心(早稲田大学アジア地域文化エンハンシング研究センター)編《アジア地域文化学の構築——21世紀COEプログラム研究集成》,雄山閣,2006年。
③ 鶴間和幸《古代中華帝国の統一法と地域——秦帝国の統一とその虚構性》,《史潮》新30号,1992年;后又載鶴間和幸《秦帝国の形成と地域》,汲古書院,2013年。
④ 张政烺《"十又二公"及其相关问题》,《记念顾颉刚学术论文集》,巴蜀书社,1990年;后又载《张政烺文史论集》,中华书局,2004年。

　　尤锐也反对工藤元男等人的"夏＝秦"观点,认为条文中的"秦"和"夏"是有所区别的。① 他以秦公诸器铭文为论据,提出"臣邦"应是成了秦国属国的中原国家,"夏"则是服从秦国但未成为属国的韩、魏等中原国家。此外还认为"夏子"并非纯粹的秦人,而是位于秦人与臣邦人之间的过渡性身份。"夏子"的判断标准并非母亲,而是其父亲的血统,若父亲是"臣邦"(诸夏)之人,那么他就是夏子。战国后期的秦人自发地把自己和"夏"——中原地区的居民区别开来。

　　一直以来,日本学界的主流观点都是"秦＝夏",对"夏＝东方诸国"这点没有多少人关注。然而,"夏＝东方诸国"这个观点的确有可取之处。首先《法律答问》中确实是区分使用"秦"和"夏"的。条文①中"去夏"的定义是"去秦属",而非"去秦";条文②中双亲的身份属性有"秦""臣邦""它邦"三种,"夏子"则是秦人与臣邦人结合后所生的子女所拥有的身份。因此,我们不应该无条件地把"秦"和"夏"等同起来。

　　尤其是条文②。经常有人想当然地认为秦人之父所生的子女必然为"夏子"。可惜,这是错的。条文②中已经写明"臣邦父"和"秦母"所生的子女才是"夏子",认为秦父之子是"夏子"显然忽略是"臣邦父"这个条件。同理,认为父母其中一方是秦人的话,子女就是"夏子"的观点也是不对的。认为母亲的身份就能一律决定子女身份的观点,我们不采用。

　　话虽如此,张政烺和尤锐所主张的"夏＝东方诸国"的观点并不是无懈可击的。首先,他们的观点不符合条文①中"夏＝秦属"

---

① Yuri Pines, *The Question of Interpretation*: *Qin History in Light of New Epigraphic Sources*, p. 23～35.

的定义。关于这点,张政烺提出"臣邦＝三晋",尤锐则指"臣邦＝服从于秦国的诸夏国家",试图打消这一疑惑。然而,我们在条文中根本找不到能够证明臣邦是三晋或诸夏的记载,这种解释不过是二人的想当然罢了。从"秦属"的词意出发,"夏"应该是某种以秦国为中心的体系。

另外,对于条文②的解释,张政烺所谓的"秦子"定义完全没有史料依据,而尤锐认为父亲是臣邦(诸夏)人的话,子女就是夏子的解释,刚好与持"秦＝夏"观点者忽略了"臣邦父"这一条件类似,走到了另外一个极端,忽略了"秦母"这个条件。如果按照尤锐的说法,那我们就无法解释为何父母是臣邦人及出生于它邦的人要另外赋予"真"这个身份了。假设臣邦就是诸夏国家,那么臣邦父母所生的子女应该全部都是"夏子"身份才对。而且,只要"它邦"的定义不限定于"不服从于秦国的非诸夏国家"的话,我们很难找到一个情形来判断子女属于"真"。如此一来,判断子女是"夏子"还是"真",看的是父母是否诸夏人,然而简文中根本就没有提到"诸夏",这显然是不合理的。

因此,上述诸说都有不尽如人意的地方,故笔者于 2007 年在公开场合发表了自己的看法,大意如下:

秦律中的"夏"并非指特定的国家或地区,而是一个基于与秦国的统属关系或婚姻关系而提出的概念。条文①把臣邦人脱离其君主(主长)的行为定义为"去夏",故这里的"夏"指的是一种分层的统属关系(秦属)——最高层的是"秦",次一级的是"臣邦主长",最底层的是"臣邦人"。条文②称臣邦父和秦母所生的子女为"夏子",出生于他邦或者父母双方都是臣邦人则定性为"真"。也就是说"夏子"是秦女嫁到臣邦这么一个特殊婚姻关系中所生出的特殊孩子。这应该是秦国出于对臣服的外族群体的恩典等原因而形的婚姻关系，不具普遍性。如此一来，"夏子"其实就是获准迎娶秦女的臣邦统治阶层的子女，即所谓的"准秦人"。

直至现在，笔者依然认为这个观点没有大改的必要，只是有几点应该深挖一下，例如条文的时代性及"臣邦"的具体内容。在上文讨论的基础上，笔者以睡虎地秦简的下葬年代为下限，发现里面并没有反映统一时期的语句，于是笔者搜索了战国中期至战国末期这段时期里文献史料中与"臣邦"相关的事例，发现"臣邦"至少有三种可能性：

（1）臣服于秦国的外族君长、君公级别群体；

（2）秦国分封的封君、列侯的封邑；

（3）臣服于秦国的周室及中原诸侯国。

可是后来随着对睡虎地秦简书写年代的研究逐渐深入，发现睡虎地秦简很有可能保留了更早期的法律条文。笔者认为现在所见的秦律，是在保留早期条文的前提下，根据新的要求增添王令、律文等而成的。[1] 吉本道雅指出，睡虎地秦简的秦律书写时间要比喜的卒年更早，约为秦王政元年至五年（公元前 246～前 242 年）。[2] 笔者个人也觉得，睡虎地秦简中并没有多少关于"郡"的记载，反而有"公室"一词，应该很多条文都是在秦孝公至秦惠文君时期制定的。[3] 如此一来，有关"臣邦"的条文的指定日期，极有可能真的比喜得多。

在此基础上，我们再去思考"臣邦"——里耶秦简或岳麓秦简中找不到这个词——的含义的话，我们能发现秦法的制定者不大

---

[1] 广濑薫雄《秦漢時代の律の基本的特徵について》，载广濑薫雄《秦漢律令研究》，汲古書院，2010 年。

[2] 吉本道雅《睡虎地秦簡年代考》，《中国古代史論叢》第 9 辑，2017 年。

[3] 拙文《戦国秦の"邦"と畿内》。

可能一开始就觉得臣邦是"臣服于秦国的周室及中原诸侯国"。毕竟秦国迫使周室或诸侯称臣是在昭襄王后半期到庄襄王、秦王政前半期这段时期。当然,在此之后诸侯也有服从于秦国,"比内诸侯"的情况,这个时候说它们是"臣邦"也不为过,可是秦法的制定不可能从一开始就预见到有这种情况。

如此一来,"臣邦"最初的意思应该就是指在秦孝公、秦惠文王时期臣服于秦国的关中周边地区外族群体及外戚、功臣的封地。战国时期,秦国逐渐加强对蛮夷戎狄的统治,秦孝公封卫鞅为"商君",秦惠文王降服巴蜀、义渠戎、廪君蛮,封樗里疾为"严君",公子通为"蜀侯"。可见,臣邦的范围并没有扩充至黄河中游的诸侯。

这对我们理解"夏"这个概念有很大影响。认为"夏"是三晋或者诸夏国家的观点自然是不成立的。准确点说,认为"夏"是中原诸侯或与中原诸侯对立的某个体系的二元对立论本身就不对。秦律中所谓的"臣邦"从一开始就不包括东方诸侯国,而且这些话语属于法律条文,适用范围按理来说只限于秦国实质统治下的人群才对。换言之,秦国在制定这些法律时不管有没有"夏=中原诸侯国"的认识,反映在法律上的"夏"都与之无关。《法律答问》里的"夏"终究还是要理解为法律秩序内部的统治论关系概念。

笔者在《古代中华观念的形成》一书中讨论了秦公诸器铭文的"蛮夏"与《法律答问》的"夏"之间的差异,推测这种差异的产生反映了秦国王权走向成熟。这个结论是以睡虎地秦简的秦律年代为战国末期而做出的,在此需要修正一下。现在笔者认为《法律答问》的"夏"更有可能是战国中期已经出现了。

话虽如此,我们也不能贸然断定秦律中的"夏"只适用于战国中期。一开始规模仅限于关中周边地区的"臣邦",到了后来也应该扩展为远方的群体和封国了。从结果上来看，"夏"的理论基础一开始继承自周室的传统概念，后来为秦国的王权秩序所取代。

至此，我们回过头来看睡虎地秦律中的"夏子"。秦律中的"臣邦"在一开始只是秦国周边的外族团体和秦国分封的封国，秦人女性下嫁臣邦所生子女被定性为"夏子"，性质应该和《后汉书·南蛮西南夷列传》中巴氏的事例①差不多，主要发生在外族的统治阶层范围里。从后世的史料中也能找到相同性质的事例。西汉初年，汉高祖刘邦败于冒顿单于，娄敬（刘敬）对刘邦说②：

> 陛下诚能以长公主妻单于，厚奉遗之。彼知汉女送厚，蛮夷必慕，以为阏氏，生子必为太子，代单于。何者？贪汉重币。陛下以岁时汉所余、彼所鲜问遗，使辩士风论以礼节。冒顿在，固为子婿；死，外孙为单于。岂曾闻外孙敢与大父亢礼哉？可毋战以渐臣也。若陛下不能遣长公主，而令宗室及后宫诈称公主，彼亦知不肯贵近，无益也。

虽说同是外族，但廪君巴氏和匈奴的实力对比可谓判若云泥，而且匈奴也并不处于王朝的实质统治之下。不过有一点，即下嫁的女性所生的子女是能够成为夫家的后嗣的。如此一来，王朝君主的外孙就是外族的首领。王朝就是通过这种手段加强对外族的影响力。这点和秦律的"夏子"在逻辑上是相通的。类似的方法还能见于日后对乌孙的对策。可以说，娄敬的这条计策并不完全

---

① 《后汉书·南蛮西南夷列传》："及秦惠王并巴中，以巴氏为蛮夷君长，世尚秦女，其（民）爵比不更，有罪得以爵除。其君长岁出赋二千一十六钱，三岁一出义赋千八百钱；其民户出幏布八丈二尺、鸡羽三十口。汉兴，南郡太守靳彊请一依秦时故事。"这段记载的解释见《古代中华观念的形成》第八章。对于关中、陇西地区的戎翟君公——马家塬遗迹的君长、君公阶层，秦国采取的应为同样措施。

② 《汉书·娄敬传》。

是他的原创,早在战国时期的秦国,或许更早之前的诸侯国就已经有了类似的统御外族策略了。娄敬只不过是在这个基础上,将之运用在与强大的匈奴和亲上而已。权衡之下的提供很容易就能转化为统治的扩张。在这层意义上,以"和番公主"为代表的羁縻政策并不应该被单纯视为王朝单方面的怀柔政策。

综上,对于秦律中的"夏",我们认为无论是"夏＝秦"还是"夏＝中原诸侯"都是不对的。秦律的"夏"虽然以秦国为中心,但不以秦国为唯一。它是一个包含了臣服于秦国的各邦在内的关系概念。春秋时期的秦国的确有着君临中原诸侯(夏)的自我意识,然而此"夏"非法律的"夏",双方的语境不同。在此要强调的是,秦国构建"夏"和"夏子"的概念,是包括了周边的外族的。

如《史记》所反映的"戎翟君公"、马家塬墓地的特殊贵族墓葬所示,这种封建式秩序持续到第六期。在嫪毐之乱后,臣邦统治秩序就被逐渐淘汰了。秦国统一后的国制变得不再区分"秦"和"邦",取而代之的是区分秦民(黔首)和蛮夷了。

结　语

综上,我们以秦国的起源传说为切入点,按照时间线顺序梳理了秦国对外关系的开展及自我意识、他者认识的变化与层次。秦国的对外关系可以划分为七期,每个时期都显示出相当特殊的特征。尤其是秦国眼中的对手和秦国所追求的秩序都有很大变动:

(1) 压制周边的"戎":第一、二期,第五、六期直接设郡县;

(2) 东进,追求霸主地位:第二期、第四至第五期前半段;

(3) 疆域扩大至关中之外,分封君侯:第五期后半段;

(4) 郡县领域扩大,国际秩序形成:第六期至第七期前半段;

（5）扫灭诸侯，统一天下：第七期后半段。

《秦记》中记录了在西畤祭祀天帝，司马迁将之理解为秦国在此时已经有了觊觎天下的心思。或许司马迁看到的秦国记录中，有一些包含了类似秦公诸器 L 群铭文那样，说秦襄公受命建国、先王托付权能之类的"不逊"语句。但事实上，秦国不一定从一开始就有灭周，进而统一天下的野心。春秋前期至中后期，秦公室的记忆中秦襄公所受的"天命"所包含的权能虽然一直在扩张，但直至第五期秦惠文王时期，秦国所追求的也不过是成为号令诸侯的霸主，拥戴周王为天子而已。到了第六期秦昭襄王末年，秦国才灭周。再到第七期，秦国才开始思考构建一个不存在其他诸侯国的体制。纵览下来，秦始皇的统一是秦国的一种特殊政策，同时也拉响了秦国灭亡的扳机。

其次，我们以秦系文字材料和文献史料为线索，对比秦国对外关系的开展，讨论了秦国的自我意识和他者认识。先来说他者认识。秦国眼中的"他者"可分为三个层次：

Ⅰ. 区别于秦国、周王室、诸侯的外族；

Ⅱ. 秦国之外的中原诸国，即周室与诸侯国；

Ⅲ. 秦法中的臣邦、外臣邦、他邦。

第Ⅰ层外族观继承了周代的世界观，第Ⅱ层则是周文化圈内的外国意识。尽管秦国在外交上被其他诸侯孤立，被斥为"戎翟"，但是从第Ⅰ和第Ⅱ层观念上来看，秦国原则上和其他诸侯国是共享一个世界观的。在此意义上，秦国的确是周王朝的其中一个继承者。

然而第Ⅲ层的他者分类无论是理论基础还是语境都和前两层迥异。前两层的理论基础是周朝传统，第Ⅲ层则是秦法秩序之内的划分，划分标准是秦国统治权所波及的力度。从语境上来看,第Ⅲ层显然是统治论范畴下的认识,是秦国在第五期实施律令、专制体制的契机。

在此基础上,我们归纳一下秦国的追求发生了何种变化:

a. 第一、二期——边境蛮夷的镇服者;

b. 第二期至第五期前半段——君临蛮夏和诸夏的霸主;

c. 第五期后半段——霸主之上的"王";

d. 第六期至第七期前半段——比其他国家更高一层的"帝";

e. 第七期后半段——统一天下,只存在秦国的"皇帝"。

虽然我们用了"国际秩序"这个名词,但每个时期的对象性质都不同。阶段 a 的范围仅限于周边的戎(图 1-1)。到了阶段 b,周边外族与东方诸夏国家通过秦国联系了起来(图 1-2)。然后是阶段 c,随着实际统治疆域逐渐扩大,秦国逐渐构建起针对外族和封君、封侯的封建统治路线(图 1-3)。在阶段 d 中,秦国的郡县领域已经扩大到能够压倒他国的程度了,东方诸侯在秦国的封建路线下也分化出了地位高下。在此基础上,继续向着废除封建统治路线的方向,即阶段 e 进发。

笔者先前在整理华夷思想结构和特征之时,简化了中国王朝的传统统合形态,将之分为"中心-周边"模式和"内外"模式两种(图 1-4)。战国时期的秦国一方面扩大郡县领域,划分"内外"边界,另一方面又构建"中心-周边"结构的封建路线,双管齐下。统一之后,封建路线被淘汰,可是汉朝建立之后又回到了并存的局面。这次通过考证秦国的对外关系和自我认识,使得从雏形开始追踪其演变过程成为可能。

不仅如此,我们还发现了"夏"这个概念的变迁。秦公诸器铭文中的"蛮夏"与睡虎地秦简《法律答问》的"夏"和"夏子"的历史语境是不同的。前者是一个追求霸主地位的强大诸侯心中的自我形象,认为自己要君临他者认识的第Ⅰ、Ⅱ两层。这里的"夏",是包括了东方的周系诸侯的。然而后者则是专制国家制定的统治对象划分标准,基于与本国关系而构筑起来的"夏"。在这个语境下,成为秦国的臣邦是获取"夏"身份的条件。

前人研究中,关于睡虎地秦简的"夏",有人认为"夏=中原诸侯",也有人认为"夏=秦"。这次我们通过引入时间线,对这两种观点都做了一定程度的扬弃。秦国当初的确是把周边的外族也纳入到了"夏"的范畴,但这和"东方诸侯=夏"的认识并不矛盾。随着秦国的统合范围扩大,秦国不再把他者认识的第Ⅱ层视为"夏",反而将所有他者都纳入到他者认识第Ⅲ层中了。

综上,我们梳理了秦国从自立于边境,到统一,再到灭亡这段时间的自我意识和他者认识。要承认的是,由于战国之前的史料不足,有很多部分要靠推测。此外,有关统一后秦国的制度实情,还需要更进一步的详细考证。再者,秦国周边的戎人情况、考古材料与历史上的外部族群(ethnicity)关系如何定位也是个难解的课题。这些都留待今后再议,本章暂此搁笔。

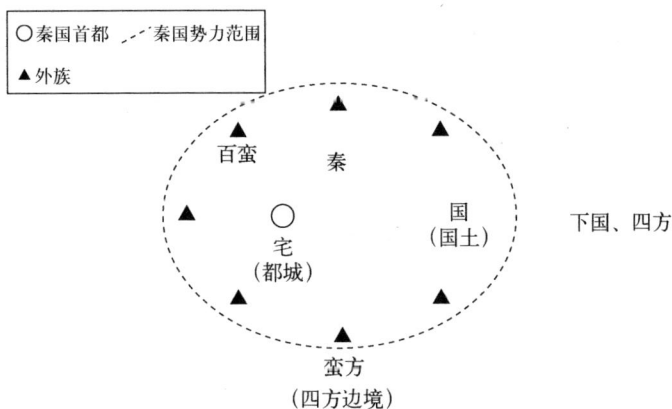

图 1-1 春秋时期秦国统治蛮方概念图

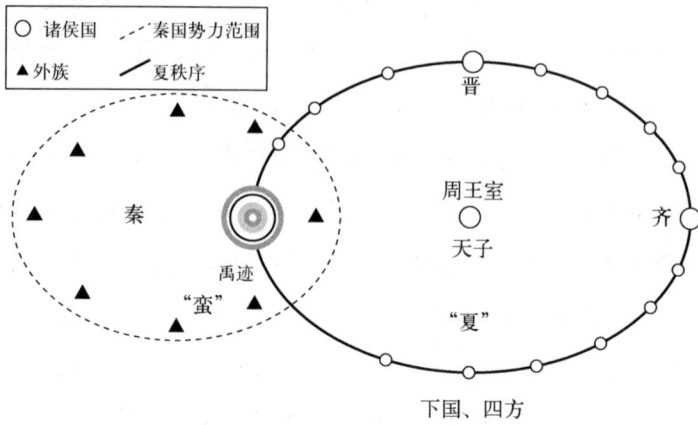

图 1-2　春秋时期秦国的蛮夏结构概念图

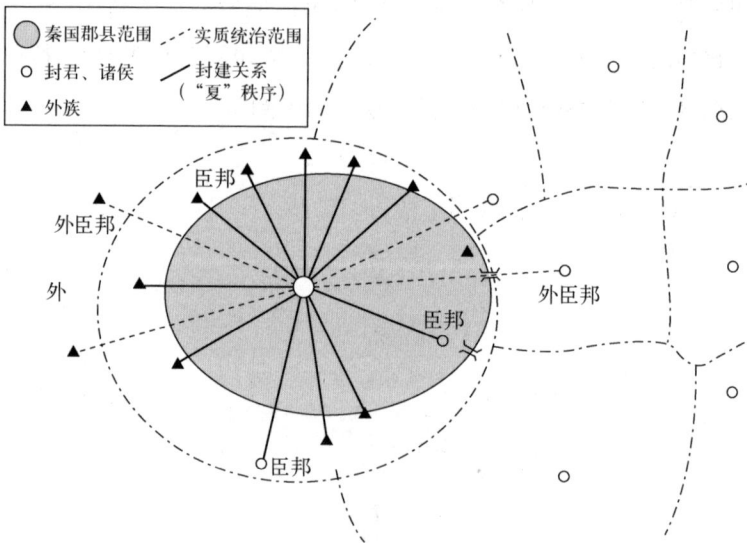

图 1-3　战国时期秦国的臣邦概念图

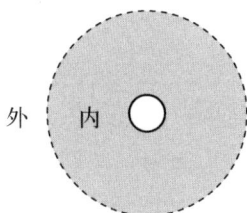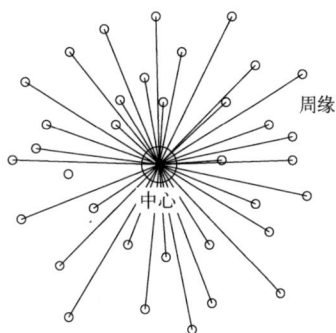

内外模式

王者不治夷狄

借由郡县编制实施同质统治

皇帝与百姓、编户齐民、官僚制、

文书行政、律令、刑罚

同化-弃绝逻辑

中心-周边模式

王者无外

借由封建手段实施多元统合

天子与酋长、宗法与婚姻、世袭、命

与贡献、礼与问罪

羁縻-转化逻辑

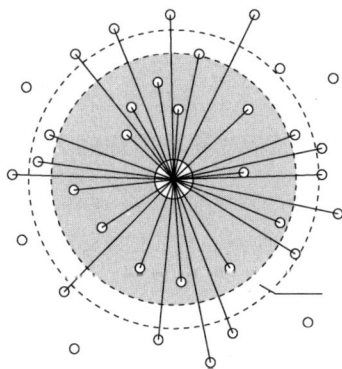

实质统治范围外

封建手段——礼仪性质的外交关

系:册封、朝贡、和亲、盟约、互市

实质统治范围内

郡县统治——官僚、编户等直接

统治

封建手段——通过世袭酋长实施间

接统治:臣邦、属国、羁縻州、土司

图1-4　中国王朝的两种统合模式及对外关系

第二章　考古学所见的秦国经济

[美]罗泰

序

　　从公元前221年秦始皇统一中国往回推5个世纪,以此为起点一直到天下一统的这段时期里,秦国发生了大范围的社会变化与政治改革。[①] 在这些社会变化与政治改革发生的同时,秦国也采取了一系列措施增强经济实力,使得秦国的经济也有了显著的改变。从文献史料中我们能找到很多记载,例如在中心地区和新征服的四川地区建设大型灌溉工程,提高农作物产量;从外国吸引移民安置到这些地区开垦荒地;中央政府出手将以往的无主之地——山林薮泽的资源收归国有;鼓励冶铁行业发展,为农业、手工业、公共事业、军队提供物美价廉的工具和武器;人头税改为铜钱收缴,向货币经济迈出决定性的一步等等。

[①] Derk Bodde, "The State and Empire of Qin", in Denis Twitchett and Michael Loewe(ed.), *The Cambridge History of China*, Vol. 1: *The Ch'in and Han Empires*, Cambridge: Cambridge University Press,1985: pp. 20～102(译者注:中文版为卜德《秦国和秦帝国》,[英]崔瑞德、鲁惟一编,杨品泉、张书生等译《剑桥中国秦汉史》,中国社会科学出版社,1992年;滕铭予《秦文化——从封国到帝国的考古学观察》,学苑出版社,2002年;Yuri Pines(尤锐) et al(ed.), *Birth of an Empire: The State of Qin Revisited*, Berkeley and Los Angeles: University of California Press,2014.

这些情况在当地是如何体现的呢？此外，如果周文化圈内也发生了同样的情况，那么秦国的区域特征——如果有——又是什么呢？这些问题的答案，我们必须要向过去半个多世纪的秦国（前帝国时期）考古学发掘成果——大量的墓地及数处居住地——中寻找。目前相关的考古材料并不完整，可信的考古数据又没有考虑到经济问题，所以要做一个整体性的评价还是很难的。不过，从现存材料中，我们依然可以看出当时的作坊组织与质量管理已有优化的征兆，而且秦国与邻近内亚地区的对外贸易也颇为发达。除此之外，公共事业、非精英阶层的消费模式、秦国经济的货币化萌芽等也可以通过考古材料展开探讨。

1. 公共事业

大型公共事业是劳动力高度组织化的体现。在中国西北地区的考古学景观当中，最引人注目的大型公共事业遗迹莫过于前帝国时期和帝国时期的秦国遗迹了。这些遗迹包括了秦都、秦国统治者及其亲族的墓地、边境城塞、运输用的基础设施、灌溉工程等。所有的这些都在间接证明秦国的组织动员能力远远超过东周其他国家。

目前调查研究最深入的秦都是位于今陕西省宝鸡市凤翔区的雍城。[①] 自公元前 676 年至前 383 年，秦国在当地都设立了行

---

① 韩伟、焦南峰《秦都雍城考古综述》，《考古与文物》，1988 年第 5、6 期；王长虎、景宏伟、刘亮《大秦一统——奉发祥地雍城》，三秦出版社，2004 年；田亚岐《秦雍城遗址考古工作回顾与展望》，《秦始皇帝陵博物院 2》，2012 年；田亚岐、郁彩玲《秦都雍城城市体系演变的考古学观察》，中国先秦学会等《辉煌雍城——全国（凤翔）秦文化学术研讨会论文集》，三秦出版社，2017 年。

政官府。自此之后一直到汉代,雍城都是秦国的祭祀中心。雍城
的主要宫殿和宗庙建于版筑台基上,四周有城墙围绕①,此外还
有相当大的非精英群体居住区和作坊区(后述)。整体而言,城墙
包围的区域约为 10.56 平方千米,里面有一小片农地,应是作为
备战应急保留下来的。相对地,城外的非精英群体居住区几乎没
什么发现。城外绝大部分区域都是秦国统治者的陵园②或基层
精英的墓葬群③,郊外的土地则为各种宫殿、宗庙所占。④ 考古
发掘显示,秦都周边地区似乎还因为具有苑园——统治阶级狩
猎地的性质而受到维护管理。首都的必需品主要由远处生产,
这表明秦国早就建成了完善的物流网。不过,它是如何运行的

---

① 陕西雍城考古队《凤翔马家庄一号建筑遗址发掘简报》,《文物》,1985 年第 2 期;韩
伟《马家庄秦宗庙建筑制度研究》,《文物》,1985 年第 2 期;李自智《秦都雍城的城
郭形态及有关问题》,《考古与文物》,1996 年第 2 期;田亚岐《雍城城址东区 2012
年考古调查》,国家文物局《2012 中国重要考古发现》,文物出版社,2013 年。
② 韩伟《凤翔秦公陵园钻探与试掘简报》,《文物》,1983 年第 7 期;陕西雍城考古队
《凤翔秦公陵园第二次钻探简报》,《文物》,1987 年第 5 期;宝鸡先秦陵园博物馆
《雍城秦公一号大墓》,作家出版社,2007 年;田亚岐、耿庆刚、袁文君《雍城秦公陵
园 2009 年考古勘探新发现》,国家文物局《2009 中国重要考古发现》,文物出版社,
2010 年;陕西省考古研究院、凤翔县博物馆《雍城十四号秦公陵园钻探简报》,《考
古与文物》,2015 年第 4 期;陕西省考古研究院、宝鸡市考古研究所、宝鸡先秦陵园
博物馆《雍城一、六号秦公陵园第三次勘探简报》,《考古与文物》,2015 年第 4 期。
③ 吴镇烽、尚志儒《陕西凤翔八旗屯秦国墓葬发掘简报》,《文物资料丛刊 3》,1980 年;
同《陕西凤翔高庄秦墓地发掘简报》,《考古与文物》,1981 年第 1 期;雍城考古工作
队《凤翔县高庄战国秦墓发掘简报》,《文物》,1980 年第 9 期;同《一九八一年凤翔
八旗屯墓地发掘简报》,《考古与文物》,1986 年第 5 期;李自智、尚志儒《陕西凤翔
西村战国秦墓发掘简报》,《考古与文物》,1986 年第 1 期;尚志儒、赵丛苍《陕西凤
翔八旗屯西沟道秦墓发掘简报》,《文博》,1986 年第 3 期;田亚岐、王保平《凤翔南
指挥两座小型秦墓的清理》,《考古与文物》,1987 年第 6 期;陕西省考古研究所雍
城考古站《凤翔邓家崖秦墓发掘简报》,《考古与文物》,1991 年第 2 期;陕西省考古
研究所雍城考古队、秦始皇兵马俑博物馆考古队《陕西凤翔黄家庄秦墓发掘简报》,
《考古与文物:先秦考古增刊》,2002 年;凤翔县博物馆《凤翔上郭店村出土的春秋
时期文物》,《考古与文物》,2005 年第 1 期;陕西省考古研究院等《凤翔孙家南
头——周秦墓葬与西汉仓储建筑遗址发掘报告》,科学出版社,2015 年。
④ 田亚岐《秦雍城遗址考古工作回顾与展望》。

目前还不详。虽然可以想象是国家把控，但实际情况应该要更复杂一些。

战国时期秦国首都经历了两次东迁，先是迁到栎阳①，然后是咸阳②。两座城市的人口都远超雍城。不仅如此，它们与其他战国城市一样，也是经济活动的主要中心，而且经济活动的规模也比雍城要大。可惜的是，尽管栎阳和咸阳的考古发掘已经推进了几十年，取得的成果却依然乏善可陈，比较研究工作没有足够的信息支撑。能够间接反映居民经济消费水平的当数一些平民墓地，例如咸阳近郊的塔儿坡、任家咀墓等③。与其他战国国家的首都相同，咸阳的宫殿也建于高出几层的版筑台基之上。这比曾经的雍城宫殿要更为壮观（monumental），而且投入的劳动力要更多。秦始皇阿房宫位于今西安市西郊，其一望无垠的土台④，面积广达 1 平方公里以上，据说秦始皇征调了 70 多万名民夫建造这座宫殿。这样的大型建筑工程，我们自然可以从经济学角度去展开探讨，然而从考古学遗迹里要如何归纳出秦国当时的经济影响力，做起来还是有一定难度的。

秦国的一个特点是早在政体草创时期，统治者的墓就已经修

---

① 中国社会科学院考古研究所栎阳发掘队《秦汉栎阳城遗址的勘探和试掘》，《考古学报》，1985 年第 3 期。

② 王学理《秦都咸阳》，陕西人民出版社，1985 年；同《咸阳帝都记》，三秦出版社，1999 年；陕西省考古研究所《秦都咸阳考古报告》，科学出版社，2004 年。

③ 咸阳市文物考古研究所《塔儿坡秦墓》，三秦出版社，1998 年；同《任家咀秦墓》，科学出版社，2005 年。

④ 中国社会科学院考古研究所、西安市文物保护考古所、阿房宫考古工作队（李毓芳、孙福喜、王自力、张建锋）《阿房宫前殿遗址的考古勘探与发掘》，《考古学报》，2005 年第 2 期；杜葳《秦阿房宫遗址考古调查报告》，《文博》，1998 年第 1 期；杨东宇、段清波《阿房宫概念与阿房宫考古》，《考古与文物》，2006 年第 2 期；王学理《"阿房宫"、"阿房前殿"与"前殿阿房"的考古学解读》，《周秦汉唐文化研究 4》，2006 年；Charles Sanft（陈力强），"The Construction and Deconstruction of Epanggong: Note from the Crossroads of History and Poetry"，*Oriens Extremus* 47，2008。

得十分巨大了。详细的讨论我们另文再议，这里只略述其概况。无论是春秋早期的礼县大堡子山（甘肃省）复合秦王陵[①]、春秋晚期至战国中期的凤翔县雍城近郊南指挥和三岔村[②]，还是战国晚期的临潼芷阳[③]和长安神禾塬（陕西省）[④]，抑或是无须赘言的陕西临潼骊山的秦始皇陵[⑤]，其规模都要远远凌驾于同时期中国其他地区的统治者陵墓——包括周王陵[⑥]。汉代陵冢的规模也相当大，由此我们可以反推秦国为了建造陵墓，消耗的资源肯定很多。要理解先帝国时期和帝国时期的秦国经济性质及上述考古遗迹的意义，我们就要养成习惯思考秦国做出如此使用资源的决

---

① 戴春阳《礼县大堡子山秦公墓地及有关问题》，《文物》，2000 年第 5 期；礼县博物馆、礼县秦西垂文化研究会《秦西垂陵区》，文物出版社，2004 年；国家博物馆《秦韵：大堡子山出土文物精粹》，文物出版社，2015 年。

② 韩伟《凤翔秦公陵园钻探与试掘简报》，《文物》，1983 年第 7 期；陕西雍城考古队《凤翔秦公陵园第二次钻探简报》，《文物》，1987 年第 5 期；宝鸡先秦陵园博物馆《雍城秦公一号大墓》，作家出版社，2007 年；田亚岐、耿庆刚、袁文君《雍城秦公陵园 2009 年考古勘探新发现》，国家文物局《2009 中国重要考古发现》，文物出版社，2010 年；陕西省考古研究院、凤翔县博物馆《雍城十四号秦公陵园钻探简报》，《考古与文物》，2015 年第 4 期；陕西省考古研究院、宝鸡市考古研究所、宝鸡先秦陵园博物馆《雍城一、六号秦公陵园第三次勘探简报》，《考古与文物》，2015 年第 4 期。

③ 骊山学会《秦东陵探察刍议》，《考古与文物》，1987 年第 4 期；陕西省考古研究所、临潼县文物管理委员会《秦东陵一号陵园勘察记》，《考古与文物》，1987 年第 4 期；陕西省考古研究所、临潼县文物管理委员会《秦东陵第二号陵园调查钻探简报》，《考古与文物》，1990 年第 4 期。

④ 陕西省考古研究院《陕西长安神禾塬战国秦陵园遗址田野考古新收获》，《考古与文物》，2008 年第 5 期；张天恩等《陕西西安神禾塬战国秦陵园遗址》；国家文物局《2006 中国重要考古发现》，文物出版社，2007 年。

⑤ 陕西省考古研究所、秦始皇兵马俑博物馆《秦始皇帝陵园考古报告（1999）》，科学出版社，2000 年；同《秦始皇帝陵园考古报告（2000）》，文物出版社，2006 年；陕西省考古研究院、秦始皇兵马俑博物馆《秦始皇帝陵园考古报告（2001～2003）》，文物出版社，2007 年；秦始皇帝陵博物院《秦始皇帝陵园考古报告（2009～2010）》，科学出版社，2012 年；王学理《秦始皇陵研究》，上海人民出版社，1994 年；袁仲一《秦始皇陵考古发现与研究》，陕西人民出版社，2002 年；Jie Shi(施杰)，"Incorporating All for One: The First Emperor's Tomb Mound"，*Early China* 37, 2014.

⑥ ［美］罗泰著，吴长青等译《宗子维城》，上海古籍出版社，2017 年。

策背景——经济角度的考量何在。我们时常能看到有学者说秦国修筑如此大规模的陵墓是出于宗教信仰,抑或是为了向周代国家网络下的其他国家炫耀自身的礼制和政治水平,也有学者说因为秦国居民来源庞杂,修建大型陵墓是为了让这些出身背景不同的人都参与到国家组织的集体性事业中来。[1] 腾铭予指出,考古遗物证明了战国时期的秦国居民是非均质的,而且非均质的程度要高于春秋时期[2],所以修建统治者陵墓乃至一般的公共事业工程,事实上是作为建设帝国的一种演习。如果这个解释没有时代错误,那么我们可以得出结论——秦国的公共事业,排在第一位的是政治目标,经济部门受到政治目标的掣肘。

战国时期,为了防备东方诸国和北方匈奴部落联盟,秦国开始在边境修筑城塞,并持续到秦始皇时期。今天中国西北地区依然有秦长城的残骸,“万里长城”的连绵不绝,于此可窥一斑。[3]需要注意的是,长城围起来的这片广袤的带状土地,在当时并不属于秦国领土。秦国通过围地的方式,对当中一小部分适宜中原式农耕的土地做出了极致主义式(maximalist)的主权宣言。[4] 要将这些新土地纳入秦国统治之下,让当地相对稀薄的人口顺理成章地成为负税人即被统治者,想来并不是一件容易的事。但另一方面,这也是一个经济层面上的好机会。如前所述,文献史料显

---

[1] Charles Sanft(陈力强):*Communication and Cooperation in Early Imperial China:Publicizing the Qin Dynasty*, Albany, N. Y.:SUNY Press, 2014, pp. 17~31.

[2] 腾铭予《秦文化——从封国到帝国的考古学观察》。

[3] 陕西省考古研究院、西北大学文化遗产学院《陕西省早期长城资源调查报告(上下)》,文物出版社,2015 年。

[4] Nicola Di Cosmo:*Ancient China and Its Enemies:The Rise of Nomadic Power in East Asia History*,Cambridge:Cambridge University Press,2002,pp. 138~158.(译者注:中文版为[美]狄宇宙著,贺严、高书文译《古代中国与其强邻:东亚历史上游牧力量的兴起》,中国社会科学出版社,2010 年。)

示,战国时期,国家的权力已经扩大到穷乡僻壤地区(山林薮泽)了。秦国领土扩张也同理,意味着秦国王室权力的强化,地位要比其他精英阶层更高。由此,我们还是得出了同样的结论——经济决策由政治目标决定。

战国及帝国时期秦国中央政府支持建设的道路、运河等,从考古学角度而言目前还没有什么可说的。[①] 位于今广西北部,连接湘江上游和漓江上游的灵渠,今天还在使用[②],不过现在的灵渠和周边自然环境想必已经与秦代大不相同了。想来修建灵渠的最大考虑还是政治考虑,为的是让建设秦国这件事正当化,但除政治考虑外,秦国建设的物流运输系统在运输赋税、促进交易等经济层面上显然还是很有用的。

战国时期秦国的公共事业之中,经济影响力最大的当数其大型灌溉工程。这些大型灌溉工程中最著名的是位于今陕西省的郑国渠和四川省的都江堰。郑国渠地处秦国核心地区[③],

---

[①] 秦甘泉宫往北延伸至草原地带的"直道"是例外。参见甘肃省文物局《秦直道考察》,兰州大学出版社,1996 年;国家文物局秦直道研究课题组《旬邑县秦直道遗址考察报告》,《文博》,2006 年第 3 期;孙闻博编《秦直道研究论集》,陕西师范大学出版社,2018 年。面向普通读者的报告有钟圣祖等《秦直道考察》,兰州大学出版社,1996 年;徐伊丽《秦直道档案——大秦直道》,陕西师范大学出版社,2014 年;中国人民政治协商会议庆阳市委员会《甘肃秦直道考察》,中国文史出版社,2015 年;徐君峰《秦直道考察行纪》,陕西师范大学出版社,2018 年等。有关秦国道路的整体概况,见 Charles Sanft(陈力强): *Communication and Cooperation in Early Imperial China*,第 101～121 页。

[②] 两地似乎没有实施考古学调查。概况信息参见唐兆民编《灵渠文献粹编》,北京:中华书局,1982 年;《兴安灵渠》写作组《兴安灵渠》,广西人民出版社,1974 年。

[③] 秦建明、杨政、赵荣《陕西泾阳县秦郑国渠首拦河坝工程遗址调查》,《考古》,2006 年第 4 期;除考古材料外,还利用了历史文献的郑国渠相关论述,当中较为优秀的是 Brian Lander, *Environmental Change and The Rise of the Qin Empire: A Political Ecology of Ancient North China*, Ph. D. dissertation, Columbia University, 2015, ch. 6D.

而都江堰①则地处成都平原北部，当地在公元前 316 年为秦国所征服。据传，郑国渠的灌溉范围广达 27000 平方千米。可惜的是，由于水渠随着河流的变动而不断换地开挖，今天我们看到的郑国渠已经不是战国时期的样子了，只能从考古学调查中稍微了解当时郑国渠的一部分流经路线。相对地，都江堰的灌溉范围接近 5300 平方千米，从建成之时（推测为公元前 256 年）一直使用到现在。多亏了都江堰，成都平原成了中国的其中一座粮仓。据秦国控制范围内某些地区的考古调查发现，当地的战国时期平民墓地中没有秦制式墓。这表明不管是什么地方，只要是可以耕作的新土地，秦国都会安排一部分东方国家的移民搬到当地。我们常常听到有声音说秦国移民四川为后来统一中国夯定了经济基础。于是，我们依然能得出一个相同的结论——公共事业的确促进了经济的发展，然而对公共事业的投资是出于长期性政治目的的。②

上述我们列举的各项公共事业中，担任其修建主体的并非均质群体。除了被征用为劳力的平民（时常不加解释地被提及），还有国家正式雇佣的劳力，甚至可能还有奴隶。③ 众所周知，在战

---

① 让笔者感到不可思议的是，保存得这么良好的重要工程项目竟然一直没做过考古调查。关于都江堰的概况论述，参见 Joseph Needham, Ling Wang and Gwei-djen Lu, *Science and Civilization in China*, 4.3: *Civil Engineering and Nautics*, Cambridge: Cambridge University Press, 1971, pp. 288～296（译者注：中文版为［英］李约瑟、王铃、鲁桂珍著，王受琪译《中国科学技术史第四卷第三分册：土木工程和航海》，科学出版社，2008 年）；武汉水利电力学院、水利水电科学研究院、《中国水利史稿》编写组《中国水利史稿》第一卷，水利电力出版社，1979 年，第66～74 页。

② 建造大型水利、防洪设施的工程似乎是先在雍城周边试点。近年的考古调查发现了大型水库和给雍城供水的水路网遗迹。陕西省考古研究院《2014年陕西省考古研究院考古调查发掘新收获》，《考古与文物》，2015年第2期；田亚岐私人给予笔者的信息，2017年。

③ Robin D. S. Yates（叶山），"Slavery in Ancient China: A Socio-Cultural Approach", *Journal of East Asian Archaeology*, 3.1, 2001; Idem, "The Changing Status of Slaves in the Qin-Han Transition", in Pines et al. (ed.) *Birth of an Empire*.

国时期之前,秦国已经发展出了一套精密的劳役刑制度。① 得益于战国晚期和汉代出土文字材料的记载,秦国这套制度——后来成了早期帝制中国司法体系的一环——能够在今天为我们所熟知。虽然准确的起源时间不详,不过由于材料中提到了商君(商鞅)的名号,所以有理由猜测它应该诞生于公元前四世纪中叶秦国的一系列政治、行政改革之中。服劳役刑的人群,一部分是因为触犯了商鞅制定的严刑峻法,另一部分可能是战俘。除了出土文字材料,考古学家们在秦始皇陵附近的刑徒墓地里也发现了战俘从事公共事业的考古学证据。② 陵园内出土的遗物铭文显示,他们是在混合经济体制之下和劳役刑徒、私家工人一起工作的。不过,考古学目前还无法判断这些群体分别担负何种职责。

2. 农业经济与"铁器革命"

最近,农业吸引了海内外考古学者的眼球,有了许多新发现。然而,对于农业的研究却几乎只局限于两个方面。一是全新世早期的农业、畜牧业起源,二是公元前 3000 年代末新石器-青铜时代过渡期的新农作物和家畜自西亚传入。③ 作为对比,青铜时代

---

① Anthony J. Barbieri-Low and Robin D. S. Yates, *Law, States, and society in Early Imperial China : A Study with Critical Edition and Translation of the Legal Texts from Zhangjiashan Tomb no. 247*, 2vols. Leiden : E. J. Brill, 2015, v. 1.

② 高凤、徐卫民《秦汉帝陵制度研究综述(1949～2012)》,《秦汉研究 7》,2013 年。文中举出了四处这样的墓地,或许分属于四个不同的群体。其中公布过发掘简报的只有陕西临潼赵背户村墓一处。见始皇陵秦俑坑考古发掘队《秦始皇陵西侧赵背户村秦刑徒墓》,《文物》,1982 年第 3 期。

③ Gary. W. Crawford, "East Asian Plant Domestication", in Miriam T. Starck (ed.), *Archaeology of Asia*, Malden, Mass, Blackwell Publishing, 2006; David J. Cohen (高德), "The Beginnings of Agriculture in China : A Multi-Regional View", *Current Anthropology* 52, 2011; Yuan Jing, "The Origins of Animal Domestication in China", *Chinese Archaeology* 8, 2008.

后半段的农业发展无人问津,秦国也不例外。不过将来随着东周时期秦国村落和农地发掘调查的进展,相关问题的解决线索应该就能呈现在我们眼前。[①]

农业为人类生活和社会政治秩序运行提供了经济基础——不单在秦国,在古代东亚乃至世界各地都一样。秦国精英阶层和高层统治者都是靠着占人口绝大多数的小农的生产剩余生活的。事实上,东亚大陆的早期王朝国家收益都靠农业,从来没试过开拓新的税收财源。他们是如何从这些剩余中划定自己要拿的那一份的,目前还不清楚。西周时期,官僚制行政机构还处于萌芽状态。[②] 直到春秋中期,统治者都是利用氏族制度结构从仪式性经济中获取贡纳。春秋时期的某个时间,产生了更为制度化的课税方式,但详细不明,考古学也无法帮助我们知悉其过程。东周时期的中国,大部分地区在战国之前已经发展出了十分发达的财政和行政体制了。公元前四世纪中叶,秦国在商鞅变法后也发展出了高效的体制,然而商鞅变法前的秦国体制我们并不清楚。

当然,前文所述的各种大型公共事业——尤其是直接关系到农业生产的灌溉工程——得以实现,很大程度上得益于这种体制。但是,就农业而言,战国时期除农民获得的土地数量和质量均有提升外,还发生了决定性的技术革命。当中最为重要的当数铁器的出现。尤锐对此的观点成为主流共识:

> 促使战国时期经济革命发生的,主要是铁器的广泛使

---

① Lander 的《Environmental Change》整体概述了秦国核心地区——关中地区从新时器时期到帝国初期的生态学发展及人文景观的形成。

② Li Feng, Bureaucracy and the State in Early China: Governing the Western Zhou, Cambridge: Cambridge University Press, 2008(译者注:中文版为李峰著,吴敏娜等译《西周的政体》,生活·读书·新知三联书店,2010 年);笔者对该书的书评发表在《浙江大学艺术与考古研究》2014 年第 1 期,可一并参考。

用。铁器革新了农业,提高了收成,促进了荒地开垦,带来了
人口增加,甚至还加速了城市化和经济商业化。[1]

尤锐所说的这条逻辑链——农业生产力提高,引发耕地扩张,然
后人口增加和商业化,是可以通过具有代表性的数据从统计学角
度深入探讨的。可惜,目前我们还没拿到数据,所以可以说的也
就只有两点。其一,秦国及东周时期中国其他地区出现了铁制农
具;其二,这些铁制农具的形状是标准化的,表明当时已经掌握了
大规模的铁器生产技术。[2] 早期中国发展出了高度发达的青铜
器铸造技术,可是铁和铜两种金属的性质相差较大,大规模的铁
器生产证明时人已经知道了这点,在继承青铜器铸造技术的基础
上做了相应的调整。

考古学发掘出了大量汉代冶铁作坊,然而更早的战国及秦代
的冶铁作坊几乎不为人所知。考古学家们认为雍城应该有铁器
作坊遗址,却并没有实际动手发掘[3],所以直至目前,关于生产规
模、个体冶铁作坊的成品供给网之类还没有什么可说的。文献史
料倒是记载了战国时期国家已经垄断了盐铁作为财源。帝制时
期的中国,盐铁制度成了经济制度的重要一环,甚至持续到现在。
但正如华道安所说,铁器的分配虽然受到秦政府统制,但制造铁
器的工作是外包给私人的。[4] 就算我们不知道当时铁器的价格,

---

[1] Yuri Pines, "Social Engineering in Early China: The Ideology of the Shangjunshu
(Book of Lord Shang) Revisited", *Oriens Extremus* 55. 2016. 尤锐在文中另引用
了 Donald B. Wagner(华道安)*Iron and Steel in Ancient China*(Leiden: E. J. Brill,
1993)(译者注:中文版为[丹]华道安著,[加]李玉牛译《中国古代钢铁技术史》,四
川人民出版社,2018 年)和杨宽《战国史》(上海人民出版社,1998 年,第 42～57 页)
的研究。

[2] 白云翔《先秦两汉铁器的考古学研究》,科学出版社,2005 年,第 16～148 页。

[3] 田亚岐《秦雍城遗址考古工作回顾与展望》第 117 页提到了三处冶铁作坊的位置。
这三处是三个作坊,还是一个大型作坊的三个部门,目前还不清楚。

[4] Wagner, *Iron and Steel in Ancient China*, pp. 247～261.

也可以猜想拥有铁器对于农民而言肯定非常重要。在汉代,买不起铁器的人可以租用国家的铁器,不过这项制度是否发源于秦代目前还不清楚。

秦国冶铁业的发展,其决定性的因素是我们在上文提过的——国家出手将过去被视为穷乡僻壤的"山林薮泽"收归国有。国家主导下开采的天然资源,除铁矿石外还有另一个极其重要的资源,那就是熔铸环节中必不可少的木材。这导致了中国的森林资源被过度开发,环境问题愈发严重。当中的典型例子就是山西侯马乔村战国墓地的棺椁质量十分低劣。① 由于战国中期之后木材供给不足,整个椁室(日晒砖筑)就只有墓圹或者椁室本身上盖了几块木板。顺带一提,秦国非精英阶层的墓也逐渐开始使用洞室墓,其中一个契机或许就是缺木材。这种葬法,遗体安置在横穴,用一块木板或者日晒砖与墓圹隔开,不用棺材。②

3. 作坊

秦国和东周时期所有大国一样,拥有金属(青铜和铁)、陶瓷、玻璃、织物、木材、皮革、骨(相当于古代塑料)等一系列手工业作坊。③ 这些作坊的存在有一部分得到了考古材料的认证,但所谓的认证也只不过是通过制成品而已,真正发掘出来的作坊遗址极少,就算发掘出来了,要么是发掘不完整,要么是出土遗物未公开,抑或是两者均有。

---

① 山西省考古研究所《侯马乔村墓地》全三卷,科学出版社,2004 年,卷一第 468 页,卷二第 986 页。

② 拙文"Mortuary Behavior in Pre-Imperial Qin: A Religious Interpretation", in John Lagerwey (ed.), *Chinese Religion and Society*, v. 1, Hong Kong Chinese University Press, 2004.

③ 初步考据可参见王学理、尚志儒、呼林贵《秦物质文化史》,三秦出版社,1994 年,第 27~29、229~253、326~396 页。

　　雍城西北角的手工业区显然有着一大批负责都城内外宗庙、宫殿,及官衙建筑的作坊。20 世纪初和 20 世纪 70 年代,考古学家发现了两处带纹饰青铜制梁柱构件退藏。退藏的出现能帮助定位制造这类建筑装饰的作坊位置。[①] 人们在地面上探查了邻近作坊的基坛,发现应该是木工作坊。在这些作坊中,陕西凤翔豆腐村附近的手工业区发现的炼瓦作坊应该是其中最为重要的一处。这个作坊在战国中期到晚期初曾繁荣一时,其遗址在 2005～2006 年展开了考古发掘,是目前为止唯一公布的先帝国时期秦国大型作坊遗址。[②]

　　据测量,发掘区面积约为 1375 平方千米,但窃以为这并非作坊的整体,应该还能向四方延伸。从遗迹的文化层来看,这片地区应该在有人居住没多久就归秦国统治了,更下层没发现遗物。在遗物包含层中,东周时期地层占了主要部分,但也屡有后世的墓横穿直插和后人的房屋打乱地层分布的情况。

　　作坊遗址沿着两道细长状、分隔 10 米远的长方形土沟排列(第三条沟位于直角处,但发掘不完整)。两道土沟分别长 35.5 米和 32 米多一些,宽为 2～3 米。考古队将作坊的使用期分为三个阶段。第一个阶段是作为黏土的采掘坑。等挖到一定深度之后就改为黏土加工——过筛、加水拌泥、揉搓成盘条状或砖块状备用。其中一道沟里发现了烧制前的盘条状和砖块状黏土堆,另外还发现了五座过了筛,垒得整整齐齐,准备拌泥的黏土堆。到了第三阶段,土沟被用作废弃坑,扔满了附近窑炉产生的废物、灰

---

① 凤翔县文化馆、陕西省文管会《凤翔县秦宫殿试掘及其铜质建筑构件》,《考古》,1976 年第 2 期。此前在同一个地点(凤翔县姚家岗附近)出土的器物目前被收藏于芝加哥美术馆,梅原末治《欧米蒐储中国古铜精华》第 6 卷(山中商会,1933 年)载有图片。关于这些器物的功能,参见杨鸿勋《凤翔出土春秋秦宫铜构——金釭》,《考古》,1976 年第 2 期。

② 陕西省考古研究院、宝鸡市考古研究所、凤翔县博物馆《秦雍城豆腐村战国制陶作坊遗址》,科学出版社,2013 年。

豆腐村遗址发掘区航拍照
（《秦雍城豆腐村战国制陶作坊遗址》）

烬、烧制失败或有缺失的瓦片。如果遗迹里还能够找出几个同类的土沟，那想必会相当有意思，毕竟这就证明了随着用途的变化，作业的地点会从一道土沟转移到另一道土沟。

另一个进行了考古发掘的作坊遗址集中于 2 道细长的长方形土沟周边。当中有 12 个小的圆形土坑，里面放有盘条状的黏土，似乎是用来储藏制陶黏土的仓库。又有 40 个小的圆柱状土坑，应该是蓄水池。还有 50 座不规则形状的半地下式居室，应该同时具备工人住房和作坊两种功能。另有一个 45 米深的深水池（或者说是水井），池边建有阶梯，人可以走到池中。除此还有一个 32 米×20 米大小的平整地面，或许是用来烘干黏土块的。让人意外的是，考古队只发现了 4 座残缺的窑炉。本来应该是半地下式的窑炉，体积却极小，烧制室的直径只有 1 米。燃料用藁草和木材,没有使用煤炭的痕迹。考虑到手工业遗物及遗址的数量和密度,附近的未发掘部分肯定还有更多的窑炉。

作坊制造的陶器,种类囊括了东周时期宗庙、宫殿建筑所必需的一切陶质建材。当中较为常见的有瓦——包括截面呈半圆形的凸状筒瓦(即古罗马所谓的 imbrex)及与筒瓦交错,引流雨水的浅凹状板瓦(tegula)——和用作地下排水管道的陶管。除此之外,还出土了一些用来固定瓦,起到钉子作用的球根状、四方形、鸠鸟状装饰品,与建筑墙壁上部的半圆形贴面瓦版,及各种砖(目前所见中国大陆境内最早的建筑用砖)。

豆腐村的窑炉作坊出土得最多,而且工艺也最耐人寻味的遗物,当数前端带陶板(瓦当,而且常饰有花纹)的轩瓦(均为筒瓦)。出土的带纹饰轩瓦一共有 2083 片,当中 35 片的纹饰位于半圆形的前端(半瓦当)上,余下绝大部分轩瓦的前端呈圆形。圆形瓦当的大部分(1576 片)绘有各种形状的动物纹——凤凰、獾、虎、雄鹿,有时还有蛇、豹、鱼、雁、蟾蜍、狗等。余下的圆形瓦当有些是空白的(316 片),有些绘有几何花纹,还有 2 片写着吉祥语。

豆腐村出土瓦当的纹饰,有 2 片是刻纹,30 片是绳索勒纹,余下大部分都是印纹。遗址里出土了 14 片已经烧制完成的黏土印纹瓦当,可知当时批量生产相同外形物品已不是难事。考古队推测,当时的轩瓦生产用到了辘轳,而且至少有三种生产方式:① 把圆盘状的瓦当,印纹那面朝下放置,上面放一个黏土圆柱,然后整体纵向一分为二(用这种方法制成的半圆形瓦当轩瓦 2 片);② 顺序一样,但是最后切割圆柱时,要保证瓦当的完整(用这种方法制成的圆形瓦当轩瓦 1 片,普通筒瓦 1 片);③ 先各自制作圆形瓦当和黏土圆柱,用泥条将瓦当和切割后的半圆柱状瓦粘在一起再入炉烧制(用这种方法制成的圆形瓦当轩瓦 2 片)。

从考古学角度来看,这三种方法是相继出现的,最先是半圆形瓦当筒瓦,然后是圆形瓦当筒瓦(应为战国早期出现),最后是圆形瓦当轩瓦。

豆腐村作坊遗址的发掘区域似乎刚好是轩瓦制造部门,所以出土的遗物大多是轩瓦。除陶质建材外,遗址里还出土了各种制陶工具(如在瓦的表面印上粗线条花纹的敲打工具)、带铭文的秦斗(2 个,有残缺)、用途不明的带花纹长圆形陶牌(花纹有人、动物的绘画及雕刻纹)。陶质容器和纺锤车等家庭用品的存在侧面证明了这里还是工人及其家人的住址。这符合东周时期的作坊特点。

考古队以豆腐村作坊遗址的出土遗物为基础,复原了瓦当从挖黏土一直到成品出炉的十个阶段工作链(chaine operatoire)。窑炉的体积虽小,但由于人员劳动的高度分工,可以肯定作坊整体的生产活动绝对是大规模程序化的。瓦当的大小并非完全的标准化,从直径 15 厘米到 18 厘米均有。这种分散情况并非极端例子,反而可以证明相较起相同的标准规格,人们更愿意单个设计瓦当。不过,随着时间的推移,雍城地区的瓦当逐渐变大(秦汉帝国时期甚至有 21 厘米之大),而且也开始了标准化制造。

考虑到豆腐村的地理位置,作坊应该是秦中央政府直接管理运营,产品也是特供的——窃以为如是,并非断言。这可以从豆腐村出土的瓦当花纹与雍城内及雍城周边的国家宗庙、宫殿建筑的瓦当相同得到侧面证明。陶质建材很重,作坊生产出来的产品不大可能流通到太远的地方。可惜遗址的发掘不完整,我们难以评价陶质建材的生产规模。雍城地区会不会存在其他规模比得上豆腐村的作坊遗址? 距离最近的作坊位于何处? 目前都不清楚。

豆腐村作坊多大程度上可作为秦国手工业的范式？由于没有合适的考古材料可供直接比较，这个问题无法回答。但是，模件制法的使用标志着手工业追求效率，而这种追求在周文化圈内从战国时期持续到秦帝国时期——只要详细观察一下战国时期秦国青铜器的花纹特征就知道。豆腐村作坊里制造出的小型人物塑像是秦始皇兵马俑的重要雏形。我们知道，有一部分兵马俑是由砖瓦、陶水管作坊制造的。雷德侯曾以此作为兵马俑模件制法的典型例子。①

4. 批量生产与非精英阶层的消费模式

战国时期，得益于模件制法，批量生产影响到了经济层面，其中一个例子就是金属制品，尤其是青铜。因为反奢法令，青铜一度成为只有特权阶级才能拥有的金属，但现在已经走入了寻常百姓家。公元前九世纪后的考古材料显示，青铜的使用禁忌不断消失，青铜礼器、武器、车马具等原来的贵族身份象征物（status symbol）已经可以不受限制地在民间使用。这一趋势表明贵族制身份秩序和礼制正在不断崩坏。公元前四世纪中叶，商鞅变法给秦国的身份秩序和礼制敲响了丧钟。变法之后的秦墓里几乎不见与传统仪式、传统战争相关的随葬器物，取而代之的是个人或家庭生活用品。这恐非偶然。② 墓葬材料的演变，预示着广义范

---

① Lothar Ledderose, *Ten Thousand Things : Module and Mass Production in Chinese Art*, Princeton : Princeton University Press, 2001, pp. 51～73. （译者注：中文版为［德］雷德侯著，张总译《万物：中国艺术中的模件化和规模化生产》，生活·读书·新知三联书店，2005 年。）
② 冈村秀典《秦文化の编年》，《古史春秋》第 2 号，1989 年。

畴的经济变化。

山西省侯马乔村墓地是反映金属制品走入社会底层的一个典型事例。[1] 侯马乔村墓地位于一座大型城墙都市——凤城古城的郊外，考古人员发掘出了 1063 座墓，当中 942 座是战国和帝国时期的秦墓。墓地整体的墓葬总数应该是已发掘数的数倍。发掘出的墓葬里有一些围着浅浅的壕沟，另外又发现了带着枷锁的尸体——当时的红色知识分子以之作为批判旧社会的材料。[2] 少量墓葬建造了木制椁室来放棺材，这倒是可以用作反映当时社会贫富不均的一个指标。除此之外，各个墓葬在规模、结构上就再也没有什么显眼的差异了。乔村墓地的整体简陋，表明这里是凤城古城居民中的底层群体墓地。

山西南部曾经是晋国的一部分核心区域。这片地区在战国时期属魏国领土，公元前三世纪初为秦国所征服。乔村墓地的观察结果显示，头位变化从南北向居多逐渐变为东西向居多，埋葬姿势从直肢葬逐渐变为屈肢葬，同时洞室墓的出现频率上升。这都表明了秦国的文化、政治影响在当地的渗透。不过物质文化方面倒是呈现了征服前后的整体连续性，反映了战国时期中国华北、西北地区占优势的情况。综上，窃以为乔村墓地的数据可以用作判断秦国非精英阶层消费活动的标准。

乔村的战国早期墓地随葬品中依然有一些粗制陶器仿造了周人祭祀祖先的青铜礼器。然而这种对于传统的追思在战国中

---

[1] 山西省考古研究所《侯马乔村墓地》。下文的计算是笔者依据这份考古报告进行的，然而报告的数据不连贯，需要另外修正和调整。关于这一问题，详见 Richard Bussmann and Tobias Helms(ed.), *Poverty and Inequality in Early Civilization*, Bonn: Habelt, 2020.

[2] 山西省文物工作委员会写作小组《侯马战国奴隶殉葬墓的发掘——奴隶制度的罪证》，《文物》，1972 年第 1 期。

期之后就销声匿迹了,随葬品也随之变成了日用品。当中最惹人注目的是批量生产的金属制品。这些金属制品不是礼器,而是私人的首饰、工具箱、小铜铃、硬币等。事实上,乔村的战国～秦墓地中,发现了金属制品的墓葬占比是54.3%。随葬金属制品的墓地比例呈递减趋势,战国早期(Ⅰ期)是75.8%,战国中期(Ⅱ期)是60.7%,战国晚期～秦朝(Ⅲ期)是36.6%。但是,考虑到这并不是那942座墓地的代表性统计数据,我们还是要注意几点。例如,认为整体而言该段时期的金属器具持有率较为稳定,要比认为递减要更稳妥一些。

乔村的战国～秦墓葬中合计出土了688件金属制品,其中青铜制品(334件)和铁制品(354件)的比例几乎相等。这些青铜制品和铁制品中,占比最高的是带钩——青铜带钩占比57.2%,铁带钩占比73.3%,整体比例65.9%。战国时期的衣着潮流是束腰的皮衣或丝绸衣,需要用到腰带,所以带钩这个新式工艺品便逐渐普及开来了。出土带钩之中有一些镶嵌着贵金属或宝石。这些带钩显然是私人装饰品,而且在功能上也已经大幅度脱离传统青铜器用途范畴了。乔村墓地中出土第二多的青铜制品是铜镜,一共有24面,情况与带钩相同。再来是铜镞、铜环和铜铃。至于铁器,除了带钩,余下绝大部分都是工具。可惜的是,发掘出来的铁器由于氧化腐蚀,已经分辨不出原貌了。

Ⅱ期、Ⅲ期的带金属制品墓葬中,有53%的墓葬都是带有椁室的竖穴墓,这个比例要比整体样本中的椁室墓高。另一方面,带金属制品的洞室墓比例从18.7%提高到了29.9%,这个比例倒是符合Ⅱ、Ⅲ期的洞室墓整体比例。带金属制品的墓葬绝大多数是单棺竖穴墓或无随葬品竖穴墓。至于墓主性别,男性墓中带金属制品的墓葬占多数,依照遗物的种类和时期,占比从44%到

57.4％不等；女性墓中的带金属制品墓葬占比范围在 37.1％到 44％之间。Ⅱ期的带铁制品墓葬比例男女相同，都是 44％。这个数据和其他计算结果同理，并不能反映两性间金属分配是相同水平的，不过倒是可以证明男性和女性都可以获取金属制品。

大部分墓葬里的金属制品只有一件。不过在这 117 座墓葬（带金属制品的墓葬占 22.8％）中，有一些墓发现了多件金属随葬品，最多的一座墓有 10 件之多。同样地，金属制品相对较多的墓葬中，男性墓的比例要比女性墓的比例高，但是女性墓的比例依然不可忽略。

再看年龄分布。有带钩随葬的墓主死亡年龄与没有随葬品的墓主死亡年龄存在差异。后者英年早逝的较多，安享晚年的较少。不过，由于样本基数小，目前不宜做过多解释。尽管如此，年龄分布情况似乎在暗示着在乔村建墓的群体中，物质资源匮乏——即群体中生活较为贫苦的人面临着一些影响寿命的困难，而较为富裕的人则可以规避这些困难。

整体而言，乔村的数据显示，截至战国时期，拥有金属已经不再是上层阶级的特权，而是全社会任何阶层的任何人都能够拥有的东西了。就连穷人，甚至壕沟内戴着枷锁的人牲，都能够拥有金属。从随葬品的组合来看，在乔村建墓的人似乎没有把金属当成是积累财富的手段。尽管每个人都会有一件或几件个人用的金属制品随葬，却没有人储存金属，更没有人为了彰显财富和身份而拥有大量金属。墓主都是按需获取金属制品的。这一点或许反映了战国时期的下葬风俗不同于此前的时代。但我们不能否认，乔村的墓主们整体而言都属于经济实力不强的底层，故也有可能是他们用不起金属。

乔村的金属使用情况同样见于前述的塔儿坡、任家咀①等咸阳郊外的战国晚期大型墓地。这有可能反映了批量生产的金属制品是通过市场流通而非政治赠予的方式分配的。仔细审视考古材料，能发现金属作坊对于市场需求的变动很敏感。作坊会根据消费者收入的多寡向市场提供质量、美观程度不等的产品，同时留意消费者的喜好，适时做出改变。

5. 货币

公元前 850～前 400 年前后，中国全境的经济趋势是再分配经济向市场经济转移。这个过程中最重要的环节是使用青铜货币的货币制度替换了原始通货，形成与黄金、丝绸并驾齐驱的价值评估制度。江村治树的专著对散落各地的大量先帝国时期中国货币考古材料做了非常详尽的分析。② 柿沼阳平则还原了战国后期至汉代的货币制度，其成果极具说服力。③ 所以我在这里就不需要再就这个问题多说了，稍微提一下即可。

秦国的圆形方孔钱早已广为人知。无论是圆形还是方孔，都是秦国自称为周王继承人的野心在视觉上的反映。周朝的货币也是圆钱。战国时期各国中，秦国采用货币的时期较晚，晚于今山西、河北的三晋，也晚于东北的燕国和东方的齐国。这些地区的货币制度最先产生于贸易城市的商人群体里，待货币的使用已成习惯后再由官方发行法币。可是秦国有点不一样，官方一开始就插手货币经济。秦国使用货币较晚，无法上溯到战国中期。导

---

① 参见第 77 页注③。
② 江村治树《春秋戦国時代青銅貨幣の生成と展開》，汲古書院，2011 年。
③ 柿沼阳平《中国古代貨幣経済史研究》，汲古書院，2011 年。

致如此情况的原因,或许是战国中期之前的秦国交易网络还很脆弱,不像邻接的其他国家那样有半自治性质的贸易城市供货币流通。假如这是真的话,经济考古学确实应该多留意一下,然而目前我们还不能确定这是否为真。

但无论如何,总之秦国引入了官方货币制度并强力推行,造成百姓要用货币缴纳人头税,连农民也被迫将一部分收成拿到市场上出售以换取货币。长久以来,货币与代币(token)的区别都比较模糊,各国因应着交易、货物,甚至经济活动当事人的不同发行了各种形式的货币。然而秦国不同,它在战国晚期一直在使用单一标准货币——半两钱。随着秦国不断攻城略地,新领地也开始强制使用半两钱。这种引入通货的做法与商鞅变法有无联系暂不详,只是可以肯定,引入通货确实赋予了中央政府无与伦比的经济统制力。

战国时期秦国的实际货币化程度如何,目前还没有可资判断的考古材料。的确,样本是发现了不少,但大部分都是偶然发现的,对于定量化分析没有什么帮助。江村治树论著中的地图倒是可以帮助我们判断半两钱通货圈的最终地理范围[1],但是这些货币的使用时间极长,一直用到了汉代,而且形状也没发生多大改变,本节的议题——货币如何随着时间逐渐推广无法从地图里得知。在这一点上,我们只好和其他方面一样,依靠传世文献掌握一个模糊笼统的方向。好在,我们现在可以利用考古发掘的竹简、木简模本逐渐补充缺失的部分了。

---

[1] 江村治树《春秋戦国時代青銅貨幣の生成と展開》,第 373～422 页。

6. 贸易

囿于传统的反商业偏见,学术界对于商人在中国历史上起到的重要作用常常语焉不详。但贸易的发达的确促进——而非引起——了"战国经济的奇迹"。贸易可以分成不同的级别,如地区级、国内级、东周文化圈内的国际级甚至圈内外级。至于商路则如江村治树所言,能够通过货币的分布追踪一部分。[1]

吕不韦(公元前 290～235)曾经当过商人,后来成为秦相国。以一介商人之身登上如此高位,吕不韦应该被视为例外,抑或是反映了商人阶层的社会流动性(social mobility)也未可知。如果有合适的考古学数据的话或许能够探讨一番,但就目前而言是做不到的。战国时期楚国的鄂君启节——一组详细记载了楚国领土内水陆两途商路及法规的剖符——可作为国家管理与个人主导权高度融合的证据[2]。而秦国则只有官员使用国库时作为许可证使用的青铜剖符,这表明秦国的统制经济——或许在多少程度上存在一点自由市场经济——程度较高。

近年越来越多的考古学证据显示秦国的贸易圈不只局限于东周文化圈内,与世界各地也有联系。邦克和苏芳淑论述道,中央欧亚大陆的草原游牧民族所使用的动物风格金属制品有相当

---

① 江村治树《春秋戦国時代青銅貨幣の生成と展開》,第 373～422 页。

② 殷涤非、罗长铭《寿县出土的"鄂君启金节"》,《文物参考资料》,1958 年第 4 期。关于鄂君启节的详细论述,参见拙文"The E Jun Qi Metal Tallies: Inscribed Texts and Ritual Contexts", *in* Martin Kern (ed.), *Text and Ritual in Early China*, Seattle University of Washington Press, 2005.

一部分产自中原的作坊。① 几乎可以肯定秦国的青铜铸造业者参与了这类贸易，他们掌握了镀锡技术，制造的金属制品表面熠熠生辉，大受草原消费者的喜爱。这种异域风格（exotic style）的金属制品或许会给艺术史研究领域造成分类（formalism）混乱，但另一方面也昭示了当时中原作坊的精湛技术和商业嗅觉。现代的美术史家也许会不满为了商业利益而牺牲"艺术的高洁"的做法，可是这种不满背后的观念（ideology）是否秦国工匠们的普遍共识还得打个问号。毕竟异域风格的产品甚至引起了中原文化圈内部消费者的注意，甚至影响到了服饰潮流。

　　甘肃张家川马家塬首长墓地中出土了大量秦国生产的非秦文化风格器物。② 遗迹位于黄土高原，是紧邻秦国中心区域的外围地区。从领导层的墓地出土了豪华马车来看，当地居民应过着畜牧生活，但并非完全的骑马游牧民族。马车的装饰涂有多种颜色的漆，具鲜明的中原（或为秦国）风格，同时混有具草原地带艺术特征的动物纹金属饰板。整体而言，这些东西似乎均产自秦国作坊。作为旁证，墓地里还一并出土了青铜器（当中一部分刻有铭文）、玻璃珠、玻璃杯等产自秦国的奢侈品。由此，我们可以断定草原与秦国存在贸易联系，而且这种贸易联系不仅限于金属制品，甚至可能包括马匹。

---

① Jenny F. So（苏芳淑）and Emma C. Bunker（邦克），*Traders and Raiders on China's Northern Frontier*，Washington D. C：Arthur M. Sackler Gallery, Smithsonian Institution，and Seattle University of Washington Press，2005，pp. 79～123.

② 甘肃省文物考古研究所、张家川回族自治县博物馆《2006 年甘肃张家川回族自治县马家塬战国墓地发掘简报》，《文物》，2008 年第 9 期；甘肃省文物考古研究所《西戎遗珍：马家塬战国墓地出土文物》，文物出版社，2014 年；黄维、陈建立、王辉、吴小红《马家塬墓地金属制品技术研究——论战国时期西北地区文化交流》，北京大学出版社，2013 年。

这种贸易关系所覆盖的地理范围非常广。我们以神禾塬秦公族墓出土的小型黄金饰品为例[①]，在中国的主流环境下金饰本身就不常见，况且这个金饰的花纹与西伯利亚阿尔泰山区冻土下的巴泽雷克坟墓出土织物、木制品（及其中一名墓主的手腕文身）上的花纹极为相似。[②] 此外，巴泽雷克坟墓也的确出土了中国（或为楚国）产的刺绣丝绸。

中国的文化中心与中亚草原地带的这层关系覆盖了多大的地理范围，带来了多大的经济影响，至少目前是无法量化的。我们能够知道的，也仅限于两地存在这种关系而已。窃以为始于公元前1000年代初期的骑马游牧民族蓬勃兴起更是加大了物资的流动性，使得两地联系逐渐紧密，发展出了广范围的文化借取。

结　论

秦国，尤其是商鞅变法后的秦国，军队坐上了核心的位置。可能诸位会好奇为什么我整篇文章一句都没谈到军事经济。的确，军事经济是秦国经济整体之中（特别是国家统制部门之中）的重要一环，考古材料也有各种各样的武器出土。战国时期军事技术发展的一个典型例子就是弩的发明。另外，与农业一样，军事也经历了铁器革命。由于相关的议题太多，而现阶段可供利用的考古材料既不足又零散，无法做概括性的考察。

---

① 陕西省考古研究院《薪火永传：纪念陕西省考古研究院50周年（1958～2008）》，三秦出版社，2008年，第126页图。神禾塬遗迹的考古报告直至本书截稿前还未公开，初步论述参见第78页注④所引文献。

② Sergei I. Rudenko(M. W. Thompson, tr.), *Frozen Tombs of Siberia: The Pazyryk Burials of Iron Age Horsemen*, Berkeley and Los Angeles: University of California Press, 1970.

　　本章所选取的两个案例研究表明,从考古学角度来讨论经济问题,处理伴有大量数据出土的遗迹之时,挖掘数据里成体系的统计学信息十分重要。以秦国为例,豆腐村的制瓦作坊是国家管理下批量模件化生产的事例,而乔村墓地则反映了个人的消费行为。但是目前而言,这两个方面在先帝国时期的秦国经济里所占的相对地位有多重要,已经无从得知。另外还要强调的是,两个案例研究的年代都是战国时期,如果想要更多证据的话,就要从春秋时期的秦国经济入手了——然而春秋时期的秦国经济领域一直以来都处于材料匮乏状态。相较起等待目前正在进行中的遗迹发掘成果和相关信息公布,对遗迹进行长时段的比较研究,抑或深入挖掘反映经济长期持续(longue duree)的动向指标可能更值得期待。

　　总而言之,上述所写的是考古学研究面临的普遍难题——虽然手握为数庞大的材料,可是我们感兴趣的话题,材料却不会直接告诉我们答案。从秦国经济的考古学分析——例如针对陶器、武器等——倒是可以概括生产、消费、历时分布等可以量化的方面,至少在一定程度上能帮助我们管窥一下秦国的整体经济。一旦拿到了这种数据,我们就可以填补文献的缺失,庖丁解牛般地分析文献中没有记录的秦国经济方方面面。围绕秦国兴盛并取得最终胜利,有许多基本问题目前还无法解答。这一类研究或许就隐藏着能够帮助我们解答这些问题的可能性。

第三章　文书行政之始

［日］高村武幸

前　言

　　近年公布的简牍史料中，行政所必需的文书占了相当一部分。利用文书所实施的行政称为"文书行政"。那么，文书行政是何时开始，又是如何开始的呢？

　　永田英正对文书行政的定义是"通过文书下达命令，用文书向上汇报的行政制度"，认为文书行政因"官僚制度的发达和完备，以及文字的统一而成为可能"。① 在开始正文之前，我们先以永田英正的定义为线索，思考一下该如何理解文书行政。

　　在永田的定义中，命令和报告要通过文书来实施。具体而言，实际的行政操作过程中，需要用口头传达信息的场合并不罕见②，但是正式的命令和汇报必须要以公文的形式传达，而且传

---

① 永田英正《文書行政》，载松丸道雄、古贺登、永田英正、尾形勇、佐竹靖彦编《殷周秦漢時代史の基本問題》，汲古書院，2001 年。（译者注：中文版为《殷周秦汉史学的基本问题》，北京：中华书局，2008 年。永田英正此文由王勇华翻译。）
② 利用口传的行政，参见拙文《秦漢時代地方行政における意思決定過程》，载拙著《秦漢簡牘史料研究》第五章，汲古書院，2015 年；刘欣宁《汉代政务沟通中的文书与口头传达：以居延甲渠侯官为例》，《"中央研究院"历史语言研究所集刊》89‐3，2018 年。

达后要保存一定时间以备核查。然而,君主身边小范围内实施的情况包不包括在文书行政的范畴内似乎存在争议。窃以为,既然存在空间距离较远的收取人,行政信息不得不转为文字信息才能传达,那么必须利用以书面语①写成的文书才能实施行政的情况其实很合理。这种情况和永田所说的"官僚制度的发达"有相同之处。

一方面,如果统一文字是文书行政的必备条件之一的话,秦朝应该是最符合文书行政条件的朝代了。但另一方面,文字相同的国家也有可能是形成文书行政的主体。如此一来,更准确的表达应该是"共享一套文字体系和书面(文字)语"②才对。毕竟就算共用一套文字体系,例如汉字,只会古汉语的人和只会现代汉语的人之间肯定也没办法利用文书收发信息。而不共享书面语更不用说了,文书行政显然也难以发挥功能。因此,本章对于文书行政的定义是——使用以书面语写成的文书,向物理距离较远的对方传达行政上必需的信息,且双方能够恒常相互收发信息的行政制度。这一行政制度以相关人员共享相同的文字体系和书面语为前提。

从睡虎地秦简、里耶秦简等新旧出土文字史料的内容可知,本章所说的文书行政早在战国时期的秦国已经相当完善了。当然,战国时期的其他国家或许也在某种程度上满足文书行政的条

---

① 当信息的发出人与收取人不在同一空间,信息量又大时,为了减轻处理信息的负担,人们会采用书面语。参见福岛直恭《文字の獲得と書記言語の成立》,载福岛直恭《書記言語としての"日本語"の誕生——その存在を問い直す》第一部第一章,笠間書院,2008 年。

② 张家山汉简《二年律令·史律》对文字的字体做了规定,分发给诸史(书记)候补人学习,符合条件者方可授予"史"的资格。如果将这种做法理解成是国家推进文字体系共享的痕迹,那么"统一文字"就很容易被理解成是秦始皇统一政策的其中一环。故,尽管"统一文字"的确可视为文书行政的必要条件之一,本章也不予采纳。

件,可是就目前的史料而言还无法断定。前人研究早已指出,睡虎地秦简的秦律,如《法律答问》里包含了战国时期的内容。[1] 此外,居延汉简里有大量西汉后半期～东汉初期的公文,有一些公文用语竟然能够在里耶秦简的秦帝国时期公文中找到,例如"敢言之"。[2] 人们为了让公文的收发双方容易理解,不断地推进格式标准化。窃以为这些公文用语是从秦统一前就沿用下来的。综上,汉代的文书行政应是直接继承自战国时期的秦国。

最后一个问题是战国时期的秦国是如何开始文书行政的。要充分回答这个问题,显然需要多方面的求证,然而笔者能力有限,没法做如此大范围的考证,故本章只从制度史的角度来推测文书行政之始。

1. 论战国秦国的文书行政开始时期

我们先从睡虎地秦简的相关内容入手讨论文书行政的开始时期。

本页注①所引的大庭修文章指出,睡虎地秦简的《秦律十八种》《秦律杂抄》《法律答问》中的一些法律条文或对这些法律条文的问答,其成文时期是各自不同的。因此学术界对于睡虎地秦简的秦律是不是睡虎地 11 号墓主喜在世时的现行法还有争议。[3]

---

[1] 见睡虎地秦简整理小组《云梦睡虎地秦简》(文物出版社,1978 年)第 149 页"说明"及第 161 页对"公祠未□"的注释①。另可参见大庭修《雲夢出土竹簡秦律の概観》,《秦漢法制史の研究》第二篇第一章,創文社,1982 年。

[2] 籾山明《湖南龍山里耶秦簡概述》,《中国古代訴訟制度の研究》附章 1,京都大学学術出版会,2006 年。

[3] 本页注①大庭论著认为是现行法,而吉本道雅《睡虎地秦簡年代考——日本における中国古代史研究の現状に寄せて》(《中国古代史論叢 9》,2017 年)则认为不是现行法。

不过在本章的范围内,这些秦律只需要能用作反映某个时期情况的史料即可,是不是喜在世时的现行法其实没多大问题。

睡虎地秦简中显然用到了文书,可是我们挑出相关条文后发现,里面几乎没有提到郡。当然,从《秦律十八种》等睡虎地秦简秦律整体来看,郡是的确存在的,这里并不是说郡完全没有出现在秦律中,例如:

> 县、都官、十二郡免除吏及佐、群官属,以十二月朔日免除,尽三月而止之。其有死亡及故有欠者,为补之,毋须时。
>
> ——睡虎地秦简《秦律十八种·置吏律》[①]157、158

这道条文表明秦至少有十二郡。然而,类似的记载并不多,郡的存在感依然很低。[②]

睡虎地秦律中,县与县之间的文书命令和汇报的上传下达收发工作主要由内史负责。而正因为负责这份工作,内史在县内取得了高级部门的地位。试举二例:

> 入禾稼、刍稿,辄为廥籍,上内史。刍稿各万石一积,咸阳二万一积,其出入、增积及效如禾。
>
> ——睡虎地秦简《秦律十八种·仓律》28 节录
>
> 今课县、都官公服牛各一课……内史课县,太仓课都官及受服者。
>
> ——睡虎地秦简《秦律十八种·厩苑律》16～20 节录

自从对睡虎地秦简的研究开始以来,有关内史的成果汗牛充栋,

---

① 有关对睡虎地秦简《秦律十八种》《效律》《秦律杂抄》的解释,参见工藤元男编《睡虎地秦简訳注——秦律十八種、效律、秦律雑抄》,汲古書院,2018 年。
② 近年的战国秦汉郡县制研究概况,参见游逸飞《战国秦汉郡县制研究新境——以中文成果为主的检讨》,《中国史学》第 24 卷,2014 年。

很多学者已经认识到对汉代内史的理解并不能完全套用到战国秦国的内史之上。关于国内外的战国秦国、秦朝内史研究,近年有大桥敦弘的学术史梳理和渡边英幸的论述面世。[①] 综合最新的研究成果,本章对睡虎地秦律所示的内史性质大致做如此理解——内史是中央朝廷官员,同时也拥有地方官的性质,治理着当时几乎是秦国全境的关中盆地地区,但由于当时的秦郡是由内史和其他中央官府一同负责治理的,所以内史并不完全等同于后世的郡守。

如前所示,睡虎地秦律中包含了成文时期各不相同的条文,自然也包括了一些秦国疆域扩大至关中盆地之外,在关外设郡时期的条文。例如上文引用过的《置吏律》,整理小组便推定是秦始皇五年(公元前 243 年)前的条文。[②] 反过来看,如果这些条文是在设郡阶段立法或者修订而成的话,那么就可以视为是秦郡明确存在的证据了。同时,睡虎地秦律的抄写人也不大可能出于私人目的而判断不需要写关于郡的规定,从而在抄写过程中故意选择性抄写甚至省略掉。如此一来我们可知,一些条文规定县要向内史等中央政府部门直接提交文书,在物理上其实是可以实现的,而且不影响效率,因为在那个时候秦国的统治范围只有关中盆地及邻近地区而已。

[①] 大桥敦弘《近年の内史研究から見る秦漢統一国家体制の形成》,《中国史学》第 24 卷,2014 年;渡边英幸《戦国秦の内史に関する覚書》,高村武幸、广瀬薫雄、渡边英幸编《周縁領域からみた秦漢帝国 2》,六一书房,2019 年。

[②] 第 102 页注①引睡虎地秦简整理小组《云梦睡虎地秦简》,1978 年,第 149 页(1990 年版第 56 页)。另,岳麓秦简的《置吏律》内容与之相同,不过缺了开头部分的"县""都官"和"十二郡"(1227)。岳麓秦简是回购的盗墓简,所以除了文字内容外没有其他手段能够推测年代。一般认为岳麓秦简是秦帝国时期的法律条文,如果这里的缺失不是漏抄的话,那么就可以证明秦国因应时代对法律做了相应的修订。

……近县令轻足行其书，远县令邮行之，尽八月□□之。

——睡虎地秦简《秦律十八种·田律》1～3 结尾部分

这道条文包含了对县递交农业相关信息报告书的规定。虽然没有明确告诉我们要递交到哪里，但是既然写了离得近的县由"轻足"送，那么可以猜想这种情况下的文书应该不是经由从甲县传到乙县，再由乙县传到丙县这种传递制度送达的①，而是由轻足直接送到收取方那里。通常情况下，"次"是与"邮行"相对的制度。睡虎地秦简也有"次"的记载，例如载有始皇二十年（公元前228 年）纪年的《语书》：

……以次传，别书江陵布，以邮行。……

——睡虎地秦简《语书》8 结尾

到了西汉，史料所载的规定更为清晰明了：②

……书不当以邮行者，为送告县道，以次传行之。……

——张家山汉简《二年律令·行书律》274 节录

由此我们猜想，《秦律十八种·田律》1～3 是秦国疆域还局限于关中盆地一带时的规定，"近县"指的是物理距离较近，能够直接送达文书的范围，而且收取方是中央政府的某个恒常指定部门，已经不需要在信上特地写明了。

综上，采用文书的命令、汇报体制是在战国秦国还没普及县制时设立的。按《史记·秦本纪》，秦国始设的郡系秦惠文君十年

---

① 由县到县的文书传递方式，详见鹰取佑司《漢代の文書伝送方式》，鹰取佑司《秦漢官文書の基礎的研究》第二部第三章，汲古书院，2015 年。

② 此条文解释参见富谷至编《江陵張家山二四七号墓出土漢律令の研究》，朋友书店，2006 年；专修大学《二年律令》研究会《張家山漢簡〈二年律令〉訳注 6——田律、□市律、行書律》，《專修史学》第 40 号，2006 年。

（公元前 328 年）所置的上郡：①

> （惠文君）十年，张仪相秦，魏纳上郡十五县。

因此，秦国正式开始文书行政的时间下限应在惠文君十年前后，即公元前四世纪后半叶。

下文是秦封宗邑瓦书（惠文君四年，公元前 334 年）铭文：

> 四年，周天子使卿（大）夫辰来致文武之脙。冬十一月辛酉，大良造庶长游出命曰："取杜在酆邱到潏水，以为右庶长歜宗邑。"乃为瓦书。俾司御不更顝封之，曰："子（子孙）孙以为宗邑。"顝以四年冬十一月癸酉封之。自桑墩之封以东，北到桑堰之封，一里廿辑。
>
> 　　　　　　　　　　大田佐敖童曰未，史曰初
>
> 　　卜蛰、史羁手，司御心，志是埋封

上文画线部分解作"卜官蛰、史官羁所写"。即，书记官署名部分的格式为"官职＋人名＋手"，这和里耶秦简的格式相差无几，里面的官职名也见于睡虎地秦简和张家山汉简。这或许可以作为旁证，以资论证公文书的格式在惠文君时期已经大致定下来了。② 当然，秦封宗邑瓦书并不是通常意义上的公文，所以并不能作为证明文书行政实际情况的直接证据，但它的署名方式和里耶秦简一样，至少可以用作旁证。

---

① 参见镰田重雄《秦郡考》，载镰田重雄《秦汉政治制度の研究》，日本学術振興会，1962 年；林剑鸣《秦史》，五南图书出版公司，1992 年；土口史记《先秦時代における"郡"の形成とその契機》，载土口史记《先秦時代の領域支配》，京都大学学術出版会，2011 年。关于上郡，上郡守偃氏戈刻有"十四年"字样纪年，此应为秦惠文王后元十四年（公元前 311 年）之意。
② 关于秦封宗邑瓦书，参见郭子直《秦国秦封宗邑瓦书铭文新释》，《古文字研究》第 14 辑，1986 年。

2. 文书行政机构的建立

利用文书发布命令和向上汇报的做法早在公元前四世纪后半叶的秦法里已经可见。这一节我们将讨论利用文书发布命令和接收汇报的官僚机构是如何建立的。

里耶秦简是秦帝国时期的公文，据简文的记载，以迁陵县县廷为中心的官僚机构已经相当完备了。笔者曾经汇编过里耶秦简里的封缄简牍——写有收信地址的封缄公文，并利用种山茂、青木俊介两位先生的研究成果①，考察了迁陵县行政机构与公文书动向的关联事项②，今略其大意如下：③

迁陵县的大本营系县廷，廷内有令（长官）、丞（副官），下辖令史、令佐等直属吏员。组成县廷的部门组织称"曹"，如吏曹、户曹、仓曹、田曹、金布（曹）、司空曹、狱东曹、狱南曹等，令史等吏员在各曹担任相应工作。另一方面，县廷之外的实务部门则称"官"，如田官、仓官、少内官、司空官。县下一级的行政机构——乡在一般情况下也视为"官"。各官的负责人为啬夫，有佐、史等辅佐行政。从封缄简牍和公文的记载来看，职务关联较紧密的官和曹之间通过文书来沟通，而官吏任免、判决之类不属于职务范围内的事项则另外向吏曹和狱曹递交文书。由此可见，秦帝国时

① 仲山茂《秦漢時代の"官"と"曹"——県の局部組織》，《東洋学報》第 82 卷第 4 号，2001 年；青木俊介《秦から漢初における都官と県官——睡虎地秦簡〈法律答問〉九五簡の解釈を通じて》，《中国出土資料研究》第 15 号，2011 年。
② 拙文《里耶秦簡第八層出土簡牘の基礎的研究》，《三重大史学》第 14 号，2014 年。
③ 另可参见孙闻博《秦县的列曹与诸官——从〈洪范五行传〉一则佚文说起》，《简帛》，2015 年第 2 期；邹水杰《简牍所见秦代县廷令史与诸曹关系考》，《简帛研究 2016 春夏卷》，广西师范大学出版社，2016 年。

期的县存在着利用文书实施行政管理的官僚机构。

那么,秦国是在何时诞生了这种官僚机构的呢? 下面我们将从官职入手讨论。

(1) 县官官职

县内官职中,我们重点考察里耶秦简有记载的啬夫、佐和史①。

① 仓啬夫、仓佐 均见于《秦律十八种·仓律》21~27 简和《效律》168~170 简,二者内容相同。另,《效律》171~173 简还提到了"仓史"一职。

> 入禾仓,万石一积而比黎之为户。县啬夫若丞及仓、乡相杂以印之,而遗仓啬夫及离邑仓佐主稟者各一户以氐。自封印,皆辄出,余之索而更为发户。

> ——睡虎地秦简《秦律十八种·仓律》21~27 节录

《仓律》第 28 简和《效律》第 174~176 简则载有县向内史提交"廥籍"的规定,而且对待咸阳和对待其他城市的方式是不同的:

> 入禾稼、刍稾,辄为廥籍,上内史。刍稾各万石一积,咸阳二万一积,其出入、增积及效如禾。

> ——睡虎地秦简《秦律十八种·仓律》28

由此,我们猜想《秦律十八种》的《仓律》和《效律》的完整版是同时

---

① 关于睡虎地秦简的啬夫,参见裘锡圭《啬夫初探》,载裘锡圭《云梦秦简研究》,北京:中华书局,1981 年;饭尾秀幸《中国古代国家における在地支配機構成立の一側面——睡虎地秦簡の嗇夫をめぐって》,载池田温編《中国礼法と日本律令制》,東方書店,1992 年。

期成文的,且这段时期是咸阳成为秦都之后,郡制还未普及之时。① 换言之,简文所述的是公元前四世纪后半叶的情况。

② 司空啬夫、司空佐、司空史　睡虎地秦简《秦律杂抄》第12～15 简有"县司空、司空佐史"字样。县司空即县内的司空啬夫,之所以写作"县司空",应是为了区别于同条的"邦司空"。《秦律杂抄》第 40～42 简也可见"县司空佐"一职。

> ……军人卖稟稟所及过县,资戍二岁;同车食、屯长、仆射弗告,戍一岁;县司空、司空佐史、士吏将者弗得,资一甲,邦司空一盾。……●稟卒兵,不完缮,丞、库啬夫、吏资二甲,废。
>
> ——睡虎地秦简《秦律杂抄》11～15 节录

> 戍者城及补城,令婢堵一岁。所城有坏者,县司空、署君子将者资各一甲;县司空佐主将者资一盾。……
>
> ——睡虎地秦简《秦律杂抄》40～42 节录

关于第 12～15 简的"邦司空"的解释,可参考渡边英幸在讨论里耶秦简《更名扁书》时对"邦尉"和"郡邦尉"的解释。② 渡边认为秦国领土范围还在关中盆地之内时,邦尉是管辖秦国全境的武官,随着秦国疆域扩大,设郡之后,邦尉改为了郡邦尉。假如邦尉之名真的发生了如此变化,那么同理可得,邦司空大概率也是秦国领土大半还在关中盆地之内,郡制还未普及时的官职。此叫作

---

① 江村治树《雲夢睡虎地出土秦律の性格》(载江村治树《春秋戦国秦漢時代出土文字資料の研究》,汲古書院,2000 年)从《仓律》《效律》的相似性出发讨论了秦律的特征,认为秦律大多成文于公元前四世纪后半叶,一部分律义或成文于公元前 350 年之前。

② 渡边英幸《里耶秦簡〈更名扁書〉試釈——統一秦の国制変革と避諱規定》,《古代文化》第 66 卷第 4 号,2015 年。

为旁证,供推测该条文成文时期所用。

③ 库啬夫　也见于睡虎地秦简《秦律杂抄》的 12～15 简,简文中库啬夫的条文和县司空的条文用了"●"分隔开来,故应为独立的条文,至于成文时期则难以断定。

④ 少内啬夫、少内佐　睡虎地秦简《封诊式》第 37～41 简《告臣》里记载了命令少内某、佐某核查臣(男性奴隶)丙的价格是否合理之事,可见二者无疑系县内官吏。

> ……令少内某、佐某以市正价贾丙丞某前。丙,中人,价若干钱……
>
> ——睡虎地秦简《封诊式》37～41 节录

另外,《法律答问》第 32 简中有"县少内"一词,《秦律十八种·金布律》第 80、81 简里也有县少内的相关记载。再者,《金布律》第 86～88 简载有县向内史汇报物品贩卖情况的规定。假如睡虎地秦简《秦律十八种·金布律》全文都是同一时期成文的话,那成文时期应在公元前四世纪后半叶。

> 县、都官坐效、计以负偿者,已论,啬夫即以其值钱分负其官长及冗吏,而人与参辨券,以效少内,少内以收责之。……
>
> ——睡虎地秦简《秦律十八种·金布律》80～81 节录
>
> 县、都官以七月粪公器不可缮者,有久识者靡蚩之。其金及铁器入以为铜。都官输大内,内受卖之,尽七月而毕。都官远大内者输县,县受卖之。粪其有物不可以须时,求先卖,以书时谒其状内史。……
>
> ——睡虎地秦简《秦律十八种·金布律》86～88 节录

⑤ 田啬夫　见于睡虎地秦简《秦律十八种》的《田律》第 12

简和《厩苑律》第 13、14 简。条文的记载内容没有可资推断成文年代的线索。

> 百姓居田舍者毋敢沽酒，田啬夫、部佐谨禁御之，有不从令者有罪。
>
> ——睡虎地秦简《秦律十八种·田律》12

> 以四月、七月、十月、正月肤田牛。卒岁，以正月大课之。最赐田啬夫酒、束脯，为皂者除一更，赐牛长日三旬。殿者谇田啬夫，罚冗皂者二月。……
>
> ——睡虎地秦简《秦律十八种·厩苑律》13~14 节录

⑥ 厩啬夫　见于睡虎地秦简《秦律杂抄》第 29、30 简。条文中没有可资推断年代的内容。

> 马劳课殿，资厩啬夫一甲，令、丞、佐、史各一盾。
>
> ——睡虎地秦简《秦律杂抄》29~30 节录

综上，我们整理了睡虎地秦简中有关县官的记载。关于仓、司空和少内，应是公元前四世纪后半叶时已经作为县官存在了。其他县官的情况暂且不详，不过睡虎地秦简《效律》第 51~53 简载：

> 官啬夫资二甲，令、丞资一甲；官啬夫资一甲，令、丞资一盾。其吏主者坐以资、谇如官啬夫。其它冗吏、令史掾计者，及都仓、库、田、亭啬夫坐其离官属于乡者，如令、丞。

所谓的"都 X"，即县廷所在的乡里的 X 官，如都仓、都库、都田、都亭。这些官至少曾经同时存在过。如①中所述，如果《秦律十八种·效律》是一个整体的话，那么其所描写的应为公元前四世纪后半叶的情况。同理，③库啬夫和⑤田啬夫应该也是在公元前四世纪后半叶已经存在。

(2) 县廷官职

① 令史　睡虎地秦简的《编年记》《秦律十八种》《封诊式》等均载有关于令史的事例,然而这些事例中没有一项的前后文是可以帮助我们推定年代的。不过,前文中引用过的睡虎地秦简《效律》第51～53简里也提到了令史,因为《效律》描述的是公元前四世纪后半叶的情况,故猜想令史在公元前四世纪后半叶已经存在。

② 令佐　睡虎地秦简中没有关于令佐的明显记载,要到里耶秦简发现后其存在才得以证明。前引睡虎地秦简《秦律杂抄》第29～30简中令、丞、佐、史四者并举,这里的佐和史可能是令佐。不过考虑到厩官的负责人——厩啬夫为一甲,其监督者令、丞及辅助厩啬夫的佐、史均为一盾,也不能十分断定他们就是令佐。

综上,我们没法精确地定位县行政机构何时出现,只能根据大量的事例笼统地证明它们在公元前四世纪后半叶已存在。既然官职存在,那么作为工作场所的官府自然也是同时存在的。尤其是各种官啬夫的存在引出了一连串官职。

另一方面,作为县廷部门组织的"曹"反而在睡虎地秦简中鲜见身影。只有与手工业相关的《秦律杂抄》里提到"曹"是某种组织。另外,睡虎地秦简《语书》中可见"凡良吏明法律令……以一曹事不足独治也,故有公心"一句。睡虎地秦简的时期要比里耶秦简早,故这里的"曹"肯定是指某个组织或部门。此外,睡虎地秦简《秦律十八种》中的《田律》《仓律》均有提交文件的相关记载,很难想象这些由不同官员负责的不同业务,相关报告县廷竟然会不分门别类一股脑接收,也不设专门的令史处理,任由外行管内行。就算在一开始没有组建曹,但既然有管理各官提交的文书的需求,那曹自然就会诞生,并逐渐发展为由县廷安排负责人的形式。

土口史记指"（曹）不是官吏所归属的组织或架构，也没有相关的制度背书"，"只不过是令史的文书处理工作的一个局部体现，即一个单纯的文书处理单位，而且还处于非常不成熟的阶段"，认为战国秦国～秦帝国时期，县廷诸曹还不是部门组织①。

东汉中期的长沙五一广场汉简有这么一段记载：

> 左贼史式兼史顺详白前：部左部贼捕掾督等考实，南乡
> 丈田史黄官、趣租史李宗殴男子邓官状，今督等书言解如牒。
> 又官复诣曹，诊右足上有殴创一所，广袤五寸，不与解相应
> 守。丞护、掾普议，解散，略请却核实。白草。君教若。
>
> ——长沙五一广场汉简 1③202－4＋202－5

这条史料谈到了东汉时期的某县廷左贼史等人的行动，所载内容显示县廷要按诸曹名来处理实务。就目前而言，类似的史料不见于里耶秦简。由此可见，秦代县廷诸曹基本上是用来分担县廷的文书处理工作，如诸曹掾史等还没有明确的所属官吏。此外，律文中也没有单个列出诸曹，可见立法者也不认为有必要在法律层面上设曹。

但是，既然所谓的部门本来就是用来给一团糟的业务分门别类，再按类处理的组织，那似乎本来就没必要用法律或者制度来给它们背书，也没有必要让一线的实务人员在部门甲一对一的对应关系之下再分属。县廷内形成了多个负责处理文书的曹，每个曹安排合适的令史就任，如果曹的令史频繁更替，抑或令史身兼数曹职务，都不影响曹的分担处理业务职责，那我们就可以视这种情况为部门组织的形成。从这一点看来，笔者认为秦代县廷诸曹虽然没有得到制度层面的正式承认，但也是一个对应着诸官而

① 土口史记《秦代の令史と曹》，《東方学報（京都）》第 90 号，2015 年。

形成的次级组织。里耶秦简的记载显示,秦国统一后,各县的县廷名称乃至数量都发生过改变,但曹始终存在,可知当时的行政还是在轨道上的。

综合上述史料的信息,我们认为大部分里耶秦简里明确记载的县内行政机构很有可能在公元前四世纪后半叶已经存在。同时,这些行政机关之间通过文书沟通所实施的行政,相较于里耶秦简那个阶段并没有太大变化。

(3) 文书行政的出现

里耶秦简里记载的行政机关、文书行政在公元前四世纪后半叶已经存在,但是它们又是如何出现的呢?

按《史记》的说法,商鞅变法之前,即公元前五世纪末至四世纪初这段时期,秦国逐渐开始试点县制、改革税制和户籍制、完善官僚制等。这些在前人成果中也屡屡有提及。

> (简公六年)令吏初带剑。　　　　　　——《秦本纪》①
>
> (简公七年)初租禾。　　　　　　　　——《六国年表》
>
> (献公)十年,为户籍相伍。
>
> 　　　　　　　　　——《秦始皇本纪》附录王名表

当是时,譬如征农作物作为税收,那这些农作物要怎么储藏,怎么计算总量,都需要制定相应的规则,同时也需要执行规则的指令和汇报方式。再者,还要留下记录,以备作为日后考核或者出现问题要稽查原因的证据。因此,我们不难想象当时的人们会利用文字制作成文书和簿籍来相互沟通。

---

① 《史记·秦始皇本纪》附录王名表载:"(简公)其七年,百姓初带剑。"《六国年表》载:"(简公六年)初令吏带剑。"

问题在于，里耶秦简里记载的那些机关，是在公元前五世纪末开始慢慢进化了半个世纪而成的，抑或是在比较短的时间内——如公元前四世纪前半叶的某个十年里突然出现的呢？

笔者曾经讨论过里耶秦简所属的行政机关——秦迁陵县的情况。这个县人口稀少，吏员名额却很多。西汉后半期的东海郡，人口超过 100 万，郡内一些设有千石令的大县吏员名额才和秦迁陵县差不多。结果没人愿意去迁陵县这个穷乡僻壤任职。所以笔者认为，比起整合当地的情况，秦中央政府更在乎以统一的标准实施县制。① 正如孙闻博先生所指出的，秦政府苦恼于吏员不足。② 孙先生引用了里耶秦简的这么一段话：

> 至今未得，其代居吏少，不足以给事。
>
> ——里耶秦简 J1⑧197 正面节录

来自其他地区的吏满任期回去了，代理的吏又不够人，业务难以推进。导致吏员不足的原因值得我们思考。是因为秦政府把本来针对人口大县的组织形式生搬硬套到迁陵县呢？还是因为迁陵县是新设县，秦政府不了解当地情况，不小心多设了官府才导致人手不足呢？就笔者个人看来，前者的可能性似乎更高。

迁陵县是在始皇二十五年（公元前 222 年）新设的县③，要开发新土地，自然要更多的官吏。按道理，这种想法无可厚非，但是

---

① 拙文《秦代遷陵県の覚え書》，《名古屋大学東洋史研究報告》第 39 号，2015 年。讨论迁陵县的研究还有宫宅洁《秦代遷陵県志初稿——里耶秦簡より見た秦の占領支配と駐屯軍》，《東洋史研究》第 75 卷第 1 号，2016 年。

② 孙闻博著，吉田章人、关尾史郎译《商鞅県制の推進と秦における県、郷関係の確立——出土史料と伝世文献による再検討》，关尾史郎、藤田胜久编《簡牘が描く中国古代の政治と社会》，汲古書院，2017 年。（译者注：中文版为孙闻博《商鞅县制的推行与秦县、乡关系的确立——以称谓、禄秩与吏员规模为中心》，《简帛》，2017 年第 2 期。）

③ 里耶秦简 J1⑧757："今迁陵，廿五年为县。"

很难想象县廷和县官组织是专门为了开发而设的组织。我们现在就假设县廷和县官组织是所有县都有的组织——包括关中的县。我们以西汉后半期的居延县作为比较对象（虽然两者的时代背景、自然环境都不同，用作单纯比较似乎不太合适），居延县特别设置了一些都官，如居延农、骍马农等田官和延水等都水官。然而这种专职专任的痕迹在目前公开的里耶秦简中几近不见。[①]诸官的职务，例如田官还能和开发扯上点边。然而按道理来讲，旧县也是要开发的，在这层意义上，又说不上是新县的特征。此外，里耶秦简中还有迁陵县内设有军事机构的记载：

> （始皇）廿六年十一月甲申朔壬辰，迁陵邦侯守建敢告迁陵主令史下御：

>> 史请书曰："自今以来，毋传假马以使若有吏（事）县中，及逆传车马而以载人、避见人若有所之。自一里以上皆坐所乘车马，臧与盗同法。书到相报。"今书已到，敢告主。

> 毋公印，以私印。印章曰：李志

>> 十一月甲午
>> 销士五□□若思以来
>> 但手
>> ——里耶秦简 J1⑨1874

可惜，县内设军事机构也不是新县的特征。张家山汉简《二年律令·秩律》载：

>> 中候、郡候、骑千人、卫将军候、卫尉候，秩各六百石，有丞者二百石。

---

① 籾山明《漢代エチナ-オアシスにおける開発と防衛線の展開》，載籾山明《秦漢出土文字史料の研究——形態、制度、社会》，創文社，2015 年。

引文里的"郡候",按第 109 页注②渡边英幸文章所述应是"邦候"的改称,郡候与中候——内史辖区里的候——相对应。由此可见秦帝国并没有理会现实军情是否紧张,一律从制度上于郡设候。因此,即使迁陵县作为新设县,军事上还不稳定,我们也不应该贸然将之与军事联系起来理解。

如此一来,在迁陵县实施如此制度,尽管有可能是怀着"按计划开发下去总有一天会发展到关中地区同样程度"而未雨绸缪的想法,但我们还是认为迁陵县的行政机构是按照统一规划而设置的,即秦中央政府认为"县就应该是这样子"。鉴于这种统一性一直顽强保留到帝国时期,我们认为这种行政组织形式的出现与其说是秦国在历经试点,参考各地实际情况逐渐规划而成,更有可能的是在某个节点与秦律一同在短时间内实施,并随着秦国领地的扩张扩散至各地,而迁陵县就处于其扩散过程的最末期。

睡虎地秦律律名、迁陵县诸官、迁陵县廷诸曹名对照表

睡虎地秦律律名	迁陵县诸官	迁陵县诸曹
司空律	司空	司空曹
金布律	少内	金布曹
厩苑律	厩	
	库	
仓律	仓	仓曹
田律	田	
—	畜	
—(户律)	乡	户曹
置吏律、除吏律	—	吏曹

＊括号内为张家山汉简《二年律令》律名。

县廷诸曹与诸官之名与睡虎地秦律的律名(田、仓、厩、金布、司空等)相匹配,与更早期的秦律联系也匪浅。[1] 睡虎地秦律,本质上是县、都官内部的业务管理章程(见第 109 页注[1]江村论文)。然而,专门面向各县诸官和县内诸曹制定业务管理的相关章程,似乎可以理解为秦律与县内诸官(及下一级负责分担诸官文书处理工作的县廷诸曹)的关系从一开始就设计为是成对的,密不可分的。[2]

以上就是公元前四世纪后半叶之前秦国行政的情况。提到秦国行政的大变动,不得不说的就是商鞅变法。学术界对于商鞅变法的评价并不趋同,例如吉本道雅甚至质疑商鞅是否真的参与了变法。[3] 吉本在分析传统文献史料的基础上,还利用了阡陌制的相关出土史料——四川青川木牍,认为秦国在秦武王二年(公元前 309 年)确立了阡陌制,并指牍文中的"更修为田律"一句并非更改以前的阡陌制的意思,而是指该律文的附录本身,以此来否定阡陌制与商鞅的联系。另外,他又指出商鞅变法里的各种改革和制度实际上都只不过是单独实施的措施,要到战国晚期才整合为一体。相对地,广濑薰雄认为"更修"的意思是"重新公布"之

---

[1]《洪范五行传》佚文里也有诸曹、列曹,孙闻博将之与迁陵县的列曹做过比较研究。见第 107 页注[3]孙闻博《秦县的列曹与诸官——从〈洪范五行传〉一则佚文说起》。

[2] 最近的秦汉法制史研究中,有观点认为战国时期编纂的基础法典还没有一部能称得上是真正的"法典"。见陶安あんど《法典编纂史再考・汉篇:再び文献史料を中心に据えて》,《東洋文化研究所紀要》第 140 号,2000 年;广濑薰雄《〈晋书・刑法志〉に見える法典編纂説話について》,广濑薰雄《親漢律令研究》,汲古書院,2010 年。假如本章的推测无误,那么公元前四世纪中叶,秦国在置县与县廷诸曹、县内诸官的同时,针对不同的行政任务,在相关规定的内容上也做了一定程度的分类,而律法似乎也是一口气,抑或是短时间内陆续编纂成文件颁布的。但是要说这些文件能否视为成套的法典,个人觉得更合适的说法是——这是针对诸官的律在短时间内出台并汇编成册的结果。

[3] 吉本道雅《商君变法研究序说》,《史林》第 83 卷第 4 号,2000 年。

意,即重新公布一次武王二年前已经存在的"为田律",认为"为田律"能够追溯到商鞅变法。①

　　我们没有必要百分之百相信《史记》所载的改革内容全部都是商鞅实施的,在这一点上,吉本的观点有值得采纳之处。但窃以为就算商鞅的改革真的只是单独实施的措施,是后人假托商鞅,认为秦国制度自商鞅始,我们也没有必要全盘否定公元前四世纪中叶的秦国发生了一场规模不小的制度改革。② 在这场改革中,秦国制定了律法(以睡虎地秦简残存的反映公元前四世纪情况的律文为代表),设置了与之相配套的县行政机构,并全面引入文书行政以规制、运营县内事务。目前可供利用的史料显示,最晚在公元前四世纪中叶时,秦国的行政发生了大变革。

　　如前所述,公元前五世纪后,随着各项制度的出台,人们写下了诸多记录,这些记录不光要保留以备日后核查,也能用于制度运行相关的指令和汇报,文书、簿籍的制作及其流动自此开始。同时,秦国开始试点设县,县行政机构雏形出现。在这一系列的经验基础上,到了公元前四世纪中叶,秦国在域内大量置县之际,出台了一系列律法,完善了相关行政机构。这些律法和行政机构

<hr />

① 广瀬薫雄《青川郝家坪秦墓木牍補論》,载羊晋史郎、藤田胖久编《簡牘が描く中国古代の政治と社会》,汲古書院,2017 年。广瀬引秦汉时期的事例,认为"为田律"是泛称的"X 律"之中专门指代该领域的律文。即"为田律"并不是泛指一系列关于田地的律法,而是某部律法中关于"为田"方面的律文。此说可从。

② 如果说公元前四世纪中叶并没有发生值得留于青史的变革,或者有变革,但这场变革与商鞅无关,那为什么人们要假托商鞅为"变法"的领导者呢? 窃以为应是商鞅身上有一些值得假托的特征。正如吉本道雅所指,如果商鞅真的是战术家和外交家,那他肯定和法律、制度这些领域有联系。籾山明认为春秋时期由军事集团统兵的秩序孕育出了战国时期的官僚制,同时军法秩序在战国时期扩散至民间,形成了社会法秩序。参见籾山明《法家以前——春秋期における刑と秩序》,《東洋史研究》第 39 卷第 2 号,1980 年。不过,籾山的论述建立于商鞅变法真实存在的前提之上,有一些观点我们不应盲从,但籾山指出了商鞅和法律、制度的联系,这层意义上我们又不应该忽视。

与文书行政一同在短时间内铺展向全国。

结语——公元前四世纪的秦国

综上，我们立足于目前可利用的出土史料，探讨了秦国文书行政真正开始的时期。结论是，公元前四世纪中叶的秦土全境范围内已经基本满足了文书行政所需的条件——包括本章开头所引的永田观点，即"通过文书下达命令，用文书向上汇报的行政制度"和"官僚制度的发达和完备，以及文字的统一"，及本章提出的文书行政的前提条件，而且我们推测文书行政是在比较短的时间内快速实施的。公元前四世纪中叶刚好也是后世所认为的商鞅变法时期。商鞅变法的其中一项改革措施或许就是置县（和县廷诸曹、县诸官）和制定相关律法，并引入文书行政以资运营执行。

最后，为什么公元前四世纪中叶会发生如此变革呢？笔者在此不避冗余，认为有如下几个原因：

首先，按照本章开头的定义，在这一时期，关中盆地的秦国领土内已经有了统一的文字，也有了拥有文字知识（能够阅读、写作固定格式的公文书，掌握书面语言）的官吏，引入文书行政的必备条件已经具备了。笔者不谙文字学，有关秦文字的情况诸位可参见相关专著。秦帝国时期，有关文字的知识已经扩大至中层阶级了，中央朝廷能够从中选拔合适人选任命为官吏①，然而在公元前四世纪的秦国还没发展到这个程度。按睡虎地秦

---

① 拙文《漢代の官吏任用と文字の知識》，載拙著《漢代の地方官吏と地域社会》，汲古書院，2008 年。

简的记载，秦国似乎希望拥有文字知识的人能够世袭下去，为国家稳定提供人才。[1] 睡虎地秦简《秦律十八种·内史杂律》第191简载：

> 令敕史毋从事官府。非史子也，毋敢学学室。犯令者
> 有罪。

由此可见，拥有文字知识的人还很稀少。文书行政萌芽时期，拥有"史"资格的人可称为是"文字技术者"。就算没达到"史"的水平，能够读懂和写作固定格式文章的官吏也算得上珍贵了。虽说如此，这些官吏也并不一定全部集中在君主周围。我们假设迁陵县有100个左右的官吏编制，按商鞅变法在秦国置县的数量计算（《史记》六国年表及商君列传为31县，秦本纪为41县），保守估计全国官吏都有3000～4000人。如果再算上候补官吏的话应该有4000～5000人——这些都是拥有文字知识的人。当然，官吏群体中肯定有一些会做事但不识字的人，然而再怎么想应该都不会超过一半人数。

秦国能够拥有如此人数的官吏，其创造条件培养世袭的"史"家自然是其中一个背景，但远不仅于此。要拥有几千个能够读写固定格式公文书的人，大背景肯定是文字知识的普及。公文书要规定格式，不能够只满足于能让人读懂，最大的原因在于固定格式能够在最大程度上避免误解的产生。其次，固定格式能够让人比较容易上手学会读写。正如滨川荣指出，假如战国时期的经济

---

[1] 佐原康夫《漢代の官衙と属吏》，载佐原康夫《漢代都市機構の研究》，汲古書院，2002年；张金光《学吏制度——兼与汉比较》，载张金光《秦制研究》，上海古籍出版社，2004年。二位先生也持同样观点。

发展有利于文字知识的普及①,那么同理,公元前四世纪中叶似乎也能说是具备开展文书行政条件的时期。②

另外,公元前四世纪,秦国的社会、文化似乎发生了一些变化,间接催生了文书行政。例如秦人墓葬在公元前四世纪发生了变化。冈村秀典发现这个时期的秦国陪葬土器有变化③,松崎常子也指出自战国中期(公元前四世纪)起,秦国领土内的墓葬开始从竖穴墓变为土洞墓。④ 这种变化有何社会意义,笔者不敢贸然断言,但是它们的确与文书行政确立的时期重合了。基于这点,或许从宏观上我们还是应该将之视为秦国整体变化的其中一环。

至于外部因素,还要考虑秦国与周边势力的关系。众所周知,战国初期,紧邻秦国东部的魏国日渐强盛,其疆域甚至达到了黄河以西。据《史记》等文献记载,秦国在此时也在东进,与魏国常有军事摩擦。窃以为,如何处理和魏国的关系是秦国的一项重要工作。此外,在这个时期,除了魏国等战国诸侯,秦国的其他邻接势力也取得了发展,那就是位于秦国西北部的戎人势力。义渠戎占据了关中盆地北方,在战国时期曾多次遭到秦军攻打,土地被并入秦国。《史记·秦本纪》载,秦惠文王后元十年(公元前316年),秦军"伐取义渠二十五城"。二十五城所占的土地应该不比商鞅变法所设的三十一或四十一秦县少。当然,我们还要考虑城市数量本身的可信度、居住人口问题等情况,不能贸然说公元前四世纪前半叶的义渠戎实力能够匹敌秦国,但义渠戎实力相

---

① 滨川荣《秦漢時代の庶民の識字》,《史滴》第 35 号,2013 年。

② 在文书行政的执行过程中,应该会陆续涌现掌握公文写作文字和写作格式的官吏。

③ 冈村秀典《秦文化の编年》,《古史春秋》第 2 号,1985 年。文章的相关内容蒙粎山明教授报告知。

④ 松崎つね子《楚、秦、漢墓の变遷より秦の統一をみる——頭向、葬式、墓葬構造等を通じて》,载松崎つね子《睡虎地秦簡と墓葬からみた楚、秦、漢》,汲古書院,2017 年。

当强大这点是毋庸置疑的。讨论西北地区戎人势力增长的原因并非本章目的，不过我们能看到戎人以关中为起点，经义渠戎故地——汉北地郡及西边的安定郡，直出黄河①，同时秦始皇时期的乌氏倮故事也发生在汉安定郡，故窃以为戎人势力增长的其中一个原因应该是贸易的利润。②

面对这么多对手，战国秦国认识到始于公元前五世纪末的税制改革和户籍制度改革有必要铺向全国。为了保证效果，连接中央和地方，文书行政的必要性也提上了日程。在这一系列因素的综合作用下，文书行政在公元前四世纪中叶的短时间内广泛实施。

本章的推论部分较多，可商榷之处定然不少，望诸家指正。

本章所用到的出土文献如下：

岳麓秦简——《岳麓书院藏秦简（四）》，上海辞书出版社，2015 年。

五一广场汉简——长沙市文物考古研究所、清华大学出土文献研究与保护中心、中国文化遗产研究院、湖南大学岳麓书院编《长沙五一广场东汉简牍（二）》，中西书局，2018 年。

睡虎地秦简——睡虎地秦墓竹简整理小组《睡虎地秦墓竹简》，文物出版社，1990 年。

张家山汉简——张家山二四七号汉墓竹简整理小组《张家山

---

① 固原地区是这条路线上的要冲，相关情况可参见拙文《战国秦的"帝国"化与周缘领域统治的变迁》、铃木直美《秦长城遗跡固原市段——王家堡城障遗跡》、广瀬薫雄《秦长城遗跡固原市段——明庄城障遗跡》，均载高村武幸、广瀬薫雄、渡边英幸编《周緣領域からみた秦漢帝国 2》，六　書房，2019 年。拙文也提及了义渠戎似乎有和魏国联手的痕迹。
② 松田寿男《絹馬貿易と"禺氏の玉"——最古のシルクロードについて》，载《松田寿男著作集 3：東西文化の交流》，六興出版，1987 年。

汉墓竹简(二四七号墓)》,文物出版社,2001 年;彭宏、陈伟、工藤元男编《二年律令与奏谳书:张家山二四七号汉墓出土法律文献释读》,上海古籍出版社,2007 年。

里耶秦简——湖南省文物考古研究所编《里耶秦简(一)》,文物出版社,2012 年;湖南省文物考古研究所编《里耶秦简(二)》,文物出版社,2017 年;陈伟主编《里耶秦简牍校释(一)》,武汉大学出版社,2012 年;陈伟主编《里耶秦简牍校释(二)》,武汉大学出版社,2018 年。

第四章 《史记》的秦史认识

［日］吉本道雅

序　言

　　20 世纪 70 年代以来,随着中国考古学的发展,秦史研究发生了翻天覆地的变化。[1] 过去人们喜欢在只有零碎文献记录的情况下讨论诸如秦汉帝国结构等过分宏大的命题。随着睡虎地秦简等出土文字材料和秦始皇兵马俑等重大考古材料的不断问世,现在的秦史研究要比过去精细得多。尽管如此,目前还没发现比睡虎地秦简更早的秦简,而且其他出土文字材料也较为零散、孤立。

　　从而,现阶段有关公元前三世纪之前的秦史认识还是要倚仗《史记》。当然,《史记》的记载并不一定与出土文书同时代。就算某些记载所采用的原始材料能够追溯到出土文书的时期,但整体而言,《史记》依然是公元前二世纪末的文献,很大程度上受到司

---

[1] 吉本道雅《睡虎地秦简年代考——日本における中国古代史研究の现状に寄せて》,《中国古代史论丛》第 9 集,2017 年。中文版为孙正军译《睡虎地秦简年代考——附论日本中国古代史研究的现状》,北京与京都——架设中日的知识桥梁:北京大学与京都大学第二次人文学术研讨会,2007 年 12 月 15 日。

马迁个人主观因素的制约。[①]《史记》的秦史认识本来就不应该被视为秦史的真实记录，譬如北大汉简《赵正书》的出现就暴露了某种程度上只依赖《史记》的秦史认识有多脆弱。[②] 因此，我们有必要梳理一下《史记》的秦史认识特征，以备将来再有新材料面世。

本章将选取秦朝以前（主要部分为战国秦）至西汉前期，即公元前 3～前 2 世纪的秦史认识与《史记》的秦史认识做比较，讨论《史记》的秦史认识有何特征。

1. 秦史记载的疏密

《秦始皇本纪》论赞、《六国年表序》和《秦楚之际月表序》为我们勾画了太史公对于秦史的概观：

> 太史公曰：秦之先伯翳，尝有勋于唐虞之际，受土赐姓。及殷夏之闲微散。至周之衰，秦兴，邑于西垂。自缪公以来，稍蚕食诸侯，竟成始皇。
>
> ——《秦始皇本纪》论赞
>
> 太史公读《秦记》，至犬戎败幽王，周东徙洛邑，秦襄公始封为诸侯，作西畤用事上帝，僭端见矣。礼曰："天子祭天地，诸侯祭其域内名山大川。"今秦杂戎翟之俗，先暴戾，后仁义，位在藩臣而胪于郊祀，君子惧焉。及文公踰陇，攘夷狄，尊陈宝，营岐雍之闲，而穆公修政，东竟至河，则与齐桓、晋文中国侯伯侔矣。……秦始小国僻远，诸夏宾之，比于戎翟，至献公

[①] 关于《史记》中的秦系材料，参见拙文《史记原始：战国期》，《立命館文学》第 547 号，1996 年；《史记戦国紀年考》，《立命館文学》第 556 号，1998 年。
[②] 北京大学出土文献研究所编《北京大学藏西汉竹书（三）》，上海古籍出版社，2015 年。

之后常雄诸侯。论秦之德义不如鲁卫之暴戾者,量秦之兵不
如三晋之强也,然卒并天下,非必险固便形执利也,盖若天所
助焉。

——《六国年表序》

太史公读秦楚之际,曰:……秦起襄公,章于文、缪,献、
孝之后,稍以蚕食六国,百有余载,至始皇乃能并冠带之伦。

——《秦楚之际月表序》

《秦始皇本纪》论赞首先提到了伯翳(柏翳),顺带引出秦建国于
"西垂"。这里的"西垂"指的是秦国在西垂之地时的历代秦国君
主——秦仲(公元前844~前822)、秦庄公(公元前821~前
778)、秦襄公(公元前777~前766)、秦文公(公元前765~前
715)。说完"西垂"之后,又引出了秦穆(缪)公(公元前659~前
621)和秦始皇(公元前246~前210)。《六国年表序》要更详细一
点,按顺序谈到了秦襄公、秦文公、秦穆公的事迹,然后引出春秋
战国时期秦国的颓势、秦献公(公元前384~前362)之后秦国的
强盛及秦始皇统一至秦帝国灭亡。《秦楚之际月表》则先提到了
秦襄公、秦文公和秦穆公,然后说秦献公、秦孝公(公元前361~
前338)后秦国强盛起来,再到秦始皇统一。

《秦本纪》的纪年始于"秦侯立十年(公元前848年),卒"一
句。图4-1系《秦本纪》(公元前840~前240年)和《秦始皇本
纪》(公元前240~前200年)共650年间,以10年为单位的字数
统计。第一道柱是公元前840年前,即纪年开始前记载的总字数
合计。字数的多寡、记载的疏密,从定量角度反映了《史记》对不
同时期的关注程度。

127

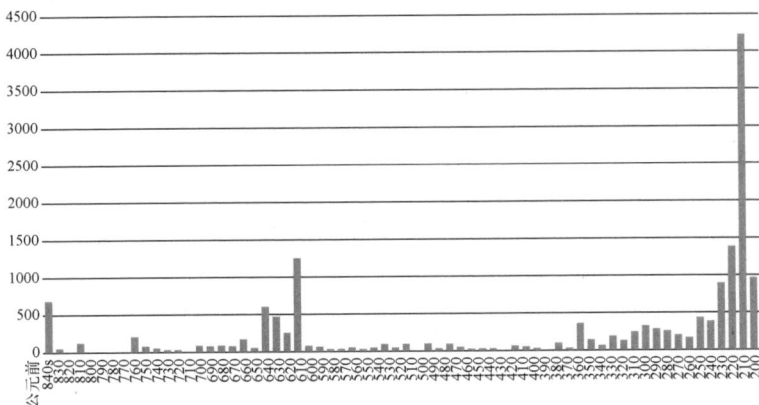

图 4 - 1　《秦本纪》《秦始皇本纪》字数统计

　　显然地,公元前 370 年代前的平均字数要比公元前 360 年代后少,而且公元前 230 年代后字数激增。公元前 370 年代之前字数比较多的年代有公元前 820 年代、前 770 年代及前 650～前 620 年代,分别相当于秦仲、秦襄公和秦穆公时期。秦穆公时期的公元前 650～前 620 年代字数较多,算是公元前 370 年代之前这个范围里的一个例外,当中又以公元前 620 年代字数最多,为 1254 字。这个数字在整张统计表中排第三,仅次于公元前 210 年代的 3392 字和公元前 220 年代的 1376 字。《秦本纪》和《秦始皇本纪》以简洁的编年史为整体行文基调,可是这些占字数较多的部分却脱离了编年史形式。之所以说它脱离了编年史,其中一个原因是行文中出现了人物话语。以公元前 620 年代为例,秦穆公三十二～三十三年(公元前 628～前 627 年)的崤之战、三十四年(公元前 626 年)的由余来聘、三十六年(公元前 625 年)秦军伐晋、三十九年(公元前 621 年)穆公逝世等事件中都有人物话语的记载,就是这些话语增加了字数。

　　公元前 770 年和公元前 650～前 620 年代的字数较多,刚好这段时期在《六国年表序》中对应的是谈论秦襄公、秦文公及秦穆公的内容，而公元前610～前370年代的字数较少，这段时期在《六国年表序》中对应的是谈论秦国颓势的内容。

公元前360年代的字数要比其前后一个年代都多，原因是司马迁在秦孝公元年（公元前361年）部分写了较长的背景介绍并引述了秦孝公颁布的"令"：

> 孝公元年，河山以东强国六，与齐威、楚宣、魏惠、燕悼、韩哀、赵成侯并。淮泗之间小国十余。楚、魏与秦接界。魏筑长城，自郑滨洛以北，有上郡。楚自汉中，南有巴、黔中。周室微，诸侯力政，争相并。秦僻在雍州，不与中国诸侯之会盟，夷翟遇之。孝公于是布惠，振孤寡，招战士，明功赏。下令国中曰："昔我缪公自岐雍之闲，修德行武，东平晋乱，以河为界，西霸戎翟，广地千里，天子致伯，诸侯毕贺，为后世开业，甚光美。会往者厉、躁、简公、出子之不宁，国家内忧，未遑外事，三晋攻夺我先君河西地，诸侯卑秦，丑莫大焉。献公即位，镇抚边境，徙治栎阳，且欲东伐，复穆公之故地，修穆公之政令。寡人思念先君之意，常痛于心。宾客群臣有能出奇计强秦者，吾且尊官，与之分土。"

秦孝公这道"令"提到了穆公和献公的事迹，可与《六国年表序》的穆公、献公内容相对应。公元前360年代之后的平均字数要比之前都多，原因只有一个——秦国强大起来了。公元前360～前240年代的字数要比公元前230年代之后的字数少，是因为这段足足长达130年的历史记载中基本没有人物话语出现，除上述的秦孝公"令"外，就只有秦孝公二十四年（公元前338年）的"（商）鞅曰"和秦武王二年（公元前309年）的"武王谓甘茂曰"，总共加起来也就三段。相对地,公元前230~前200年代的记载中,字数都是靠人物话语撑起来的。

《秦本纪》《秦始皇本纪》里几乎没有公元前360~前240年代的人物话语,因为这些秦国将相的话语已经分布在《商君列传》《张仪列传》《樗里子甘茂列传》《穰侯列传》《白起王翦列传》《范雎蔡泽列传》中了。

图4-2是在图4-1基础上加上了《秦表》和秦国各将相列传后的字数统计,同样是以10年为单位。公元前360~前240年代这段时期,光看本纪可能看不出什么变化,但是一旦加上列传,就能看出对于秦国的记载明显详细了很多。与之相对,在前230~前200年代这段时期,除了公元前210年代因为《李斯列传》和《蒙恬列传》致使字数明显增加之外,其余时间段的字数增加程度都不如公元前360~前240年代,由此也反映出《秦始皇本纪》本身的记载已经足够充实了。《六国年表序》的记载有一半是关于秦始皇的。

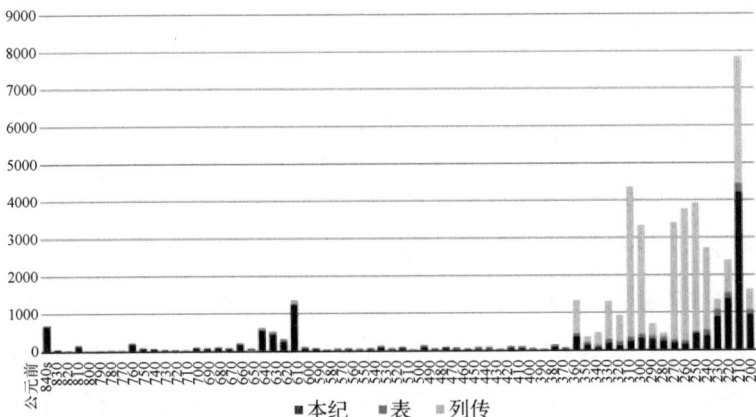

图4-2 《秦本纪》《秦始皇本纪》及相关表、列传合计字数统计

综上所述,我们应该可以理解为什么本章开头认为《六国年表序》《秦楚之际月表序》和《秦始皇本纪》论赞准确地归纳了整本《史记》对于秦史的认识了。下文我们将在本节的基础上重读《秦本纪》和《秦始皇本纪》的记载,以确认《史记》的秦史认识有何特征。

2. 秦史认识的特征

(1) 秦国的起源[①]

《秦本纪》载,周孝王封非子于秦邑以为附庸,自非子之子——秦侯(公元前 857~848 年)起,始有秦纪年。关于非子之前的秦先公记载,在《史记》中要把秦系和赵系的传说连起来看,如下图:

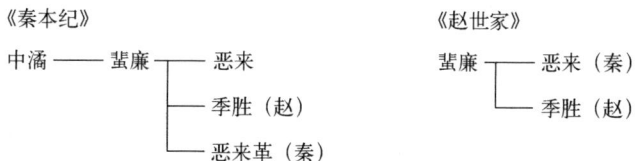

《秦本纪》

中潏——蜚廉——┬—恶来
　　　　　　　├—季胜(赵)
　　　　　　　└—恶来革(秦)

《赵世家》

蜚廉——┬—恶来(秦)
　　　　└—季胜(赵)

《赵世家》以恶来为秦国祖先,然而《秦本纪》却以另一个名字很相似的恶来革为秦国祖先。

《孟子·滕文公下》载,蜚廉在商周交替之际被杀。《荀子》的

---

① 关于战国中期前的秦国,可参见拙文《秦史研究序说》,《史林》第 78 卷第 3 号,1995 年;《中国先秦史の研究》第二部下篇第三章,京都大学学術出版会,2005 年。关于秦国起源,另可参见拙文《秦趙始祖伝説考》,《立命館東洋史学》第 21 号,1998 年;《古代中国の系譜を読み解く》,初期王権研究委員会编《古代王権の誕生 I:東アジア編》,角川書店,2003 年;《戦国期の易姓革命説》,《中国古代史論叢》第 5 集,2008 年。

《儒效》《臣道》《成相》载蜚廉是纣王臣下，与恶来并称。《史记》认为蜚廉、恶来父子都是纣王臣下的认识应该在《荀子》成书时已经存在。然而《秦本纪》中，蜚廉成了中潏之子：

> 申侯乃言孝王曰："昔我先郦山之女，为戎胥轩妻，生中潏，以亲故归周，保西垂，西垂以其故和睦。"

而且此时中潏已经归顺了周。可见两者显然是矛盾的。《秦本纪》在记载秦国系谱时，以中潏、恶来革为父子，可是又插入了以恶来和季胜为蜚廉之子的赵国谱系，如此一来，恶来和恶来革便成了两个人了。

再往回看，《秦本纪》开头写道：

> 秦之先，帝颛顼之苗裔孙曰女修。女修织，玄鸟陨卵，女修吞之，生子大业。大业取少典之子，曰女华。女华生大费，与禹平水土。已成，帝锡玄圭。禹受曰："非予能成，亦大费为辅。"帝舜曰："咨尔费，赞禹功，其赐尔皂游。尔后嗣将大出。"乃妻之姚姓之玉女。大费拜受，佐舜调驯鸟兽，鸟兽多驯服，是为柏翳。舜赐姓嬴氏。

柏翳，《国语·郑语》谓"嬴，伯翳之后也"，其为秦国祖先。另一方面，大费、姚姓玉女似乎和赵武灵王（公元前 325～前 299 年）有关。至于大业，《赵世家》载：

> 晋景公疾，卜之，大业之后不遂者为祟。景公问韩厥，厥知赵孤在，乃曰："大业之后在晋绝祀者，其赵氏乎？"

《赵世家》说"大业之后"（即大费）是赵国祖先，却没有说他和秦国有何关系。况且柏翳负责驯养鸟兽，大费负责治水，二人的职责也不同。秦系、赵系的材料中，柏翳、大费分别是两国的开国世祖,唯一的相同点是二人均是舜的臣下,或许就是因为这样后人才误以为二人是同一人吧。

简而言之,《秦本纪》中关于开国世祖的记载显然是多种材料混合而成的,而且逻辑上还未充分理顺便直接成文了。

(2) 秦国建国

① 秦仲。《诗经·秦风·车邻》毛诗序:"《车邻》,美秦仲也。秦仲始大,有车马礼乐侍御之好焉。"《国语·郑语》:"秦仲、齐侯,姜、嬴之隽也,且大,其将兴乎?"

② 秦庄公。《国语·郑语》:"及平王之末,而秦、晋、齐、楚代兴,秦景、襄于是乎取周土……"韦昭注谓"秦景"即秦庄公。

③ 秦襄公。除《国语·郑语》外,《诗经》有多篇提到秦襄公,如《驷骥》《小戎》《蒹葭》《终南》,各篇的毛诗序云:

> 《驷骥》,美襄公也。始命,有田狩之事、园囿之乐焉。
>
> 《小戎》,美襄公也。备其兵甲,以讨西戎。西戎方强,而征伐不休,国人则矜其车甲,妇人能闵其君子焉。
>
> 《蒹葭》,刺襄公也。未能用周礼,将无以固其国焉。
>
> 《终南》,戒襄公也。能取周地,始为诸侯,受显服,大夫美之,故作是诗以戒劝之。

另,《吕氏春秋·疑似》:"而平王所以东徙也,秦襄、晋文之所以劳王劳而赐地也。"

周幽王为犬戎所杀,秦襄公援助周平王东迁,遂获封为诸侯——此事频见于《史记》[①],是《史记》的历史认识中最重要的一

[①]《秦本纪》《封禅书》《齐世家》《鲁世家》《燕世家》《蔡世家》《曹世家》《陈世家》《宋世家》《晋世家》《楚世家》《匈奴列传》均可见。

项事件。《史记》里记载周幽王灭国后不一定紧接着平王东迁,但一定会提到秦襄公位列诸侯。[1]

作西畤之事,《史记》如此记载:

> 西戎犬戎与申侯伐周,杀幽王郦山下。而秦襄公将兵救周,战甚力,有功。周避犬戎难,东徙雒邑,襄公以兵送周平王。平王封襄公为诸侯,赐之岐以西之地。……襄公于是始国,与诸侯通使聘享之礼,乃用骝驹、黄牛、羝羊各三,祠上帝西畤。
>
> ——《秦本纪》

> 而幽王为犬戎所败,周东徙雒邑。秦襄公攻戎救周,始列为诸侯。秦襄公既侯,居西垂,自以为主少皞之神,作西畤,祠白帝,其牲用骝驹、黄牛、羝羊各一云。
>
> ——《封禅书》

《秦本纪》《六国年表序》谓秦襄公祭的是"上帝",但《封禅书》和《六国年表·秦襄公八年》却谓祭的是"白帝"。《封禅书》给秦国的畤的祭祀对象分配了白青黄赤四色,即白帝(西畤、鄜畤、畦畤)、青帝(密畤)、黄帝(吴阳上畤)、炎帝(下畤),再加上汉高祖刘邦的黑帝(北畤)便凑成了五色:

> 二年,东击项籍而还入关,问:"故秦时上帝祠何帝也?"对曰:"四帝,有白、青、黄、赤帝之祠。"高祖曰:"吾闻天有五帝,而有四,何也?"莫知其说。于是高祖曰:"吾知之矣,乃待我而具五也。"乃立黑帝祠,命曰北畤。

《六国年表序》谓西畤是"僭端",到了《封禅书》又加上了北畤凑齐了五帝祭祀。这反映了在《史记》的历史认识中,周→秦→汉交替

---

[1] 拙文《周室東遷再考》,《京都大学文学部研究纪要》第56号,2017年。

的历史早在秦襄公时已经开始了。

④ 秦文公。在传世文献中,秦文公始见于《史记》。《六国年表序》"及文公踰陇,攘夷狄"当中的"攘夷狄"让人联想到《公羊传·僖公四年》的"南夷与北狄交,中国不绝若线。桓公救中国而**攘夷狄**。"再看《秦本纪》中关于秦文公的事迹:"十六年,文公起兵伐戎,戎败走。于是文公遂收周余民有之,地至岐,岐以东献之周。"似乎是在参照齐桓公的霸业。

3. 秦穆公

关于秦穆公,《六国年表序》说他让秦国"东竟至河",《秦本纪》孝公元年那道令中也有"以河为界"一句。在秦孝公之前,《秦本纪》判断秦国国力强弱的标准为是否压制黄河以西:

> 德公元年,初居雍城大郑宫,以牺三百牢祠鄜畤,卜居雍,后子孙饮马于河。
>
> (缪公十五年)是时秦地东至河。
>
> (出子二年)秦以往者数易君,君臣乖乱,故晋复强,夺秦河西地。
>
> (孝公元年)会往者厉、躁、简公、出子之不宁,国家内忧,未遑外事,三晋攻夺我先君河西地,诸侯卑秦,丑莫大焉。

《秦本纪》论赞中谓"自缪公以来,稍蚕食诸侯",或许就是基于秦穆公压制了河西地区。

秦孝公令中的所谓"东平晋乱"见于《封禅书》:

> 其后十四年,秦缪公立,病卧五日不寤。寤,乃言梦见上帝,上帝命缪公平晋乱。史书而记藏之府。而后世皆曰秦缪

公上天。……是岁，秦缪公内晋君夷吾。其后三置晋国之君，平其乱。

用天命来介入历史是《史记》很喜欢用的手法。

至于《六国年表序》中所谓的"侯伯"指的应该是霸主。《左传·僖公二十八年》："王命尹氏及王子虎、内史叔兴父策命晋侯为侯伯。"而《六国年表序》中用的是"中国侯伯"这个词，显然是不把秦国归为"中国"之列。《左传》说秦穆公"遂霸西戎"（文公三年），又说"秦穆之不为盟主也，宜哉"（文公六年），虽然承认秦穆公是西戎霸主，却不承认他是中国的霸主。《吕氏春秋·不苟》和《韩诗外传》持同样立场。《吕氏春秋·不苟》："（缪公）其霸西戎，岂不宜哉？"《韩诗外传》卷六："昔者秦缪公困于殽，疾据五羖大夫、蹇叔、公孙友而小霸。"卷八："（百里奚）见秦缪公，立为相，遂霸西戎。"

可是《孟子·告子下》《吕氏春秋·知度》《吕氏春秋·处方》《韩非子·难二》《史记·李斯列传》《史记·淮阴侯列传》《汉书·邹阳传》均认为秦穆公是中国霸主。《孟子·告子下》："虞不用百里奚而亡，秦穆公用之而霸。"《吕氏春秋·知度》："管夷吾、百里奚听而天下知齐、秦之霸也。"《吕氏春秋·处方》："故百里奚处乎虞而虞亡，处乎秦而秦霸。"《韩非子·难二》："且蹇叔处干而干亡，处秦而秦霸。"《史记·李斯列传》："昔者秦穆公之霸……"《史记·淮阴侯列传》："百里奚居虞而虞亡，在秦而秦霸。"《汉书·邹阳传》："秦用戎人尤余而伯中国。"

后来，《白虎通·号》更是把秦穆公列为"五霸"之一："五霸，谓齐桓公、晋文公、秦穆公、楚庄王、吴王阖闾也。……或曰，五霸，谓齐桓公、晋文公、秦穆公、宋襄公、楚庄王也。"

至于《秦本纪》则引《左传》，同样地不认为秦穆公是中国霸主：

> 三十七年,秦用由余谋伐戎王,益国十二,开地千里,遂
> 霸西戎。天子使召公过贺缪公以金鼓。三十九年,缪公卒,
> 葬雍。……君子曰:"秦缪公广地益国,东服强晋,西霸戎夷,
> 然不为诸侯盟主,亦宜哉。"

可是《秦本纪》加了一句"天子使召公过贺缪公以金鼓",表明秦国
称霸西戎是获周室首肯的。又,前引的孝公元年令中也载秦国
"西霸戎翟"之后,"天子致伯,诸侯毕贺"。《秦始皇本纪》附载王
名表中有"缪公享国三十九年,天子致霸"一句。"天子致伯"这句
话的确有可能是《秦本纪》直接摘自秦国编年史史料的,可是《秦
本纪》偏偏在记载秦孝公的时候也载"十九年,天子致伯。二十
年,诸侯毕贺",故更有可能的是《秦本纪》转抄了《秦始皇本纪》的
王名表。秦孝公称霸也得到了周室首肯,可是"天子致伯"是用来
形容秦孝公当上中国霸主的,与秦穆公"西霸戎翟"不符。因此,
《秦本纪》的孝公元年令中,同时出现了秦孝公是西戎霸主和中国
霸主两种说法,不得不说这段作文的拼接水平有点不如人意。

4. 秦国夷狄论[①]

《史记》中,视秦国为夷狄的记载频繁叮见,如《天官书》:"秦、
楚、吴、越,夷狄也。"《六国年表序》:"今秦杂戎翟之俗,先暴戾,后
仁义……秦始小国僻远,诸夏宾之,比于戎翟。"

与"戎翟之俗"近义的表述还有"戎翟之教",《商君列传》:"始

---

① 关于秦国夷狄论,见拙文《春秋二伝小考》,《東亜文史論叢2003》,2003年;《出土文
 献に基づく左伝学の再構築》第十章,2016年科研经费报告书;《中国古代における
 華夷思想の成立》,夫马进编《中国東アジア外交交流史の研究》,京都大学学術
 出版会,2007年。

秦戎翟之教，父子无别，同室而居。今我更制其教，而为其男女之别，大筑冀阙，营如鲁卫矣。"这是商君与赵良的对话的其中一节，猜想这段对话本来应该是独立的故事，是司马迁将之收录到《商君列传》的。① "男女之别"见于《谷梁传·僖公三十三年》，是区分中华和夷狄的象征性用词：

> 经：夏四月辛巳，晋人及姜戎败秦师于殽。

> 传：不言战而言败，何也？狄秦也。其狄之，何也？秦越千里之险，入虚国，进不能守，退败其师徒，乱人子女之教，无男女之别，秦之为狄，自殽之战始也。

《吕氏春秋·恃君》又载：

> 昔太古尝无君矣，其民聚生群处，知母不知父，无亲戚兄弟夫妻男女之别，无上下长幼之道，无进退揖让之礼，无衣服履带宫室畜积之便，无器械舟车城郭险阻之备，此无君之患。

然后就列举了半神话性质的"四方之无君者"国家的情况。《赵世家》也和《谷梁传》一样，预言秦国在殽之战后将陷入"男女无别"的状态：

> （秦缪公）告公孙支与子舆曰："……帝告我：'晋国将大乱，五世不安。其后将霸，未老而死。霸者之子且令而国男女无别。'"公孙支书而藏之，秦谶于是出矣。献公之乱，文公之霸，而襄公败秦师于殽而归纵淫，此子之所闻。

至于"先暴戾，后仁义"，应该是直接化用自贾谊《新书·过秦中》的"先诈力而后仁义，以暴虐为天下始"一句。除了"先暴戾，

---

① 《商君列传》的相关情况，见拙文《商君变法研究序说》，《史林》第83卷第4号，2000年。

后仁义"之外,《六国年表序》还提到"论秦之德义不如鲁卫之暴戾者"。"鲁卫"在前文所引《商君列传》中有"营如鲁卫矣"一句,出自《论语·子路》:"子曰:'鲁卫之政,兄弟也。'"象征着戎狄的对立面——中国。

与"秦始小国僻远,诸夏宾之,比于戎翟"相呼应,《秦本纪》:"秦僻在雍州,不与中国诸侯之会盟,夷翟遇之。"《齐世家》:"秦穆公僻远,不与中国会盟。"此外,很多记载都强调过秦国最初的疆域颇为狭小,如《十二诸侯年表序》:"齐、晋、秦、楚其在成周微甚,封或百里或五十里。"《秦始皇本纪》:"他时秦地不过千里。"《李斯列传》:"逮秦地之狭隘,先王之时秦地不过千里。"《新书·过秦》:"然秦以区区之地……秦虽小邑……"

"僻远"一词见于《战国策》的《秦策三·范雎至秦》"夫秦国僻远"和《赵策二·张仪为秦连横说赵王》"秦虽僻远",但《战国策》之外的其他先秦文献都没有这个词。《韩非子·十过》:"臣闻戎王之居,僻陋且道远,未闻中国之声。"或许"僻陋"就是派生自"僻陋且道远"一句,依然是用来形容秦国是戎狄。

秦国异于"中国"的言论初见于《孟子·梁惠王上》区分秦楚二国和"中国""四夷"之说:"欲辟土地,朝秦楚,莅中国而抚四夷也。"可是接下来很多文献都直接把秦国视为夷狄,如:

> 经:夏四月辛巳,晋人及姜戎败秦于殽。
>
> 传:其谓之秦何? 夷狄之也。
>
> ——《公羊传·僖公三十三年》①

① 傅隶朴《春秋三传比义》(台湾,商务印书馆,1983 年)谓《公羊传》的秦国夷狄论似乎不足以用作《春秋经》的传文。《谷梁传》的传文很多都追随《公羊传》的脚步,但持秦国夷狄论的只有僖公三十三年传文,文公十二年、昭公元年、昭公五年可能是因为无法用以论证秦国夷狄论,故未立传。

经:秦伯使遂来聘。

传:遂者何？秦大夫也。秦无大夫,此何以书？

——《公羊传·文公十二年》

经:秦伯卒。

传:何以不名？秦者,夷也。匿嫡之名也。其名何？嫡
得之也。

——《公羊传·昭公五年》

经:夏四月辛巳,晋人及姜戎败秦于殽。

传:不言战而言败,何也？狄秦也。

——《谷梁传·僖公三十三年》

秦戎始从。

——《管子·小匡》

秦缪公相百里奚……秦国僻陋戎夷,事服其任,人事其
事,犹惧为诸侯笑。

——《吕氏春秋·不苟》

秦与戎翟同俗,有虎狼之心。

——《战国策·魏策三》

当中《吕氏春秋》的"秦国僻陋戎夷"和《史记》的"秦始小国僻远"
"秦僻在雍州"都有一个"僻"字。

要注意的是,上述的战国后期言论中,除《战国策·魏策三》
外,所有秦国夷狄论说的都是春秋时期的秦国。就连《史记》也在
《商君列传》中收录了商鞅说秦国摒弃"戎翟之教",成了鲁卫般的
国家的言论。同为战国后期文献的《荀子》在谈到同时代的秦国
时反而看不到秦国夷狄论:

秦人其生民郏阨,其使民也酷烈,劫之以执,隐之以阸,

> 忸之以庆赏，酋之以刑罚，使天下之民，所以要利于上者，非斗无由也。阸而用之，得而后功之，功赏相长也，五甲首而隶五家，是最为众强长久，多地以正，故四世有胜，非幸也，数也。
>
> ——《议兵》
>
> 其固塞险，形埶便，山林川谷美，天材之利多，是形胜也。入境，观其风俗，其百姓朴，其声乐不流污，其服不佻，甚畏有司而顺，古之民也。及都邑官府，其百吏肃然，莫不恭俭、敦敬、忠信而不楛，古之吏也。入其国，观其士大夫，出于其门，入于公门；出于公门，归于其家，无有私事也；不比周，不朋党，倜然莫不明通而公也，古之士大夫也。观其朝廷，其朝闲，听决百事不留，恬然如无治者，古之朝也。故四世有胜，非幸也，数也。
>
> ——《强国》

不仅《荀子》中与战国秦国的相关言论，连截至汉武帝时期谈到秦帝国的汉代言论中也看不到秦国夷狄论。这个现象令人意外，将暴秦联系到戎狄的言论竟然只有《战国策·魏策三》一处。①（不限上述引文的话，其实还有《史记·魏世家》和马王堆帛书《战国纵横家书》。）

《秦本纪》载，“昔我先郦山之女，为戎胥轩妻，生中潏”，可见《史记》是在追溯秦国起源的过程中获得了秦国夷狄论的依据，兴许是与汉武帝时期公羊学官学化相互呼应，鼓吹秦国是夷狄。

---

① 《魏策三》下文还记载道“秦有郑地，得垣雍，决荧泽而水大梁，大梁必亡矣”。这段记载应在说大梁陷落之事，《史记·魏世家》也有载：“秦之破梁，引河沟而灌大梁，三月城坏，王请降，遂灭魏。”如此一来，《魏策三》的成书时期必在魏国灭亡（公元前225年）之后，或在汉初。

可能是由于《史记》几乎没谈到秦孝公之前的秦国情况,故汉武帝之后秦国夷狄论就逐渐失去了市场。就笔者所知,也就只有杜预注《左传》提到了秦仲之前的秦国用"戎狄之音":

> 为之歌秦,曰:"此之谓夏声。夫能夏则大,大之至乎,其周之旧也。"
>
> ——《左传·襄公二十九年》

> 秦本在西戎汧、陇之西,秦仲始有车马、礼乐。去戎狄之音而有诸夏之声,故谓之夏声。及襄公佐周,平王东迁而受其地,故曰周之旧。
>
> ——杜预注

综上,秦国夷狄论在《史记》乃至《公羊传》中都是一个特殊的言论。

5. 秦献公

《六国年表序》的"(秦)至献公之后,常雄诸侯"一句袭自《新书·过秦》的"(秦)自缪公以来,至于秦王,二十余君,常为诸侯雄"。《过秦》认为秦国自秦穆公以来便一直是"诸侯雄",而《秦本纪》则记载了秦厉共公至出子时秦国的颓势:

> 出子二年,庶长改迎灵公之子献公于河西而立之,杀出子及其母,沉之渊旁。秦以往者数易君,君臣乖乱,故晋复强,夺秦河西地。

> 孝公元年……下令国中曰:"……会往者厉、躁、简公、出子之不宁,国家内忧,未遑外事,三晋攻夺我先君河西地,诸侯卑秦,丑莫大焉。"

秦献公在《史记》里占了极其重要的地位,然而在《史记》之前却仅见于《吕氏春秋·当赏》。《封禅书》载,周太史儋见秦献公,预言道:"秦始与周合,合而离,五百岁当复合,合十七年而霸王出焉。"然后"栎阳雨金,秦献公自以为得金瑞,故作畦畤栎阳而祀白帝"。此事在《周本纪》《秦本纪》和《老子韩非列传》也有载,即《史记》足足重复提到了此事达四次之多。《封禅书》继续写道:"其后百二十岁而秦灭周,周之九鼎入于秦。或曰宋太丘社亡,而鼎没于泗水彭城下。其后百一十五年而秦并天下。"看起来,《封禅书》是把周太史儋的话理解为对秦国统一天下的预言。

前文的《秦本纪》孝公元年令中,在提到秦穆公之后,紧接着提到的就是秦献公。除《秦本纪》之外,《史记》其他篇章也屡有关于秦献公的记载:

显王五年,贺秦献公,献公称伯。

——《周本纪》

桓公十一年,……是岁,秦献公卒,秦益强。

——《燕世家》

宣王六年,周天子贺秦献公,秦始复强,而三晋益大,魏惠王、齐威王尤强。

——《楚世家》

(成侯)十三年,秦献公使庶长国伐魏少梁,虏其太子、痤。

——《赵世家》

(武侯)十三年,秦献公县栎阳。……九年,……秦献公卒,子孝公立。

——《魏世家》

《秦本纪》："二十一年，与晋战于石门，斩首六万，天子贺以黼黻。"
《周本纪》把这次周室之贺解作是贺"献公称伯"，这几乎完全颠覆
了战国后期认为秦国在秦孝公时才开始强盛的观点。

《秦本纪》记载了周室承认秦孝公和秦惠文王为霸主之事：

> （孝公）二年，天子致胙。……十九年，天子致伯。二十
> 年，诸侯毕贺，秦使公子少官率师会诸侯逢泽，朝天子。
> （惠文王）二年，天子贺。……四年，天子致文武胙。

秦惠文王四年的记载，在秦封宗邑瓦书中作"四年，周天子使卿大
夫辰来致文武之胙"，可推知《秦本纪》的来源材料保留了一手秦
系史料的记载。有关秦献公、秦孝公和秦惠文王与周室的亲密关
系，在《史记》之前的文献均不见。

6. 秦孝公～庄襄王

《秦楚之际月表序》中有"献、孝之后"之语，将秦献公和秦孝
公并称。战国后期的文献中已经可见秦孝公之后的秦史：

> 秦四世有胜……
>
> ——《荀子·议兵》
>
> 今三晋不胜秦四世矣。自魏襄以来，野战不胜，守城必
> 拔。小大之战，三晋之所亡于秦者不可胜数也。
>
> ——《商君书·徕民》

又，《韩非子·定法》也提到了秦孝公、秦惠文王、秦武王、秦昭襄
王四代：

> 公孙鞅之治秦也，设告相坐而责其实，连什伍而同其罪，

赏厚而信,刑重而必,是以其民用力劳而不休,逐敌危而不
却,故其国富而兵强。然而无术以知奸,则以其富强也资人
臣而已矣。及孝公、商君死,惠王即位,秦法未败也,而张仪
以秦殉韩、魏。惠王死,武王即位,甘茂以秦殉周。武王死,
昭襄王即位,穰侯越韩、魏而东攻齐,五年而秦不益尺土之
地,乃城其陶邑之封,应侯攻韩八年,成其汝南之封;自是以
来,诸用秦者皆应、穰之类也。故战胜则大臣尊,益地则私封
立,主无术以知奸也。商君虽十饰其法,人臣反用其资。故
乘强秦之资,数十年而不至于帝王者,法不勤饰于官,主无术
于上之患也。

到了《史记·李斯列传》,又在这四代秦君之上添上了秦穆公:

昔者秦穆公之霸,终不东并六国者,何也?诸侯尚众,周
德未衰,故五伯迭兴,更尊周室。自秦孝公以来,周室卑微,
诸侯相兼,关东为六国,秦之乘胜役诸侯,盖六世矣。

……

昔缪公求士,西取由余于戎,东得百里奚于宛,迎蹇叔于
宋,来丕豹、公孙支于晋。此五子者,不产于秦,而缪公用之,
并国二十,遂霸西戎。孝公用商鞅之法,移风易俗,民以殷
盛,国以富强,百姓乐用,诸侯亲服,获楚、魏之师,举地千里,
至今治强。惠王用张仪之计,拔三川之地,西并巴、蜀,北收
上郡,南取汉中,包九夷,制鄢、郢,东据成皋之险,割膏腴之
壤,遂散六国之从,使之西面事秦,功施到今。昭王得范雎,
废穰侯,逐华阳,强公室,杜私门,蚕食诸侯,使秦成帝业。

《新书·过秦上》载:

秦孝公据崤函之固,拥雍州之地,君臣固守,以窥周室,

有席卷天下，包举宇内，囊括四海之意，并吞八荒之心。当是时也，商君佐之，内立法度，务耕织，修守战之具；外连衡而斗诸侯，于是秦人拱手而取西河之外。孝公既没，惠文武昭襄王，蒙故业，因遗策，南取汉中，西举巴蜀，东割膏腴之地，北收要害之郡。

......

施及孝文王、庄襄王，享国日浅，国家无事。及至始皇，奋六世之余烈，振长策而御宇内，吞二周而亡诸侯，履至尊而制六合，执搞朴以鞭笞天下，威振四海，南取百粤之地，以为桂林象郡。

虽然这段话主要说的是秦孝公之后的秦君，但是《过秦下》有"自缪公以来，至于秦王，二十余君，常为诸侯雄"一句，也提到了秦穆公。

汉武帝之前有关秦国的言论绝大部分谈的都是秦帝国，像《过秦》这种提到秦孝公甚至秦穆公的反而是例外。

如前所述，在公元前 360～前 240 年代这个时间段中，《史记》中的秦国传记有《商君列传》《张仪列传》《樗里子甘茂列传》《穰侯列传》《白起王翦列传》《范雎蔡泽列传》《吕不韦列传》，大大丰富了秦史的记载。不仅如此，《韩非子·定法》和《史记·李斯列传》也同样提到了商君、张仪、甘茂、穰侯和范雎。《史记》的传记自是基于既有的秦史认识，但另一方面，《史记》之前的文献偏偏又缺乏对于樗里子、白起、王翦、蔡泽的记载。

秦武王二年（公元前 309 年），樗里子与甘茂分别为左右丞相，故光给甘茂立传似乎于理不合。白起、王翦二将是秦国军事统一的支柱，尤其是白起，《太史公自序》中甚至说到司马氏的祖先司马靳曾任白起的幕僚,所以对于白起如此关注也无可厚非。蔡泽是劝范雎急流勇退之人,是范雎传中不可或缺的人物,故也值得立传。《范雎蔡泽列传》全文共 7337 字,关于蔡泽的记载占了 2466 字,比例为 33.7%。同理,《商君列传》中赵良也曾劝商君引退,《商君列传》全文 2612 字中,赵良一节占了 816 字,比例为 31.2%。由此可知,自命记载有始有终的《史记》也的确对于将相的始终抱有切实的关注。

7. 秦帝国

《秦始皇本纪》中的记载,尤其是秦王政二十六年(公元前 221 年)统一之后的记载中,很多都能从汉武帝前的言论中找到对应。[①]《秦始皇本纪》基本上是从既有的大量有关秦帝国的材料中拣选而成的。例如《秦始皇本纪》与《李斯列传》,乃至新出的《赵正书》之间对于秦始皇驾崩后的记载存在矛盾,反映了彼时与秦国有关的言论是多种多样的。

但即便如此,《秦始皇本纪》中依然零散可见一些独有的记载,而当中很多都和方士相关,能够与《封禅书》相对应。事实上,汉武帝前有关方士的记载就只有《淮南了·人间训》和《史记·淮南衡山列传》可见:

> 秦皇挟图录,见其传曰"亡秦者胡也"……
>
> ——《淮南子·人间训》
>
> 王坐东宫,召伍被与谋……被曰:"……又使徐福入海求

---

① 鹤间和幸《秦帝国の形成と地域》(汲古書院,2013 年)第二編《歴史と伝説》从多角度考察了有关秦始皇的记载。

神异物,还为伪辞曰:'臣见海中大神,言曰:'汝西皇之使邪?'臣答曰:'然。''汝何求?'曰:'愿请延年益寿药。'神曰:'汝秦王之礼薄,得观而不得取。'即从臣东南至蓬莱山,见芝成宫阙,有使者铜色而龙形,光上照天。于是臣再拜问曰:'宜何资以献?'海神曰:'以令名男子若振女与百工之事,即得之矣。'秦皇帝大说,遣振男女三千人,资之五谷种种百工而行。徐福得平原广泽,止王不来。于是百姓悲痛相思,欲为乱者十家而六。……"

——《史记·淮南衡山列传》

对应《封禅书》的方士相关记载是《史记》独有的,这或许和司马谈、司马迁父子曾任太史令不无关系。《封禅书》记载了秦始皇至汉文帝、汉武帝时期方士参与国家祭祀的相关情形,刚好太史令也是祭祀的参与者。《封禅书》载,司马谈与祠官宽舒均参与了元鼎四年(公元前113年)的"天子郊雍"和元鼎五年(公元前112年)的"天子始郊拜太一"。《太史公自序》又提到司马谈因未能参加元封元年(公元前110年)的封禅礼而"发愤且卒"。故《封禅书》中这些仅见于《史记》的材料,应该是司马迁以太史令的身份参加国家祭祀获得的。①

结　语

在秦～汉武帝时期的秦史言论中,除了李斯的《逐客论》和贾谊的《过秦论》提到了秦穆公和秦孝公之外,其余一律只谈秦帝

①《汉书·艺文志》:"诏光禄大夫刘向校经、传、诸子、诗赋,步兵校尉任宏校兵书,太史令尹咸校数术,侍医李柱国校方技。"可见,太史令是通"数术"即方术的。

国。《六国年表序》就批评了这一点："学者牵于所闻,见秦在帝位日浅,不察其终始,因举而笑之,不敢道。此与以耳食无异,悲夫!"

《史记》最大的特点无疑在于它记载了秦国从起源到灭亡的通史(始终)。也正因为是通史,所以把先前言论中几乎甚至完全没被提到过(或许在秦人之间有流传)的秦仲、秦襄公、秦文公和秦献公搬到了台面上。然后在秦国起源的认识基础上展开了秦国夷狄论。

就算是作为例外的李斯和贾谊,对于秦国统一六国这个问题,二人都认为秦国强大要归功于秦穆公、秦孝公不拘一格录用外国人及秦国本身地缘条件。相对地,《史记》则认为秦襄公立西畤是"僭端",并以汉高祖刘邦立北畤以完成五畤为由,指在周幽王覆灭时,秦代周、汉代秦的结果已然注定。秦代周不一定是暴力流血。《史记》里反复提到了4次太史儋的预言。这道预言说秦国受周室封建而获认可为霸主,并在此基础上成为王者,某种意义上暗示了秦和平取代了周。与此呼应,《史记》记载了秦襄公帮助平王东迁,秦文公献岐山以东给周王,周王承认秦穆公、秦献公、秦孝公、秦惠文王为霸主等事。

《史记》还有一个稍显瑕疵的特征是大量记载了秦始皇封禅、采信方士并为之欺瞒,及其他一系列神怪故事。这些故事显然是对汉武帝的暗讽,但在此之前,这些记载也反映了秦始皇自身的局限,似乎也是在铺垫汉取代秦的必然性。

祭祀五畤、周太史儋的预言、方士均可见于《封禅书》。这或许是因为司马迁身为太史令,能获得国家祭祀的一手信息,并以此决定了《史记》中秦史认识的独特倾向。

第五章　西方学术界的秦史研究前沿

[加]叶山

序

　　自从秦始皇陵东边的兵马俑坑和湖北省云梦睡虎地 11 号墓重见天日以来，西方汉学家和东亚的同行们一样，逐渐关注起秦国和秦帝国的历史，围绕各个问题产出了大量的研究成果。他们所关注的问题肯定是没法只用一篇小短文就完全覆盖的，所以在此我只打算以英文成果为主，辅以法文和德文成果——不包括俄文成果①及中国和日本学者的成果英译版——回顾一下近年来西方学术界的秦国和秦帝国研究动向。就目前所见，西方学者的关注焦点有如下几种：

　　(1) 秦始皇陵东边填埋坑中发现的兵马俑及劳工遗骨的科学团队合作研究分析结果；

　　(2) 关于秦国历史和兵马俑的人文学、美术史及考古学研究，以刊登于各博物馆兵马俑展的展刊上的成果为主；

　　(3) 新出简牍研究，包括法律、行政文书和日书——特别是

---

① 如青年学者马硕(Maxim Korolkov)，他写了多篇讨论张家山 247 号墓法制史料的论文，还把《奏谳书》译成了俄文。

与秦人宗教习俗和信仰相关的部分；

（4）秦国的信息交流与度量衡制度，及其对意识形态层面和技术层面的影响；

（5）《商君书》研究的新成果；

（6）从比较视角出发，对《史记》等传世文献中秦国及秦始皇的描写做修辞学分析。

在战国秦汉时期的学术史和哲学方面，新成果汗牛充栋。另外讨论该如何评价马王堆及郭店出土文献意义的成果也很多。但是这些成果所讨论的话题内容无论是起源地还是写作年代都不在秦国（代），所以本章略过不提。同理，关于《韩非子》和《吕氏春秋》哲学的新解释——尽管这两者的确是战国末期秦国所采用的意识形态代表——也不在本章讨论范围内。① 不过我想特别提一下的是，西方的中国古代思想研究者中有不少人拒绝使用"法家（legalist）"和"法家思想（legalism）"的名称，他们质疑战国至秦、汉初的法家是否真的能称为"学派"。② 因此，基于同样理由，本章也不讨论这段时期的中国自然科学史、医学史、技术发展史研究成果。毕竟这些成果有一大半都和秦国、秦帝国的发展没有直接联系。③

---

① John Knoblock and Jeffrey Riegel, tr. and annot. , *The Annals of Lü Buwei*［吕氏春秋］: *A Complete Translation and Study*, Stanford, CA: Stanford University Press, 2000. 另参见 James D. Sellman, *Timing and Rulership in Master Lü's Spring and Autumn Annals: Lüshi chunqiu*, Albany: State University of New York Press, 2002。

② Paul R. Goldin(金鹏程), "Persistent Misconceptions about Chinese 'Legalism'", *Journal of Chinese Philosophy* 38. 1, 2011.

③ 参见 Geoffrey E. R. Lloyd(劳埃德) and Nathan Sivin(席文), *The Way and The Word: Science and Medicine in Early China and Greece*, New Haven: Yale University Press, 2002; Elisabeth Hsu(许小丽), *Pulse Diagnosis in Early Chinese Medicine: The Telling Touch*, Cambridge: Cambridge University Press, 2010。

在进入上述的具体话题讨论之前,我想先介绍几部近年出版的英文秦汉帝国相关著作:

Michael Loewe(鲁惟一), *The Government of the Qin and Han Empires*:*221BCE-220CE*,Indianapolis:Hackett Pub. Co.,2006.

Mark Edward Lewis(陆威仪),The Early Chinese Empire:Qin and Han,Cambridge,MA:Belknap Press of Harvard University Press,2007.[1]

Chun-shu Chang(张春树),The Rise of the Chinese Empire,Ann Arbor:University of Michigan Press,2007.

Li Feng(李峰),Early China:A Social and Cultural History,Cambridge;New York:Cambridge University Press,2013.[2]

不过,这几本书并不是围绕特定问题向下深挖的研究专著,更像是面向大学课堂的教材,而且比起短命的秦帝国,更关注长寿的汉帝国。

除概论性著作外,秦汉帝国也吸引了比较史学研究者的目光,不少新出的重要论文集都收录了围绕特定问题的古代地中海世界(尤其是古罗马)与早期帝制中国的比较研究。例如论文集 *Conceiving the Empire*:*China and Rome Compared* 就收录了中国和罗马帝国在史书编纂、地图与工艺美术及建筑表现、修辞学与自我形象、帝国瓦解与随着新兴宗教和哲学流派的出现等方面

---

[1] 译者注:中文版为[美]陆威仪著,王兴亮译《哈佛中国史1:早期中华帝国——秦与汉》,中信出版社,2016年。

[2] 译者注:中文版为李峰著,刘晓霞译《早期中国:社会和文化史概论》,台湾大学出版中心,2020年。

的对比考证成果①。这类型的比较研究将来肯定能够为西方的
早期中国研究注入新活力。

1. 科学团队的兵马俑研究

1988 年,秦始皇陵出土了大量兵马俑和青铜器,为了解决它
们的色彩保存问题,中德两国达成了长期的科学研究合作项
目。② 这个项目的特征在于利用自然科学解决考古问题,即所谓
的"考古科学"(archaeometry)。③ 研究团队发现兵马俑在上色之
前回先刷一层漆,并化验出了颜料的化学成分。这些颜料主要来
自天然矿物,不过也有一部分颇具时代特色的人工颜料,如汉紫
(硅酸铜钡)、有机物提取颜料(提取自骨灰的骨白、骨黑,主要成
分为磷酸钙)等。由于水分蒸发会导致掉漆,俑身将失去色彩,所

---

① *Conceiving the Empire: China and Rome Compared*, ed. Fritz-Heiner Mutschler and Achim Mittag, Oxford: Oxford University Press, 2008. 另参见 *Rome and China: Comparative Perspective on Ancient World Empires*, ed. Walter Scheidel, Oxford, England; New York: Oxford University Press, 2009; *Fiscal Regimes and the Political Economy of Premodern State*, ed. Andrew Monson and Walter Scheidel, Cambridge: Cambridge University Press, 2015; *Eurasian Empires in Antiquity and the Early Middle Ages: Contact and Exchange between the Graeco-Roman World, Inner Asia and China*, ed. H. J. Kim, F. J. Vervaet and S. F. Adali, Cambridge: Cambridge University Press, 2017。

② 参见 Wu Yongqi, Zhang Tinghao, Michael Petzet, Erwin Emmerling, and Catharina Blansdorf, eds., *The Polychromy of Antique Sculptures and the Terracotta Army of the First Chinese Emperor: Studies on Materials, Painting Techniques and Conservation*(古代雕塑彩绘和秦始皇兵马俑:材料、绘画技术和保护之研究), Arbeitshefte des Bayerischen Landesamtes für Denkmalpflege 111, Munich: Bayerischen Landesamtes für Denkmalpflege, 2001。

③ Christoph Herm, "Methods in Organic Archaeometry and Their Application to the Terracotta Army", in *The Polychromy of Antique Sculptures and the Terracotta Army of the First Chinese Emperor: Studies on Materials, Painting Techniques and Conservation*, 2001, pp. 31-45.

以团队尝试了一系列科学手段防止漆中的水分蒸发。[1] 此外,还发现了一种色彩稳定剂,是用鸡蛋和一种未知的物质混合起来制成的。[2] 团队更指出,坑内士兵俑和官俑的配色丰富多彩,或许秦国士兵需要自备军服。

　　第二项合作研究项目是兵马俑博物院和伦敦大学的考古学、人类学者共同推进的。他们利用 X 射线荧光分析、3D 模拟等技术手段研究了兵器(以箭镞和弩为主)的铸造和打磨方式,并在此基础上认为秦帝国兵器生产过程中更多采用多个多功能单元(unit)同时进行的单元式制造方式(cellular manufacturing),而非单一的流水线。[3]

---

[1] 参见 X. Han, B. Rong, X. Huang, T. Zhou, H. Lo, and C. Wang, "The Use of Menthol as Temporary Consolidant in the Excavation of Qin Shihuang's Terracotta Army", *Archaeometry* 56. 6, 2014。

[2] Catharina Blansdorf and Linda Zachmann, "The Production Techniques, Conservation and Restoration of the Terracotta Figures", in *Qin: The Eternal Emperor and His Terracotta Warriors*, ed. Maria Khayutina, Bern, Switzerland: Bernisches Historisches Museum, 2013.

　　Daniela Bathelt and Heinz Langhals, "Two Methods for the Conservation of the Polychromy of the Terracotta Army of Qin Shihuang: Electron Beam Polymerization of Methacrylic Monomers and Consolidation Using Polyethylene Glycol", in *Conservation of Ancient Sites on the Silk Road: Proceedings of the Second International Conference on the Conservation of Grotto Sites*, *Mogao Grottoes*, *Dunhuang*, *People's Republic of China*, *June 28-July 3*, 2004(译者注:即 2004 年 6 月 28 日～7 月 3 日在敦煌莫高窟举办的"丝绸之路古遗址保护——第二届石窟遗址保护国际学术讨论会"), ed. Neville Agnew, Los Angeles: Getty Conservation Institute, 2010.

　　Ilaria Bonaduce, Catharina Blaensdorf, Patrick Dietemann, and Maria Perla Colombini, "The Binding Media of the Polychromy of Qin Shihuang's Terracotta Army", *Journal of Cultural Heritage* 9. 1, 2008. (https://doi. org/10. 1016/j. culher. 2007. 08. 002)

[3] Marcos Martinon-Torres, Xiuzhen Janice Li, Andrew Bevan, Yin Xia, Kun Zhao and Thilo Rehren, "Forty Thousand Arms for a Single Emperor: From Chemical Data to Labor Organization in the Production of Bronze Arrows for the Terracotta Army", *Journal of Archaeological Method and Theory* 21. 3, 2012. (转下页)

　　除了这两组合作研究的成果，还有其他历史学家、考古学家个人的研究工作。例如从 21 世纪初起便负责调查秦始皇陵坟丘的段清波和毕业于美国高校的中国青年学者施杰。2011 年，段清波将其研究成果集结成《秦始皇帝陵园考古研究出版》。[①] 事实上，早在 2007 年大英博物馆举办兵马俑展时，段清波就已经在展刊上发表了两篇短文。第一篇谈的是在秦始皇陵坟丘处做的两次地球物理学调查，目的是测量土壤中的水银浓度和水银蒸汽量。[②] 结论是墓里依然残留着相当量的水银，当中以墓东北部密度最高，南部次之，西北部几乎没有。段先生认为这一分布状况符合

（接上页）　　Xiuzhen Janice Li, Marcos Martinon-Torres, Nigel D. Meek, Yin Xia, and Kun Zhao, "Inscriptions, Filing, Grinding and Polishing Marks on the Bronze Weapons from the Qin Terracotta Army in China", Journal of Archaeological Science 38. 3, 2011. https://doi. org/10. 1016/j. jas. 2010. 09. 012

　　Xiuzhen Janice Li, Marcos Martinon-Torres, Nigel Meeks and Yin Xia, "Scanning Electron Microscopy Imaging of Tool Marks on Qin Bronze Weapons Using Silicone Rubber Impressions", in Historical Technology, Materials and Conservation: SEM and Microanalysis, ed. Andrew Meek, Nigel Meeks, Aude Mongiatti, and Caroline Cartwright, London: Archetype Publications, in association with the British Museum, 2012.

　　Xiuzhen Janice Li, Andrew Bevan, Marcos Martinon-Torres, Yin Xia, and Kun Zhao, "Crossbows and Imperial Craft Organisation: The Bronze Triggers of China's Terracotta Army", Antiquity 88. 339, 2014.

　　Li Xiuzhen, Andrew Bevan, Marcos Martinon-Torres, Yin Xia, and Kun Zhao, "Marking Practices and the Making of the Qin Terracotta Army", Journal of Anthropological Archaeology 42. 1, 2016. https://doi. org/10. 1016/j. jaa. 2016. 04. 002

　　Andrew Bevan, Xiuzhen Li, Marcos Martinon-Torres, Susan Green, Yin Xia, Kun Zhao, Zhen Zhao, Shengtao Ma, Wei Cao, and Thilo Rehren, "Computer Vision, Archaeological Classification and China's Terracotta Warriors", Journal of Archaeological Science 14, 2014. https://doi. org/10. 1016/j. jas. 2014. 05. 014

① 段清波《秦始皇帝陵园考古研究》，北京大学出版社，2011 年。
② Duan Qingbo, "Scientific Studies of the High Level of Mercury in Qin Shihuangdi's Tomb", in The First Emperor: China's Terracotta Army, ed. Jane Portal, Cambridge: Harvard University Press and London: Trustees of the British Museum, 2007.

司马迁《史记》里秦始皇陵内以水银模仿江河湖海等水路的记载。第二篇文章谈的是坟丘的地磁测量结果,并联系考古调查成果,测出了地下宫殿的规模,并发现了大型版筑墙壁及东西走向的排水设施(应是为了防止水漫入墓室)。①据此,段先生认为秦始皇陵墓室保留完好,没有崩塌,也未遭盗墓贼毒手。

施杰在段清波团队调查结果的基础上,联系抗秦的战国各国王墓发掘报告及前帝国时期的传统秦墓结构,提出如下观点:秦始皇陵的设计者为了统一此前的墓葬风格,创造一个前无古人的陵墓复合体,参照了秦陵旧制和东方诸国王陵的传统结构,并加以改良。秦始皇陵"完美地体现了秦帝国的新观念和秦始皇个人的政治野心"。由此推测,秦始皇陵的设计和建造应是在公元前221年灭六国、建立帝国之后才开始的。②

考古学家张卫星认为在2017年的今天,探索秦始皇陵存在三个重大的技术性挑战。第一是现代探测技术的应用,如利用遥感技术绘制地图、探测地貌、管理数据,抑或是利用最新的高清3D成像技术"还原埋葬形态和结构轮廓,测定其大小、形状和深度";第二是出土工艺品和文物的抗氧化保存;第三是修复"使用了古代技术、天然原料和古代工具的遗迹和文物"。③

---

① Duan Qingbo, "Summary of Scientific Testing Carried out on the First Emperor's Tomb to Address Various Questions", in *The First Emperor: China's Terracotta Army*, ed. Jane Portal, Cambridge: Harvard University Press and London: Trustees of the British Museum, 2007.

② Shi Jie, "Incorporating All for One: The First Emperor's Tomb Mound", *Early China* 37, 2014.

③ Zhang Weixing, "Recent Archaeology and New Thoughts about Qin Shihuang's Mausoleum Complex", in Terracotta Army: Legacy of the First Emperor of China, ed. Li Jian and Hou-mei Sung, Richmond, VA: Virginia Museum of Fine Arts, 2017.

最后还有一个科学团队的成果值得一提。^① 团队研究了陵园复合体的其中两个遗址——丽邑、山任里出土的两批劳工/囚犯的遗骨,利用同位素分析法调查了他们的饮食和出生地。结果显示,丽邑人群主要食用谷类和以谷类喂养的家畜,多为陕西本地人;而山任人群的饮食颇杂,摄入的野生动物蛋白更多,故应是被强行征发到陕西服役的楚国囚犯。但文章同时也强调,因为遗骨周边没有出土可资证明猜想的陶器或有字文物,所以仍需以其他方式更进一步考察。

2. 对秦史和兵马俑的人文学、美术史、考古学研究

西方学术界的兵马俑研究论文中,最具影响力的当数雷德侯的《神奇的始皇帝大军》。这篇文章最初是 1998 年他在美国华盛顿的国家美术馆梅隆讲座(A. W. Mellon Lectures in the Fine Arts)上的讲稿^②,后收录在他的著作《万物:中国艺术中的模件化和规模化生产》里。文章为后来众多兵马俑展览展刊里的收录文章所引用,还被翻译成法文。^③ 雷德侯在文章中细致地重审了20 世纪 90 年代末公布的秦始皇陵园发掘报告(所作何为)和陵

① Ying Ma, Benjamin T. Fuller, Weigang Sun, Songmei Hu, Liang Chen, Yaowu Hu, and Michael P. Richards, "Tracing the Locality of Prisoners and Workers at the Mausoleum of Qin Shi Huang: First Emperor of China (259-210 BC)", Scientific Reports 2, 2016:26731. Published online June 2. Doi:10. 1038/srep 26731.

② Lothar Ledderose, *Ten Thousand Things:Module and Mass Production in Chinese Art*,Princeton:Princeton University Press,2000,pp. 51～73.

③ Lothar Ledderose,Viviane Regnot, tr. , "Une armée magique pour l'empereur", in *Les soldats de l' éternité*, ed. Alain Thote and Lothar von Falkenhausen, Paris, Editons de la Pinacothèque de Paris, 2008.

园建造成这样子的原因（缘何而为），指出陵园设计受两方面因素影响，即历史背景和修建统治者陵墓的传统。历史背景，指的是战争形态从贵族精英主导变为大规模步兵的运用，兵马俑"就像一座歌颂赞美秦王朝卓越军事制度的纪念碑……也是秦代社会的一个缩影"。至于修建统治者陵墓的传统，指的是丧葬风俗从活人殉葬变为人俑殉葬、墓室的结构逐渐模仿活人房屋布置、以日常生活用品作为随葬品等等。如此一来，坟墓便"再现了现世的生活，并将其理想化，使之永存"。然而，秦始皇陵在旧有的墓葬制度基础上融合了新特征——一方面模仿现实世界（墓室模仿宇宙，还有厩苑、御用马车、军队的模型），但另一方面又用活人陪葬。兵马俑的作者追求三个目标：必须能永久保存、要在合理时间内造毕、看起来要"真实"。正因兵马俑满足了这三个条件，所以才被称为"神奇的大军（magic army）"。文章的最后一节名为"如何而为"，讲述了兵马俑的制造方法。雷德侯认为，兵马俑的作者是陶工而非艺术家，这些陶工大部分从制造陶水管的官家工匠中抽调，他们和个别单干的工匠一起结成小队，受监工或工头管理，采用模件制法塑造神色各异的仿真人陶俑。为了让组装高效进行，会规定每道工序的所需时间。要完成皇帝的要求，劳动力和原材料的整体组织化是不可或缺的。

有关始皇陵最具反响的论述是美术史家倪克鲁（Lukas Nickel）的《秦始皇与秦俑（The First Emperor and Sculpture in China）》①，2016 年 10 月 16 日首播的 BBC 纪录片《最宏伟的陵墓：兵马俑的秘密（The Greatest Tomb on Earth: Secrets of

---

① Lukas Nickel，"The First Emperor and Sculpture in China"，*Bulletin of the School of Oriental and African Studies* 76. 3，2013.

158

Ancient China)》凝练了他的观点。① 倪克鲁注意到,士兵俑、百戏俑、文官俑、铜鹤、铜雁这些栩栩如生的写实性雕像未见于秦代之前,是横空出世的,于是他从三个角度探讨了这个问题。第一,重审秦始皇之前和秦始皇在世时的中国雕像、陪葬俑的美术工艺传统,探讨中国人是否已经"非常熟悉"同时代西方和中亚地区的希腊式美术工艺和雕刻技术;第二,暗示中国曾经直接接触过希腊文化;第三,翻查当时的铭文材料,认为秦始皇收天下之兵铸成的十二金人可作为秦代的人像雕刻技术是外国传来的旁证。他承认士兵俑大多具有模件特征和非写实性,但同时他也对于士兵俑努力地表现个人特征非常赞叹——例如在面部(眼、耳、眉、须)上的细致操作、给烧制完毕的俑涂上鲜明的颜色等等。此外,百戏俑的身体上还雕刻了肌肉和骨骼以表现皮下组织和全身整体动作——这是典型的希腊风格雕刻传统。

在论文的第二节,倪克鲁提出希腊雕刻技术和雕刻风格走出了亚历山大帝国的边境,越过了帕米尔高原,传到了今天的新疆地区。在第三节,他引用史书记载十二金人立于咸阳西边的临洮(今甘肃省定西市岷县),且被形容为"大人"(即巨人),又从卢卡斯·克里斯托波罗斯(Lucas Chistopoulos)的观点,认为十二金人应为希腊奥林匹斯十二神。② 公元前一世纪的希腊历史学家狄奥多罗斯曾记载,亚历山大在帝国最东端建立了十二座巨人像以供奉神灵,倪克鲁据此认为"只有在泛欧亚语境下,才能全面评价这位东方第一帝"。

纪录片中,倪克鲁一句"我认为是一个古希腊雕塑家来到了

---

① 译者注:见纪录片 08:40~12:20、23:00~26:20、38:30~42:20。
② Lucas Chistopoulos, "Hellenes and Romans in Ancient China (240 BC~1398 AD)", Sino-Platonic Papers, NO. 230, 2012.

当地,教会了当地人"①把这个猜想扩散了出去。自然地,这个观点引发了激烈的争论,招致了不少反驳。有人认为是节目组错译了兵马俑遗址的中国工作人员和合作研究团队里中国成员的发言,也有人认为是节目组有意无意地断章取义,抑或两者皆有。西方学术界也有不少学者指责倪克鲁的观点只是空穴来风的臆测,不过这些反驳有一部分还未公开发表。

近年西方国家(欧洲、美国、澳大利亚)的大博物馆策划的兵马俑、百戏俑展里展出了一系列秦帝国建立之前的秦国文物,还出版了多部内容丰富的展刊。学者们在展刊上发表有关秦史各方面的论文,不仅分析了秦始皇陵、秦国、秦帝国遗迹里的新发现,还详细介绍了展品的相关情况。展刊里附录的高清图片、地图、表格、图示让普通群众得以了解秦国的成就,也为学者们提供了向圈外读者写科普文普及最新成果的机会。这一系列展刊中的佼佼者如下:

The First Emperor: China's Terracotta Army, ed. Jane Portal, Cambridge: Harvard University Press and London: Trustees of the British Museum, 2007.

Lessoldats de l' éternité, ed. Alain Thote and Lothar von Falkenhause, Paris: Editions de la Pinacothèque de Paris, 2008.

The First Emperor: China's Entombed Warriors, ed. Liu Yang and Edmund Capon, Sydney: Art Gallery of New South Wales, 2010.

Beyond The First Emperor's Mausoleum: New Perspectives on Qin Art, ed. Liu Yang, Minneapolis: Minneapolis Institute of Arts,

---

① 译者注:见纪录片 25:47。

2014.

Qin：*The Eternal Emperor and His Terracotta Warriors*，ed. Maria Khayutina，Bern，Switzerland：Bernisches Historisches Museum，2013.

Age of Empires：*Chinese Art of the Qin and Han Dynasties* (*221 BC-AD 220*)，ed. Zhixin Jason Sun，New York：Metropolitan Museum of Art，2017.

发表在这些展刊上的文章所涵盖的范围极广，从秦国考古学分析、公元前四世纪秦孝公和商鞅变法后的秦国崛起史，到统一战争、意识形态、行政和法律体制、统一后秦始皇的巡幸、货币制度、武器与石制甲胄、统一文字、生产技术与保存方法、王宫与建筑、黄金和玉石、朱色颜料和水银的制造，乃至汉及之后的王朝如何继承秦制等都有涉及。这些文章从多个崭新的角度讨论了秦国和秦帝国的历史——包括美术工艺和制造技术，意识形态和社会、政治、经济架构，及秦国与秦始皇对后世中国历史发展的影响等。

3.　新出秦简牍研究

西方学术界对于新出简牍的研究有两个方向，一是行政、法制材料的解析，二是日书和民间信仰、风俗的探讨。

(1) 行政、法制材料

早在湖北省云梦县睡虎地 11 号墓发现秦简之初，已故汉代法制史大家何四维(A. F. P. Hulsewé)就已经立马着手分析当中的秦法相关文本材料，发表了数篇优秀的考证文章。① 何四维在生前完成了大半部睡虎地秦法史料的译注②，至今依然为后学所频繁引用。译注解释了很多原文难句，而支撑这一系列翻译工作的是他自身深厚的汉代法制史功力和中日两国学者丰富的研究成果。睡虎地秦简的《封诊式》，除何四维先生的翻译外，还有另外两版译注。③ 然而，随着睡虎地秦法材料出土的新鲜劲过去，西方学者逐渐对秦法和法制研究失去了兴趣。等到汉初张家山247墓地出土汉简、里耶1号井的迁陵县记录文书，及岳麓书院藏秦简（购自香港市场，系盗墓简）陆续出版之后，西方才再次开

① A. F. P. Hulsewé, "The Ch'in Documents Discovered in Hu-pei in 1975", *T'oung Pao* 61, 1978;

　　"The Influence of the Legalist Government of Qin on the Economy as Reflected in the Texts Discovered in Yunmeng County", in *The Scope of State Power in China*, ed. Stuart R. Schram, London: School of Oriental and African Studies, University of London; Hong Kong: Chinese University of Hong Kong, 1985.

　　"Ch'in and Han Law", in *The Cambridge History of China*, Vol. 1: *The Ch'in and Han Empires*, 221 B.C. - A.D. 220, ed. Denis Twitchett and Michael Loewe, Cambridge: Cambridge University Press, 1986.（译者注：即《剑桥中国秦汉史》第九章《秦汉法律》，中国社会科学出版社，1992年。）

　　"The Wide Scope of Tao 盗, 'Theft' in Ch'in-Han Law", *Early China* 13, 1988.

　　"Qin and Han Legal Manuscripts", in *New Sources of Early Chinese History: An Introduction to the Reading of Inscriptions and Manuscripts*, ed. Edward L. Shaughnessy, Berkeley: Society for the Study of Early China and the Institute of East Asian Studies, University of California, Berkeley, 1997.

② A. F. P. Hulsewé, *Remnants of Ch'in Law: An Annotated Translation of the Ch'in Legal and Administrative Rules of the 3rd Century B.C. Discovered in Yun-meng Prefecture, Hu-pei Province, in 1975*, Leiden: Brill, 1985. 书中没有翻译《为吏之道》和《南郡守腾文书》(《语书》)，也没有翻译《日书》——《日书》在1990年才公布。

③ Katrina C. D. McLeod and Robin D. S. Yates, "Forms of Ch'in Law: An Annotated Translation of the Feng-chen shih", *Harvard Journal of Asiatic Studies* 41. 1, 1981. Derk Bodde（卜德），"Forensic Medicine in Pre-Imperial China", Journal of the American Oriental Society 102. 1, 1982.

始研究中国古代法制史。

何四维的睡虎地秦简秦法史料译注出版后,西方又有三部有关秦法的著作问世,当中两部引用了 2001 年才完全公布的张家山汉简内容。第一部是劳武利(Ulrich Lau)和吕德凯(Michael Lüdke)的张家山汉简《奏谳书》德文译本,2012 年出版,里面收录了几篇秦法律案例。① 第二部是李安敦(Anthony Barbieri-Low)和叶山(Robin D. S. Yates)的张家山汉简律令和《奏谳书》的英文译本,分两册,2015 年出版。② 英译本的总序讲述了张家山汉简的出土、保存、出版经过及学术史回顾,《二年律令》译序讨论了法律形式和立法方式,《奏谳书》译序里花大笔墨分析了刑事案件的司法程序、重审了刑罚相关情况,得出了一定结论。译者利用了当时已发表的所有语种成果——尤其是中文和日文。在第二册中,译者在书的一面列出了原文,在另一面列出译文,并附上详细注释。每一段的开头还附有该段文本的竹简出土位置示意图,用黑点提示,下方是对该段落的概况简介。在《奏谳书》译文里,译者给每个案件或案件群都写了简介,概述了该案件所用的法律原则等关联问题。

值得一提的是,译者发现考古学家和古文字学家的释文并不按照原简文的顺序,而是按照"二年律令"这个标题所示的顺序排列,即律排在令前。然而,出土位置示意图显示,《金布律》《户律》

---

① Ulrich Lau and Michael Lüdke, *Exemplarische Rechtfalle vom Beginn der Han-Dynastie: Einekommentierte Übersetzung des Zouyanshu aus Zhangjiashan/Provinz Hubei*, Tokyo: Research Institute for Languages and Cultures of Asia and Africa (ILCAA), Tokyo University of Foreign Studies, 2012.

② Anthony Barbieri-Low and Robin S. Yates, *Law, State, and Society in Early Imperial China: A Study with Critical Translation of the Legal Texts from Zhangjiashan Tomb no. 247*, 2 vols., Leiden: Brill, 2015.

《复律》三者之一应为最后一段,《津关令》被横插在毫无关系的律中间。简文的原本排列方式表明《二年律令》并非当时公开的刊物,也并非如一些学者所认为的那样是吕后所颁布的法典(code)①。简文释读者们没有提到存在用作划分段落的无字简。不仅如此,他们还搞错了很多简文的排列顺序——从简册的竹简标号就知道该简不应该放在释文所示的位置。不过译者为了方便读者对比他们和其他学者的观点,依然保留了原释文的标号。

书中从很多角度讨论了简文的法律,如某几道律法的年代定位、秦律与汉初乃至唐代法律的比较等。在这一系列解释中,最值得留意的是这个假说——基于文本的文学特征等标准,"编纂(《奏谳书》)的原本目的(抄写《奏谳书》用作陪葬之前的目的)除了作为实用指南,还有供个人娱乐(personal enjoyment)的目的。这种娱乐被带到了冥界,使得新(即译者认为的张家山247号墓墓主之名)住在坟墓里能够读读《奏谳书》,看看同行们的成功案例或糗事"。换言之,译者认为这份文本并非百分百的现实司法判例集合,而是基于现实的司法案件写成的文学作品(literary work)。

第三部著作系劳武利和史达(Thies Staack)对岳麓秦简《为狱等状四种》里的案例英译本,出版于2016年。② 事实上早在2014年,劳武利就已经写过一篇文章向英文学术界介绍过《为狱等状四种》的案例了。③ 李安敦和叶山以岳麓秦简的来源可疑为

---

① 如 Li Xueqin and Xing Wen, "New Light on the Early-Han Code: A Reappraisal of the Zhangjiashan Bamboo-slip Legal Texts", *Asia Major*, 3rd ser., 14.1, 2001。

② Ulrich Lau and Thies Staack, *Legal Practice in the Formative Stages of the Chinese Empire: An Annotated Translation of the Exemplary Qin Criminal Cases from the Yuelu Academy Collection*, Leiden: Brill, 2016。

③ Ulrich Lau, "Qin Criminal Cases Records of the Collection *Wei yu deng zhuang*", *Oriens Extremus* 53, 2014.

由,仅在脚注里提到,未在著作正文中引用,但劳、史二氏却认为岳麓秦简是真简。他们指出,在收购简牍的当时,有两个现象并未普遍为学界所知——一是简背划线,有墨线和刀划线,用来标记竹简本来的排列顺序;二是反印字迹,表明竹简紧挨着在地下埋藏了几个世纪——而这两个现象岳麓秦简都有,伪作简牍的人不大可能早就获知这两个特征信息。二氏还认为这批竹简可能是从不同的墓地盗出来的。译本序章的前言罗列了岳麓秦简的材料,并对当中的司法程序做了相关解释。与李安敦、叶山翻译张家山汉简的做法一样,劳、史二氏在翻译岳麓秦简时也附上了中文原文和详尽的注释。

上述诸位学者还另外在学术刊物上发表了一系列讨论细分话题的论文,如司法程序①、奴隶制度与奴隶解放②、官吏腐败③

---

① Ulrich Lau, "Die Rekonstrucktion des Strafprozess und die Prinzipien der Strafzumessung zu Beginn der Han-Zeit im Lichte des *Zouyanshu*", in vol. 2 of *Und folge nun dem, was mein Herz begehrt: Festchrift fur Ulrich Unger zum 70. Geburtstag*, ed. Reihard Emmerich and Hans Stumpfeldt, Hamburger Sinologische Schriften 8, Hamburg: Hamburger Sinologische Gesellschaft, 2002; "The Scope of Private Jurisdiction in Early Imperial China: The Evidence of Newly Excavated Legal Documents", *Asiatische Studien* 59.1, 2005.

　　Anthony J. Barbieri-Low, "Model Legal and Administrative Forms from the Qin, Han and Tang and Their Role in the Facilitation of Bureaucracy and Literacy", *Oriens Extremus* 50, 2011.

② Robin D. S. Yates, "Slavery in Early China: A Socio-cultural Perspective", *Journal of East Asian Archaeology*, nos. 3.1-2, 2002; "The Changing Status of Slaves in the Qin-Han Transition", in *Birth of an Empire: The State of Qin Revisited*, ed. Yuri Pines, Gideon Shelach(吉迪), Lothar von Falkenhausen, and Robin D. S. Yates, University of California Press, 2013.

　　Anthony J. Barbieri-Low, "Becoming Almost Somebody: Manumission and Its Complications in the Early Han Empire", in *On Human Bondage: After Slavery and Social Death*, ed. John Bodel and Walter Scheidel, Chichester, West Sussex; Malden, MA: John Wiley and Sons, 2016.

③ Anthony J. Barbieri-Low, "Intransigent and Corrupt Officials in Early Imperial China", in *Behaving Badly in Early and Medieval China*, ed. N. Harry Rothschild and Leslie V. Wallace, Honolulu: University of Hawaii Press, 2017.

等等。俄罗斯的青年汉学家马硕围绕秦与汉初法律问题和湖南里耶 1 号井出土的秦迁陵县记录文书发表了一系列俄文和英文文章。① 叶山也就相同话题发表了文章。② 又，陈力强（Charles Sanft）指，里耶出土的人口记录不单纯是居民的记录，还反映了当时的统治体制如何运作，甚至反映了秦国如何认识世界的意识形态。户籍制度"是权力机制，是体现国家和世界的概念的典型例子，是联系秦制与秦意识形态的思想（idea）……也是秦国宣传意识形态的媒介"。③ 另外，游顺钊研究了秦法针对少数人群的政策；④徐诚彬则利用三份材料——睡虎地秦简《为吏之道》《语书》及岳麓秦简《为吏治官及黔首》，分析了地方官的道德体系，指出对当时的地方官员而言，忠于统治者和政权与守法同等重要。⑤

① Maxim Korolkov, "Arguing about Law: Interrogation Procedure under the Qin and Former Han Dynasties", Etudes chinoises 30, 2011; "Convict Labor in the Qin Empire: A Preliminary Study of the 'Registers of Convict Laborers' from Liye", in 复旦大学历史系、复旦大学出土文献与古文字研究中心编《简帛文献与古代史：第二届出土文献青年学者国际论坛论文集》，中西书局，2015 年；"Calculating Crime and Punishment: Unofficial Law Enforcement, Quantification and Legitimacy in Early Imperial China", *Critical Analysis of Law* 3.1, 2016.

② Robin. D. S. Yates, "The Qin Slips and Boards from Well No. 1, Liye, Hunan: A Brief Introduction to the Qin Qianling County Archives", *Early China* 35-36, 2012 - 2013; "Evidence for Qin Law in the Qianling County Achives: A Preliminary Survey", *Bamboo and Silk* 1.2, 2018. (译者注：此文中文版《迁陵县档案中秦法的证据：初步的研究》早已发表在 2015 年的《简帛》第 10 辑。)

③ Charles Sanft, "Population Records from Liye: Ideology in Practice", in *Ideology of Power and Power of Ideology in Early China*, ed. Yuri Pines, Paul R. Goldin, and Martin Kern, Leiden: Brill, 2015.

④ Shun-Chiu Yau, "The Political Implications of the Minority Policy in the Qin Law", *Early China* 35 - 36, 2012 - 2013.

⑤ Daniel S. Sou, "Shaping Qin Local Officials: Exploring the System of Values and Responsibilities Presented in the Excavated Qin Tomb Bamboo Strips", *Monumenta Serica* 61, 2013.

　　叶山和马增荣二人均强调史官(scribe)在秦国、秦帝国行政运作过程中的重要性。① 马增荣在其博士论文的基础上进一步指出,随着秦帝国的建立,秦国的行政制度也普及到帝国每一处疆域内,为保证行政能有序运行,需要大量掌握相关文书写作能力的官员,然而这种官员极为稀缺。在世袭史官人数不足的情况下,只能录用会书写的新人——佐官(assistants)。佐官所受的训练不同于史官,他们一般按照经验和年龄任命,不像那样史官有家学,还能在专门的子弟学校受训。马先生引里耶木牍,认为佐官是在史官不足时顶替岗位的,最终史官和佐官融合,史官失去了世袭特权。他又提出了"行政读写能力(administrative literacy)"这个词,意为行政官员所必需的技能——写作符合格式的文章和处理各种沟通内部官僚的简牍文书。他们还要在简的侧面凿上刻齿用以表示数目,而且必须与简文所载的相一致。这番论述虽然是基于中国和日本学者的研究成果,但也为秦国乃至早期中国的行政文书研究进步推了一把手。

　　陈力强分析了三条法令,用以论证秦汉朝廷的环境保护。②

---

① Robin. D. S. Yates,"Introduction:The Empire of the Scribes", in *Birth of an Empire:The State of Qin Revisited*, pp. 141-153;"Reflections on the Foundation of the Chinese Empire in the Light of Newly Discovered Legal and Related Manuscripts", in 陈光祖编《东亚考古学的再思:张光直先生逝世十周年纪念论文集》,台湾"中央研究院"历史语言研究所,2013年。

　　Tsang Wing Ma(马增荣),"Scribes in Early Imperial China", unpublished PhD dissertation, University of California, Santa Barbara, 2017;"Scribes, Assistants, and the Materiality of Administrative Documents in Qin-Early Han China:Excavated Evidence from Liye, Shuihudi, and Zhangjiashan", *T'oung Pao* 103. 4-5, 2017. 文章引用了 Enno Giele(纪安诺),"Signatures of 'Scribes' in Early Imperial China", *Asiatische Studien/Etudes Asiatiques* 59, 2005。

② Charles Sanft,"Environment and Law in Early Imperial China (Third Century BCE-First Century CE):Qin and Han Statutes Concerning Natural Resources", *Environmental History* 15. 4, 2010.

第一条摘自睡虎地秦简《田律》,第二条摘自张家山汉简的文书集(秦律的进化版),第三条摘自悬泉置诏书《四时月令五十条》。前两条法律没有注释介绍其法律背景,但陈力强依然认为制定的目的是保护环境,因为里面禁止春夏两季砍伐森林树木、禁止堵塞河川、禁止烧草灰(或用作肥料)、禁止拾取鸟巢里的鸟蛋、禁止捕杀幼兽、禁止毒杀鱼类和网捕鸟类等。第三条法令倒是有注释,但大部分因破损而佚。即便如此,陈力强依然认为注释能够证明制定该法令的意图(design)在于防止人为破坏环境、限制采伐森林和捕杀动物。不过,他也指出,这些禁令并未收到预期效果,因为法令是以一季度和一年为一个周期的,然而这么规定的依据却并非现实规律,而是所谓的阴阳五行思想。文章指"①保护对象仅限于容易受伤、繁殖价值(reproductive value)低的幼兽和雏鸟;②法律以一年为周期制定,并未考虑生长周期更长的情况"。总而言之,文章为逐渐兴起的中国环境史研究做出了很大贡献,为世界环境史的普遍论题提供了中国经验。

有关行政、法制材料的最新研究成果是史达在 2018 年、2019年发表的两篇论文,讨论了材料本身的性质及文书写作方式①。第一篇论文以里耶木牍、岳麓秦简及其后的出土材料为例,讨论了牍和牒的定义。文章指出,牍是单独成篇的文书,而牒是汇编成册的文书,两种文书的保管方式和传递方式都不同。截至汉武帝时期(公元前 141～前 87 年),随着经济的发展,册书已经普遍

---

① Thies Staack, "Single-and Multi-Piece Manuscripts in Early Imperial China: On the Background and Significance of a Terminological Distinction", *Early China* 41, 2018; " 'Drafting', 'Copying', and 'Adding Notes': On the Semantic Field of ' Writing ' as Reflected by Qin and Early Han Legal and Administrative Documents", *Bamboo and Silk* 2. 2, 2019.

使用。第二篇论文则讨论了"书""写""署"这三个概念。"写"即抄写,"书"是原创一篇新的文书,"署"则是在原有的文书上做补充说明。另外,"书"本身就有书写、写作的意思,所以除了原创写作,还能囊括"写"和"署"的含义。正如史达所说,区分三者的概念,有助于我们还原秦汉时期文书写作的行政程序和写作原则。

(2) 日书与民间信仰

在20世纪考古学发掘之前,学术界对于古代法律、行政的现实情况知道得很少。同样地,在1949年之前,学术界对于战国时期和早期中华帝国的平民信仰、仪礼也知之甚少。直至1970年代后,考古学者们让众多文字材料重见天日,才填上了这个空白。有关信仰之类的文本尽管在现存的传世文献,如《墨子》、《淮南子》、王充《论衡》及一些正史中能找到只言片语的引用或提及,但普遍情况下,当时的知识分子对于这类型的书刊不抱好感,斥之为怪力乱神。① 因此,新材料的发现和出版为传统的数术——《汉书·艺文志》中虽有记录,但早已消失在历史记忆之中了——研究开创了一个崭新的领域。

西方学术界最早的信仰研究成果系已故澳大利亚学者巴纳(Noel Barnard)的楚帛书研究。② 至于对秦汉时期的信仰材料研究,要等到1980年睡虎地秦简《日书》出版——比法制材料的公布晚了几年——才开始。夏德安(Donald Harper)翻译了马王堆

---

① 参见鲁惟一(Michael Loewe),*Chinese Ideas of Life and Death: Faith, Myth and Reason in the Han Period*(*202 BC-AD 202*),London; Boston: Allen & Unwin,1982。(译者注:中文版为王浩译《汉代的信仰、神话和理性》,北京大学出版社,2009年。)

② Noel Barnard, *The Chu Silk Manuscript: Translation and Commentary*,Canberra: Dept. of Far Eastern History, Australian National University, 1973.

汉墓出土的医书——上面记载了当时的医疗理念和医疗实践秘籍，做出了精细且优秀的学术研究成果①，详情在此且按下不表。近年来，西方学术界对《日书》的研究兴趣日浓，成果越来越多，篇幅所限，只能笼统概括了。

睡虎地秦简《日书》写本最早由鲁惟一的英文概述②和马克（Marc Kalinowski）的法文概述③而为西方学术界所知。马克的研究指出，《日书》中，二十八宿是用来计算日期的④，然后就传统的日期计算方式与后世尤其是敦煌写本里的二十八宿做比较，发表了英文和法文的相关文章。⑤ 夏德安概述了 1997 年发现的有关秘术的写本内容⑥，又分析了睡虎地秦简中记载着驱鬼辟邪方法的《诘》。在文章中，夏德安回顾了历史，解释了《诘》的正文和辟邪方式里记载着的恶鬼、神祇的来源和真相。《诘》记载了很多

① Donald J. Harper, *Early Chinese Medical Literature: The Mawangdui Medical Manuscripts*, London; New York: Kegan Paul International; New York, 1998.

② Michael Loewe, "The Almanacs (Jih-shu) from Shui-hu-ti: A Preliminary Survey", *Asia Major* new series 1. 2, 1988. 后又收入 *Divination, Mythology, and Monarchy in Han China*, Cambridge: Cambridge University Press, 1994。

③ Marc Kalinowski, "Les traités de Shuihudi et l'hémérologie chinoise à la fin des Royaumes-Combattants", *T'oung Pao* 72. 4-5, 1986.

④ Marc Kalinowski, "The Use of the Twenty-eight *xiu* as a Day-count in Early China", *Chinese Science* 13, 1996.

⑤ Marc Kalinowski, "Les livres des jours (*rishu*) des Qin et des Han: la logique éditoriale du recueil A de Shuihudi (217 avantnotreère)", *T'oung Pao* 94. 1-3, 2008; "Théorie musicale et harmonie calendaire à la fin des Royaumes combattants: les livres des jours de Fangmatan (239 avantnotreère)", *Études chinoises* 30, 2011; "The Notion of 'Shi'式 and Some Related Terms in Qin-Han Calendrical Astrology", *Early China* 35 – 36, 2012 – 2013.

⑥ Donald J. Harper, "Warring States, Qin, and Han Manuscripts Related to Natural Philosophy and the Occult", in *New Sources of Early Chinese History: An Introduction to the Reading of Inscriptions and Manuscripts*, ed. Edward L. Shaughnessy, Berkeley: Society for the Study of Early China and the Institute of East Asian Studies, University of California, Berkeley, 1997.

种人体姿势,据说只要摆出这种姿势,就能防止恶灵作祟。这种辟邪方式在后世六朝时期的书中也可见,可惜这些六朝书籍要么已佚,要么只留下了相关的只言片语。① 最近,徐诚彬也在从事相关研究。②

蒲慕州系中国民间信仰和埃及学专家,原在台湾从事研究工作,现受聘于香港中文大学。他把《日书》置于殷商以来的占卜行为及民间、知识分子信仰历史之中看待,写出了一部重要著作,认为《日书》反映了民众最为关心的事就是拜神守忌,以维护自己和家人的幸福。③ 在蒲慕州的其他文章中,这一观点反复出现。④

关于《日书》所反映的民间信仰,中外学者最具野心的合作成果当数夏德安和马克合编的 *Books of Fate and Popular Culture in Early China: The Daybook Manuscripts of the Warring States, Qin, and Han*,出版于 2017 年。⑤ 这部力作是 2011 年开展的中外合作项目成果,当年在北京还举行了项目的首次研讨会,编者在会上与相关研究领域的中国学者广泛交谈。作为项目

---

① Donal J. Harper, "A Chinese Demonography of the Third Century B. C. ", *Harvard Journal of Asiatic Studies* 45. 2, 1985.

② Daniel Sou, "Living with Ghosts and Deities in the Qin 秦 State: *Methods of Exorcism from 'Jie 詰' in the Shuihudi* 睡虎地 *Manusript*", in *From Mulberry Leaves to Silk Scroll: New Approaches to the Study of Asian Manuscript Traditions*, ed. Justin Thomas McDaniel and Lynn Ransom, Philadelphia: The Schoenberg Institute for Manuscript Studies, University of Pennsylvania Libraries, 2015.

③ Mu-chou Poo, *In Search of Personal Welfare: A View of Ancient Chinese Religion*, Albany: State University of New York Press, 1998.

④ 如"How to Steer through Life: Negotiating Fate in the Daybook", in *The Magnitude of Ming: Command, Allotment, and Fate in Chinese Culture*, ed. Christopher Lupke, Honolulu: University of Hawaii Press, 2005; "Religion and Religious Life of the Qin", in *Birth of an Empire: The State of Qin Revisited*.

⑤ Leiden: Brill, 2017.

成果的这部著作堪称一座学术研究里程碑,在今后数年都值得反复翻阅。此书图文并茂,除了收有法国、荷兰、中国、北非的专家们对早期中国的信仰、风俗的专门研究之外,还收录了对古巴比伦、中世纪欧洲及后期中国类似风俗的相关论文,使得书中的比较视野色彩较浓。当中尤其有用的是书中刊载的地图,包括出土写本和文书的考古遗址、《日书》及相关文物随葬的墓等。此外,还有三篇颇具价值的附录(Appendix):

Appendix A: Survey of Excavated Daybooks, Daybooks-Related Manuscripts, and Other Hemerological Material

Appendix B: Summary of Published Daybooks and Daybook-Related Manuscripts

Appendix C: Description of Select Hemerologies and Classificatory Systems in Daybooks

总而言之,这本书囊括了大量有关秦代信仰——如先农祠及其他已失传信仰①——的洞见。先农祠系得益于里耶1号井出土的迁陵县材料才为世人所知,陈力强独力做过相关研究。② 毫无疑问,这部著作将会为西方的早期中国研究领域带来极大冲击(impact)。

---

① Marianne Bujard(吕敏), "Daybooks in Qin and Han Religion", in *Books of Fate and Popular Culture in Early China: The Daybook Manuscripts of the Warring States, Qin, and Han*, ed. Donald Harper and Marc Kalinowski, Leiden: Brill, 2017.

② Chales Sanft, "New Information on Qin Religious Practice from Liye and Zhoujiatai", *Early China* 37, 2014.

4. 对秦国信息交流与度量衡制度的研究

秦国的统一度量衡政策始于公元 344 年前后的商鞅变法,秦始皇建立秦帝国后正式实施。三位学者对秦国的统一度量衡政策颇为关注。众所周知,司马迁在《李斯列传》中记载,李斯为赵高所逮捕之际,亲口承认统一度量衡是自己所犯的第五条大罪。① 这条罪名在新发现的西汉简(盗墓简,现藏于北京大学)《赵正书》记载中位列第四。《赵正书》或为司马迁写作列传的其中一道原材料。② 鲁惟一在其最新著作中指出,统一化并非中国独有的,古代西方的诸多统治者们也曾经"为了实现稳定、公平的统治"而制定标准化的统一制度。③

鲁惟一研究统一度量衡问题用的还是传统历史学方式,相对地,陈力强在其新著中则利用了全新的方法。他围绕信息交流(communication)和部门协作(cooperation)在政治统一体中的作用,从人类学、经济学、生物学等多学科理论角度出发探讨。④ 例如秦帝国的权和斗上面会铸刻上秦始皇和秦二世下令统一度量单

---

① 《史记》卷 87,北京:中华书局,1985 年,第 2561 页;Derk Bodde, *China's First Unifier: A Study of the Ch'in Dynasty as Seen in the Life of Li Ssu 李斯 280? - 208 B.C.*, Hong Kong: Hong Kong University Press, 1967[1938]: p. 51.

② 北京大学出土文献研究所编《北京大学藏西汉竹书(三)》,上海古籍出版社,2015 年

③ Michael Loewe, *Problems of Han Administration: Ancestral Rise, Weights and Measures, and the Means of Protest*, Leiden; Boston: Brill, 2016, in chapter 2, "the Standardisation of Weights and Measures" of Part 2 *"The Standardisation of Weights and Measures: Inscriptions on Bronze vessels of the Han Dynasty and the Jia liang hu Made for Wang Mang"*, p. 155.

④ Charles Sanft, *Communication and Cooperation in Early Imperial China: Publicizing the Qin Dynasty*, Albany, NY: State University of New York Press, 2014.

位的诏令,他解释为这是一种面向普罗大众的传媒(mass communication)形式,谓秦始皇的诏令为了促使官员和民众尽快接受新生的秦帝国,向他们至少释放了四道信息——(1)成功统一天下;(2)为天下百姓赢得了和平;(3)新创造了秦始皇专用的称号,新制定了面向百姓的正式用语;(4)下令立法统一标准。[①] 换个角度来看统一化的问题,如同给过去处于迷雾中的"如何让普通百姓接受新法"研究照进了一束曙光。陈力强无疑已经超越了汉人一味斥责秦帝国如何野蛮残暴地统治人民的陈腐批判。

第三位学者是普林斯顿大学博士、现执教于香港浸会大学的青年美术史家李建深。比起政策上的统一度量衡,他更关心如何从技术上统一度量衡。[②] 李建深同陈力强一样着眼于铜诏铭文,也和其他中国学者一样将秦制单位转换成了现代单位,但他未止于此,反而更进一步关注起金属权的特征、制造流程及设计。他尽可能地搜集了中西方的秦权藏品,细致观察甚至拍照留影,在可能的情况下还会鉴定权的金属成分。为了搞清楚几个外表看上去几无二致的秦权精度,他一个一个地制作了 3D 图像。这种做法本身就是典型的早期中国研究新方法,就算研究对象不同,也可以参考。

关于权的制造,李建深认为要经过如下程序:秦朝廷从首都把原型送到各县(按李文中写作"prefectures"),县行政部门命令辖下作坊制作原型的黏土模型,再根据黏土模型制造铸型,然后才正式铸造铜权。正因为如此,所以测量结果才会显示各权精度均不相同。李又指,观察权底能发现工匠为了修正重量,会把一

---

① Sanft, *Communication and Cooperation in Early Imperial China*, p. 63.

② Kin Sum (Sammy) Li, "To Rule by Manufacture: Measurement Regulation and Metal Weight Production in the Qin Empire", *T'oung Pao* 103. 1 - 3, 2017.

部分金属削掉，所以与其说秦国"统一（unify）"了度量衡，倒不如说"更正（rectify）"了度量衡。按睡虎地秦简的记载，各地方政府每年都要"正"权。如果说是"统一"的话，那肯定要先存在多种制度才对，但事实上没有证据能够证明这一点。至于秦当局如何检测权重则依然不详。最后，秦始皇铜诏铭文全部都是铸造上去而非刻上去的。

秦权的设计原型有三个——先前存在的权、镇石、青铜钟。李建深赞同前人的研究成果，认为秦权模仿青铜钟是因为秦国重视自身所继承的西周仪式意义。此外，秦国在搜集权模时，并不仅限于中心地区，而是在广泛的地理范围内搜集。①

5.《商君书》研究的新成果

几十年来，西方学者了解公元前四世纪受秦孝公命令实施了一系列法制、社会、政治、经济改革的法家思想家兼政治家商鞅（公孙鞅），主要靠荷兰汉学家戴闻达（J. J. L. Duyvendak）翻译的《商君书》英译本。这部译著出版于 1928 年，1963 年再版，收有戴闻达写的译序。② 正因这部译著已经如此老旧，很多西方的早期中国政治思想研究者干脆只依靠《史记·商君列传》的记载去理解商鞅对秦帝国建立的影响和贡献，反而忽视了商鞅自身的思想和改革措施。他们强调商鞅政策的负面影响，引用的都是商鞅最严酷的发言并加以批判。这种做法显然走上了前近代乃至近代许多中国学者的老路。一直以来，商鞅的形象都是一个致力于

---

① Li, "The Design Origins of Qin Metal Weights", *Artibus Asiae* 77.1, 2017.

② J. J. L. Duyvendak, *The Book of Lord Shang: A Classic of the School of Law*, Chicago: University of Chicago Press, 1963 [1928].

建设中央集权国家以统治人民的极权主义思想家。① 一些学者甚至把商鞅与马基雅维利、霍布斯做对比。②

　　尤锐重新翻译了《商君书》，又发表了一系列论文，试图改变商鞅的旧有形象。③ 尤锐引用了大量中日文的最新研究成果和新出土材料，立足于文本学的理论和方法，重新讨论了《商君书》的章节成书年代，对于商鞅思想不再持否定态度（他本人说自己并不完全反对司马迁对于商鞅贡献的评价），又梳理了文本诞生的历史背景，评价了《商君书》直至"文化大革命"前在中国的影响力。在《商君书》的记载中，商鞅经常采取一些非常性的霹雳手段，尤锐试图努力证明这些手段的最终目的都是好的，即为了实现富国强兵。统治者一旦达成了计划中的目标，这些手段——例如严刑峻法便再无必要。尤锐认为这反映了"《商君书》的辩证精神"。尤锐又搜集了中文学术界有关《商君书》的新成果，亲自把它们翻译成英文，编为学术期刊的特刊。④

---

① 参见 Vitaly A. Rubin（鲁宾），Steven I. Levine（梁思文），tr.，"The Theory and Practice of a Totalitarian State：Shang Yang and Legalism"，in *Individual and State in Ancient China：Essays on Four Chinese Philosophers*，New York：Columbia University Press，1976。

② 参见 Markus Fischer，"The Book of Lord Shang Compared with Machiavelli and Hobbes"，*Dao：A Journal of Comparative Philosophy* 11，2012；Gong-Way Lee，"A Comparative Study between Shang Yang and Niccolo Machiavelli：Their Views on Human Nature and History"，*Chinese Culture* 37.1，1996。

③ Yuri Pines，"Alienating Rhetoric in the Book of Lord Shang and Its Moderation"，*Extreme-Orient Extreme-Occident* 34，2012 ；"A 'Total War'？Rethinking Military Ideology in the Book of Lord Shang"，*Journal of Chinese Military History* 5.2，2016；"Dating a Pre-imperial Text：The Case Study of the Book of Lord Shang"，*Early China* 39，2016；*The Book of Lord Shang：Apologetics of State Power in Early China*，New York：Columbia University Press，2017.

④ *Contemporary Chinese Thought* 47：2，2016. 参见序言及与戴卡琳（Carine Defoort）合写的 "Chinese Academic View on Shang Yang since the Open-Up-and-Reform Era"一文。

同样地，陈力强借用政治学专家罗伯特·阿克塞尔罗德（Robert M. Axelrod）提出的合作理论，主张从新的角度研究商鞅思想。他认为，商鞅的政策表面上看似乎在拥护专制主义，但实际上是想要促成秦国百姓的合作，让他们能够接受秦国中央集权的政治权威。[①] 合作和互惠（reciprocity）无论在人类社会还是非人类社会，都是生存的最原始本能和最基本手段。商鞅的政策通过提高群体的合作性，改进了秦国社会，为秦国日后的成功打下了基础。

上述一类成果的发表，为商鞅思想和政策及其影响的研究指出了新方向。今后或许将有更多的西方学者关注商鞅，而且不再盲目接受传统对商鞅的否定评价。

6. 对秦国及秦始皇描写的修辞学分析

无论是哪国学者，采用哪种研究方式，研究秦史都绕不开一个难题——秦国有起源吗？毕竟很长一段时间里，并没有可信的、反映秦国或秦帝国乃至秦始皇的同期史料可供参考，学者们研究工作的历史学、文献学分析不得不只依赖司马迁的《史记》。司马迁对秦国和秦始皇的描写颇为复杂，中日两国学者——不管近代还是前近代——甚至经常就秦国和秦始皇这个议题得出迥

[①] Charles Sanft, "Shang Yang was a Cooperator: Applying Axelrod's Analysis of Cooperation in Early China", *Philosophy East and West* 64.1, 2014. 理论来源参见 Robert M. Axelrod, *The Evolution of Cooperation*, New York: Basic Books, 1984.（译者注：中文版为[美]罗伯特·阿克塞尔罗德著，吴坚忠译《合作的进化》，上海人民出版社，2007年初版，2016年再版。）

然不同的结论①。西方学者其实也面临着同样的困难,在秦国在中国历史上的地位和意义、秦国统一、秦帝国建立的影响及遗产等相关议题上,与中日学者一样,常有大相径庭的结论。

关于《史记》对秦国和秦始皇的描写,杜润德应该是近年来第一个讨论这个话题的。他从文学批评的角度入手,指出《秦始皇本纪》开头两段存在本质上的形式变化。第一段写的是公元前221年统一中国之前的事,主要运用编年史式的写作手法;但是秦帝国建立后,行文变成了纪实文学(documentary)形式②。杜润德据此认为这种变化有两个值得留意的特点:"其一,讽刺故事的罗列;其二,皇帝的话语——正如几份原始史料所反映的——与历史学家的话语之间的紧张关系。③"当读者读到这些讽刺故事时,会不自觉地反感皇帝妄自尊大的行为。杜润德又注意到,批评秦始皇的话不是司马迁以历史学家的身份亲口说出的,而是借故事中出场人物之口说出的。于是,杜润德认为司马迁对秦始皇的描写多为"讽刺",偶有"反感",但更重要的是司马迁要如何

---

① 研究成果汗牛充栋,篇幅所限,无法一一介绍关于对司马迁和《史记》的相关研究,可参见 Stephen W. Durrant(杜润德), *The Cloudy Mirror: Tension and Conflict in the Writing of Sima Qian*, Albany, NY: State University of New York Press, 1995; Grant Hardy(侯格睿), *Worlds of Bronze and Bamboo: Sima Qian's Conquest of History*, New York: Columbia University Press, 1999。(译者注:此书将由北京商务印书馆出版中文版,见西南大学文学院官网:http://chinese. swu. edu. cn/s/chinese/xsdt/20201204/4353273. html。)对这两部著作的书评见 Hans van Ess(叶翰), "Recent Studies on Sima Qian", *Monumenta Serica* 49, 2001. 司马迁研究的最新著作,见杜润德、李惠仪(Wai-yee Li)、戴梅可(Michael Nylan)、叶翰合著 *The Letter to Ren An and Sima Qian's Legacy*, Seattle; London: University of Washington Press, 2016。

② Stephen Durrant, "Ssu-ma Ch'ien's Portrayal of the First Ch'in Emperor", in *Imperial Rulership and Cultural Change in Traditional China*, ed. Frederick P. Brandauer(白保罗) and Chun-chieh Huang(黄俊杰), Seattle: University of Washington Press, 1994.

③ Durrant, "Ssu-ma Ch'ien's Portrayal", p. 35.

处理皇帝权力的本质和君臣关系。秦始皇不同刘邦，他听不进忠言。或许这是司马迁想向自己的主君——汉武帝传递的信息吧，毕竟汉武帝"也不是时常能够做到兼听则明的"①。

尚冠文(Steven Shankman)是比较文学、伦理学和历史学家，他采用了全新的方法来研究《史记》。他认为司马迁深受孔子及其"仁"的伦理体系影响，十分尊崇孔门思想。于是，尚冠文从两个相关层面来解释司马迁对秦始皇的批判：一方面，在司马迁看来，秦始皇及臣下、将军们"都违反了《论语》里的他异性(alterity)——尊重他者"；另一方面，司马迁"认为秦国的法治主义违反了孔子的伦理观点"，而他异性镌刻于孔子的伦理观点里。②

语言学者何莫邪(Christoph Harbsmeier)从宏观视角出发，比较了佛教传入之前的中国和希腊、罗马等西方文化，指出中西方的肖像画源泉和肖像画法传统从根源上、哲学上分属不同种类。③ 他认为，人在活着的时候总是会想象自己会不会名留青史

---

① Durrant，"Ssu-ma Ch'ien's Portrayal"，p. 45

② 参见 Steven Shankman，"The Legalist Betrayal of the Confucian Other: Sima Qian's Portrayal of Qin Shihuangdi"，in *Who, Exactly, Is the Other? Western and Transcultural Perspectives*，ed. Steven Shankman and Massimo Lollini，Eugene: Universtiy of Oregon Books，2002。这篇文章经修订后改名为"Traces of the Confucian/Mencian Other: Ethical Moments in Sima Qian's *Records of the Historian*"，载于 *Other Others: Levinas, Literatures, Transcultural Studies*，Albany, NY: State University of New York Press，2010。感谢尚冠文教授告诉我还有第二篇文章的存在。

③ Christoph Harbsmeier，"Living Up to Contrasting Portraiture: Plutarch on Alexander the Great and Sima Qian on the First Emperor"，in *Views from Within, Views from Beyond: Approaches to the Shiji as an Early Work of Historiography*，ed. Hans van Ess，Olga Lomova(罗然)and Dorothee Schaab-Hanke(沙敦如)，Lun Wen: Studien zur Geistesgeschichte und Literatur in China 20；Wiesbaden: Harrassowitz.

或其他媒介，如果会的话又将以何种形式。从而，中国人即使有能力制作写实性雕像或其他视觉性媒介，但出于艺术传统，他们一般不会那么做；他们即使有能力写出饱含心理洞察因素的故事传记，但出于历史写作传统，他们也不会那么做。因此，不同于亚历山大大帝的雕像到处都有——石雕、硬币头像等媒介——秦始皇连一张真实的雕像或画像都没有流传后世。于是，他引用柯思纳（Ladislav Kesner）的观点，认为"骊山墓是对秦始皇的一个暗喻（metaphor）"①。

何莫邪进一步发挥联想，谓："骊山墓是一个胆小但又想吓唬别人的自大妄想狂建造的，死后的非生理性、暗喻性的大型自画像，对标的是现象中的死者世界，属于情境人格（personality-in-context）所孕育出的暗喻性自我表达。"

柯马丁（Martin Kern）出版了一部讨论秦始皇七块刻石的专著。这些刻石是秦帝国建立之后，秦始皇在巡幸新纳入帝国版图的地区时所立的，大部分刻石位于山上。② 柯马丁写了两篇短文归纳自己的发现③，在此我们只引用第一篇。《史记》里收录了六块刻石的刻文，第七块刻石的刻文见于后世史料中，柯马丁从用

---

① Harbsmeier, "Living Up to Contrasting Portraiture", p. 288，转引自 Ladislav Kesner, "Likeness of No One: (Re)presenting the First Emperor's Army", *Art Bulletin* 77.1, 1995。

② Martin Kern, *The Stele Inscriptions of Ch'in Shih-huang: Text and Ritual in Early Chinese Imperial Representation*, New Haven: American Oriental Society, 2000.

③ Kern, "Imperial Tours and Mountain Inscriptions", in the *First Emperor: China's Terracotta Army*, ed. Jane Portal, Cambridge: Harvard University Press and London: Trustees of the British Museum, 2007; "Announcements from the Mountains: The Stele Inscriptions of the Qin First Emperor", in *Conceiving the Empire: China and Rome Compared*, ed. Fritz-Heiner Mutschler and Achim Mittag, Oxford: Oxford University Press, 2008.

词、押韵体系判断应该可信。刻石所处的位置和刻文用词十分重要。前者是曾经的独立政体(即战国诸国)的重要宗教、仪礼场所,而后者则糅合了周代金文及经书,尤其是《尚书》中所见的仪式、修辞及惯例。柯马丁认为,这些场所在秦帝国建立后意味着被纳入新的世界秩序乃至宇宙秩序之中,另一方面,称颂秦始皇功绩的句子反映了新的政治制度与传统的周室礼仪秩序的结合。秦始皇刻石作为创造历史记忆的纪念碑,把以前相互之间无甚联系的宗教场所统合到"统一帝国的世界空间之中",试图在众多性质不同的场所创造同一个身份认同,以消除过去的独立国家的记忆[1],而刻文就承担了创造历史的作用。

这一番发现将我们导向了叶翰的结论。[2] 这或许是关于司马迁对秦始皇评价的历史真实性最激进的观点。今本《史记》没有《武帝本纪》,取而代之的是《封禅书》的一部分内容,有可能是司马迁根本没有写《武帝本纪》,抑或是司马迁写了,但在某个时期遗失了。叶翰发现,司马迁对秦始皇的描写和汉武帝惊人地相似,例如二人都对鬼神入魅、冀求举行封禅仪式、渴望长生不老、迷信五行学说、采取扩张政策开疆拓土、不听儒生进谏等等。形容二人的词语、句子很多都是相同的。叶翰据此推测,或者说怀疑道:"司马迁为了把秦始皇塑造成汉武帝的分身,很有可能捏造了一些事实。"[3]司马迁通过这种写作方式发出警告,要是汉武帝继续鲁莽下去,将有招致汉王朝崩溃的风险。另外,对于秦始皇

---

[1] "Imperial Tours and Mountain Inscriptions", p. 111.

[2] Hans Van Ess, "Emperor Wu of the Han and the First August Emperor in Sima Qian's *Shiji*", in *Birth of an Empire: The State of Qin Revisited*.

[3] Van Ess, "Emperor Wu of the Han and the First August Emperor in Sima Qian's *Shiji*", p. 256.

巡幸新帝国各地,于山上立石刻文,叶翰对现存文献史料上转载的刻文准确性和真实性持怀疑态度。

尤锐与叶翰相反,认为刻文是用来了解秦始皇统治观念的绝好材料。[1] 他认为可以从另外一个角度来审视秦始皇自号"皇帝",在刻文里主张自身准神性和圣人性的做法。一方面,秦始皇认为自己是真正的帝王(True Monarch),是给战国时代的礼崩乐坏画上终止符的人,是知识分子长期以来一直寻求的理想君主。另一方面,他又认为自己是世界统治者,是"终结了旧历史",创造出全新的社会政治秩序的人,无人能够与自己比肩。从而,尤锐归纳道,秦始皇是一个弥赛亚式或者说准弥赛亚式的人格,秦帝国是"弥赛亚式的政权(Messianic regime)"。然而,秦始皇这番对统治者的重新定义,在知识分子群体中造成了深刻的不安情绪,这种情绪甚至在秦始皇死后依然持续了很长一段时间。[2]

最后是亚历山大·雅各布森(Alexander Yakobson)的研究,他对比了秦始皇和罗马奥古斯都,认为两者均为各自的政体结构带来了变革,但同时也存在本质上的差异。秦始皇的统治固然是绝对的专制,但秦帝国之前也存在过类似的政体,在这层意义上,秦帝国是"传统的",他统治的世界规模仅限于东亚大陆。另一方面,奥古斯都统治时期,罗马帝国已经实行了几十年的共和政治(尽管徒有其形),但至少他是在一个理论上完全排斥独裁政治的

---

[1] Yuri Pines, "The Messianic Emperor: A New Look at Qin's Place in China's History", in *Birth of an Empire: The State of Qin Revisited*.

[2] 尤锐发表了一篇文章,利用出土文字材料评述了司马迁对秦国历史记载的准确性,结论是司马迁的记载虽然与新材料所述的内容有明显出入,但这并非司马迁有意改窜,而是因为原始材料不齐且时有矛盾,司马迁只不过是误读了这些带有自身目的和偏见的材料而已。Yuri Pines, "Biases and Their Sources: Qin History in the *Shiji*", *Oriens Extremus* 45, 2005—2006.

共和政治传统语境下当上皇帝的。① 当然，双方都把自己神格化
了，可是民众对他们的印象却大相径庭，在民众历史记忆中，奥古
斯都的形象要比秦始皇宽宏大量得多。

结　语

综上，我们大致梳理了西方学界近年的秦史研究情况。简而
言之，西方学者立足于中国和日本学者的著作，在批判性接受的
同时，还提出了具潜在理论启发性的见解。希望这篇对西方学术
界的秦史研究归纳评论能为日本学术界带来裨益。

---

① Alexander Yakobson, "The First Emperors: Images and Memory", in *Birth of an Empire: The State of Qin Revisited*.

点评 1　文字材料与物质文化

［日］上野祥史

* * *

秦帝国的建立可以说是多个单独层累的社会统合而成的集大成者，其尊皇帝为顶点和连接点，试图打造一个同质化的社会。中华世界的统治者——皇帝登上历史舞台，是后世中国历史架构的原点所在。关于秦帝国的建立，学术界对于其统合、统一的性质给予了高度评价，帝国建立前受到的关注完全不可与之同日而语。在此，我打算通过对比出土文字材料和物质文化材料，思考一下该如何看待秦帝国建立这一划时代事件。

有关秦代社会的探讨，主要依据始皇陵和江汉平原的纪年墓地等墓葬材料，及云梦睡虎地秦简、里耶秦简等从墓地或生活遗址出土的秦简材料进行。近年来，新材料的种类和数量飞跃性增加，学者们大致通过文字材料分析和出土材料整体分析这两种研究方式来阐释战国秦国至秦帝国这段时期里古代中国的社会情况。

大量的出土文字材料，让法律运用、征税和户籍管理等维持社会秩序的各项制度情况呈现在我们眼前。里耶秦简是废弃在井里的实用文字信息，为我们带来了有关秦帝国郡县统治情况的重要信息。制度执行的实情在史书中常常是抽象的，甚至会被当成细枝末节简单带过，但我们现在可以通过秦迁陵县一地管中窥豹。各项复杂的地方行政官署功能折射出了迁陵县作为秦国地方社会一员的普遍性及其作为南部边郡的特殊性。从软件方面而言,法律制度的规定反映出为政者希望打造同质化的区域社会;从硬件方面而言,地方政府对法律的执行方式反映出其边郡的特征。

然而,窥一斑是容易的,知全豹却没那么容易。里耶秦简所反映的法律制度普遍性及其作为边郡的特殊性,要通过对比其他地区的秦简材料才能为人所知。简牍材料的问世,证明了秦国有成体系的成文法和利用法律维持社会秩序,里耶秦简的出土进一步证明了成文法在秦国统一前后已经广泛普及。但是,秦法的形成和成熟经过我们还是有必要对照楚简等战国时期的零散材料,同时文书行政向社会基层的渗透过程也须要对比讨论。里耶秦简所反映的,只不过是社会复杂化和制度秩序体系建立的其中一个方面而已。

比较不同的时间和空间并不是一件容易的工作,其他文字材料也面临这样的难题。例如张家山汉简上记载的秩律可以帮助我们还原汉初的历史地理环境。此前,有关汉初的地理信息,我们仅能依靠西汉末期成书的《汉书·地理志》,如今张家山汉简给我们提供了比较的基础。可惜的是连接秦汉两者的材料阙如,尽管尹湾汉简、乐浪木简等材料里有一些关于时间和空间的有限信息,但并不足以让我们做出同级别的对比。[1] 领域和郡县的统合关系时时刻刻在变化,很难精确定位某段时间发生了什么变化。或许我们能够考证出某地在某段时间的静态,但只要同质材料的比较受制,我们就难以描绘出其动态变化。

---

[1] 藤田胜久《中国古代国家と郡县社会》,汲古書院,2005 年。

　　另一方面,出土文物和文字材料一样具有说服力。文字所记载的社会形象终究不够直观,是出土文物给我们提供了形状、色彩等具象化的东西。在描绘秦至汉初的社会形态时,无论是谁应该都能感受到秦始皇陵和马王堆汉墓出土文物的重要性。即使是文字的使用、信息的传达这方面,也要等具体的文字媒介——简牍出土了,我们才能知道其字形、书写材料(简牍形状)、编缀等具体细节。一般而言,出土文物是一个能够将文字材料记载的社会形象、历史形象转为直观可视的工具,秦二十六年诏铜权上刻着的统一度量衡的语句就是一例。

　　然而,这只不过是出土文物的其中一个作用罢了。墓葬、生活遗址出土的文物大多是在某种特定情境里使用的器物,所以人们把这些文物按形状、形态等标准分门别类,通过共同特征来认识古人在时间、空间方面的行为模式。遗址、遗物反映了某种人为的行动模式,我们能够将之归纳到社会活动的方面加以理解。出土文物的种类和数量都十分丰富,比文字材料更具普遍性,能够开展多方面的比较研究工作。作为人类行为的痕迹,出土文物使更广阔的时间、空间范围内的对比研究成为可能,可以说这是它的优势。

　　虽说如此,在探讨秦代社会时,依据出土文物的讨论依然会受到时间和空间的制约。其一,时间范围较窄,遗址、遗物群(assemblage)只允许在一定的时间跨度里。如果某种器物的生产流通时期有限且分布范围广泛,那我们只需要选取一个较短的时间段展开讨论就行了,可是目前我们缺少能够明确区分战国秦时期、秦帝国时期、汉帝国时期的材料。兴许一些有铭文的材料刻有制作地和纪年,提供了精确的时间、空间信息,可惜大多数都是无铭文材料。墓葬材料同样,能够精准定位到秦帝国时期的材料自然是有的,但更多的是只能笼统定位为战国晚期至汉初的材料。无论是遗址还是遗物,能够判定为秦代的材料其实非常有限。其次,遗址和遗物的遗存也存在倾向性。在出土了众多简牍材料的长江中游地区,很多墓葬能够精准判定为秦墓,可是其他地方就没有那么多能够精确定位的墓了。的确,墓葬能够反映古人的活动,但同时也受到遗存条件的影响。于是,我们现阶段只能利用这些有限的信息来评价秦帝国建立这一划时代事件。

秦帝国的建立可以从动态视角看待。在某个特定的时间段内,我们固然可以详尽地叙述这段时期的静态,但前提是要确保从比较视角出发,否则将言之不尽。而墓葬的话,我们可以比较不同时间、不同空间的同质材料,还原古时候的社会行为及其所反映的区域性或社会阶层。单个材料虽然可以详细考证其时间和空间状况,却难以判断其普遍性和特殊性。在材料受限这方面,文字材料和出土文物都有着同样的局限性,即受到比较的限制。要做比较,首先就要考虑文字材料和出土文物各自能够追溯到哪个时期。秦帝国的建立是个比较笼统的时期,对于相关文字材料和文物的评价,我们第一个要问的是这些材料能否进行时间或空间层面的比较研究。

❋ ❋ ❋

文字材料和出土文物都是秦代社会发生过的行为所留下的"痕迹"。可是对它们的分析探讨却分成了文献史学和考古学两条路径(discipline)。对于法令、税制等政治经济层面因素和下葬、墓地结构等文化,人们倾向于认为这是不同层次的社会活动。但事实果真如此吗?

里耶城址周边不仅出土了秦简,还发现了城郭和当地居民的墓地。只不过人的日常生活不像文字材料、社会制度那样受关注。其他出土了文字材料的秦汉墓也一样，很少有人关心墓主本身多过简牍。[①] 秦墓的数量并不多，却很少有人问为什么还能分出有简牍随葬墓和无简牍随葬墓。生活在这个时代的同一个人，他既可以使用文字，也可以是墓主。

墓葬是出土文物最多的地方。上至皇帝，下至地方官吏，各种人在各个地方修建了各种墓。可以说，墓地就是古人的足迹。通过比较研究，我们可以知道墓葬所反映的社会阶级秩序，归纳区域特征并分析两者的联系。有简牍材料出土的墓其实并不多，但一旦出土了简牍，像云梦睡虎地秦墓、江陵凤凰山汉墓这些墓地，受到的关注程度将是极大的。简牍材料中，除了文字记载的身份秩序、社会阶层或出身、谱系之外，没有什么有关墓主的内容。[②] 文字的使用的确是"旧时活动"的其中一个方面，但是怎样的社会阶层在怎样的形态之下需要这样的文字信息其实也是可以通过墓葬本身来探讨的。说白了就是在明确文字已经在社会上普及的前提下，抛开文字使用这一社会情境来探讨。

以文字材料陪葬，可以理解成一种行为模式。文字材料本身也是当时的活动痕迹之一。文字记录下来的信息自是重要，但更重要的是这些文字材料是在怎样的情境下产生的，即视之为一种文化现象。[③] 我并不打算直接讨论文书行政体系是如何形成的，但是我觉得通过墓地结构和墓葬行为应该也能间接地看出文字是如何在社会运行过程中起作用的。

墓的变化和分期似乎也意味着思想的变化。战国至汉代的

① 松崎つね子《睡虎地秦簡と墓葬からみた楚、秦、漢》，汲古書院，2017年。
② 高村武幸《解題に代えて》，載《睡虎地秦簡と墓葬からみた楚、秦、漢》。
③ 籾山明《日本における居延漢簡研究の回顧と展望：古文書学的研究を中心に》，載《秦漢出土文字史料の研究》，創文社，2015年。

墓葬制度变化过程中,秦代被视为一大转折点,从原来奉礼器、遵循地域社会秩序伦理的旧丧葬制度逐渐向跨越地域限制的一般性丧葬制度转变。学者们倾向于把社会制度的转变与丧葬制度的转变重叠起来看。的确,墓葬的丧葬制度是最明显的,但是除了表面上的丧葬制度,我们也应该关注背后的理念、思想如何与墓葬的形态相互作用。

墓是埋葬死者的地方。在古代中国,人们认为死者能把生前的身份、社会秩序等原样带到冥界。换言之,墓地是一个让死者自身永恒存续的工具。自己生前要是受到文字、法令等规章制度的束缚,那这种行为模式在冥界依然会对自己起作用。有关死亡的一言一行都是连接过去与现在的纽带,反映着"当下的自己"。生前处于新的社会秩序之下、受到社会管理的自己,死后下葬传送到冥界之后,这套新的社会秩序依然适用。墓葬的变化是文化演变的其中一环,同时也是思维与行为相互连锁反应的反映。墓葬的变化反映着个人行为形态的变化和随之发生的认知、思维变化,同时也反映着社会随着文字普及,逐渐向成文法管理模式转变。

战国至汉代的丧葬制度是渐变的,到了西汉中期才呈现清晰的特征。器物的制作和风格也是一点点改变的。有人认为秦帝国建立后变化就进入了稳定期,但是法律制度的实际执行并不一定会立马随着社会的变化而变化。墓地结构和围绕丧葬的一系列行为都要以规制自身存续的灵魂观念与冥界观念的共享为前提。这种时间的错位与渐次的变化,可以视为秦国统一前后社会管理模式和维持模式在文字的作用下发生螺旋式变化,个人也产生了新的认知和行为模式并逐渐成形的过程。

最后我想谈谈皇陵。皇陵的出现是帝国建立在墓葬上的反映。秦始皇陵是第一座皇陵，是以往谱系上没有的新式"王墓"。秦始皇陵设有陵邑、地面仪式区和地下埋葬区，这种符合形态是独一无二的，定义了"皇帝"是个怎样的存在，同时又与皇帝理念的形成互为表里。学者们热衷于探索始皇陵的表现意图和设计理念固然无可厚非，但是这又不是只能靠探索始皇陵才能解答，通过与西汉皇陵或者战国王陵的比较其实也能得知其观念结构①。当然，我们肯定还是要优先考虑观念上的皇帝理念。总之，我们要的不是把实体演绎升华为观念，而是通过比较的视角淡化实体和观念的界限，并从这个角度去思考皇陵。

关于淡化观念和实体的角度，我想强调几点。在文字材料说服力与帝国建立这种宏大命题的理解上很可能会引发观念先行。② 在连续和中断的交错之中，无论看起来如何像断层，我们都应该从相对的视角来思考帝国的诞生。毕竟不管是物质文化还是文字材料，它们的"分析视角"是相同的，因为它们都是当时社会的"活动痕迹"。我们应该做的，不仅仅是探明文字要如何使用、社会要如何维系、墓地要如何建造诸如此类的具体现象，而是将这些现象放到行为模式的固化与新的认知形成两者相互作用下去思考，只有这样才能真正打通文字材料和出土文物之间的隔阂。

* * *

同时具备有说服力的文字材料和大量出土文物材料的象征

---

① 段清波《秦始皇陵封土建筑探讨——兼释"中成观游"》，《考古》2006 年第 5 期；张卫星《秦汉帝陵寝制度及其象征研究的思路探析：以秦始皇陵的研究为例》，《中原文物》2010 年第 3 期。

② 鹤间和幸《秦帝国史研究の総括と展望》，载《秦帝国の形成と地域》，汲古书院，2013 年。

性朝代就是秦，可惜我水平有限，只能聊聊这些老生常谈的东西，就姑且将之当成我对秦帝国建立这个命题的一点不成熟的小意见吧。

点评 2　如何还原秦史的整体像

[日] 土口史记

1. 共同点——"长的秦史"

林剑鸣在《秦史稿》的开头就提到"秦"所指的时代范围有二：一是作为王朝名，用在"秦汉帝国"等称呼时的秦。这个秦的时代范围只有公元前 221 年至前 206 年的区区十五年。另一个指的是从春秋之前的秦人祖先起算，一直到公元前 206 年秦王朝灭亡为止，包括了秦人在史书中出现之后的那段漫长历史。林剑鸣认为秦史的研究对象应是后者。[①]

的确，在普通人的印象中，"秦"就是一个短命王朝，从秦始皇统一六国到秦朝灭亡只有短短 15 年。相比起后来足足长达 400 年的汉王朝，及秦始皇焚书坑儒、追求长生不老导致民心向背，还有陈胜吴广起义到楚汉之争等一系列引人入胜的故事，更是加深了人们对"秦短命而亡"的印象。

但是在历史研究层面则如林剑鸣所指的，不仅要关注秦帝国，还要关注在那之前那一段"长的秦史"。日本的鹤间和幸也强调这种广阔视野的重要性。鹤间反对目前学术界过分强调秦始

---

① 林剑鸣《秦史稿》，上海人民出版社，1981 年，第 2 页。

皇统一作为划时代事件的做法,尝试基于连续性,以战国时代之前作为起点描绘秦史。① 在真正着手写作之际才发现秦帝国的十五年只不过是"长的秦史"中的极小一部分。本书书名"秦帝国的诞生"其实也在暗示秦史应当放到"长的秦史"——包括帝国时代之前——的视野下讨论才对。

翻阅本书的各篇文章,读者们当可理解所谓的"长的秦史"具体为何。例如吉本道雅的文章着眼于《史记》的记载与真实秦史的距离,讨论了《史记》对于秦史有何认识,通过与其他文献的比较,归纳出《史记》的特殊性,并在此基础上强调《史记》的独特意义在于其写作秦史的"通史"手法。② 正如文章结语所说,司马迁本人已经意识到此前的秦史言论偏向于秦帝国,通史观点不足的弊端。通过吉本的文章,我们得以真实感受到司马迁这番话的重量。

高村武幸的文章利用新出的秦简牍材料,考证了秦帝国时期的文书行政及官僚机构早在公元前四世纪后半叶已经出现,而且是在短时间内被统一普及到当时的整个疆域。众所周知,统一六国的秦始皇为了能够直接统治这片广袤的领土而实施了郡县制,在这篇文章中,我们再一次确认了郡县制的基础——文书行政和官僚机构并非在帝国建立后突然产生的。

渡边英幸的文章考证了秦国从建国到统一的对外关系推移,在此基础上利用新出简牍和青铜器铭文材料,论述了秦国他者认识的层累性及自我意识的历史嬗变。的确,秦统一天下后,它就是"华夏"世界的唯一代表,与"夷狄"相对峙。但是在这之前,秦

---

① 鹤间和幸《秦帝国の形成と地域》,汲古書院,2013 年。
② 另见吉本道雅《史記を探る》,東方書店,1996 年。书中认为《史记》以通史形式写秦史是为了暗喻汉代史。

国与外族群体的接触一直没有断绝,还通过这种手段积累统治经验。文章细致地描写了这段时期的事情。

以上是本书中的几个例子,可以说在秦史研究领域中已经看不见过去那种只关注秦帝国时期的王朝断代史视角了。至少现在已经不再简单地以"统一"为界来划分秦史了。无论研究方法、研究视角如何,这种"长的秦史"视角应该成为秦史研究者们的基础共识。

当下,秦史研究正处于空前的盛况。之所以如此,无疑是因为与秦史相关的材料,尤其是竹简、木简爆发性增加。1975年湖北省云梦县睡虎地11号秦墓出土的睡虎地秦简(约1150枚)促使秦史真正从汉史的附庸地位中脱离出来,成为独立的研究对象,不再是短短的一段"汉前史"。目前还有更多的新简牍陆续公布,如存量远超睡虎地秦简的岳麓秦简(约2100枚)、里耶秦简(约36000枚)。2014年出版的《秦简牍合集》让我们可以一睹此前所有出土的墓葬简牍。①

虽然这些简牍的年代大多集中于战国后期到秦帝国时期这段时间,但是其所反映的信息和上文提及的"长的秦史"不无关系。例如渡边文章所提及的清华简《系年》所载的秦人祖先传说。按《系年》第三章的说法,周克商后乘势讨伐商人残存势力,期间飞廉逃往东方的商盖(商奄,今山东省一带),后来周成王杀飞廉,迁商盖之民到西方。《系年》说这些离开故土搬到西方的商盖遗民就是秦人的祖先,为周室统治戎人。② 当然,正如渡边的文章所指出,《系年》也只不过是战国时代的其中一个传说,不能贸然

① 土口史记《秦简牍研究の新展開》,《古代文化》第70卷第3号,2018年。
② 清华大学出土文献研究与保护中心编《清华大学藏战国竹简(二)》,中西书局,2011年。

相信是商周过渡时期的史实。但另一方面，认为秦人起源于搬到西方的东方民族的新材料问世，让 20 世纪前半叶的秦国东方起源论再次甚嚣尘上，当中虽有审慎的声音，但有关早期秦人的讨论也的确活跃了起来。[①] 如此这般，有关秦史的史料增加也影响到了"长的秦史"。

2. 不同点——"广的秦史"

作为本书源头的那场研讨会，副标题为"与英语圈学者们的对话"。通过这场"对话"，我们明白到虽然"长的秦史"是诸位学者研究秦史时的基础共识，但各人的研究关注点总是有区别的。当中较为突出的当数对"秦史空间"的关注度有所不同。简而言之，本书收录的英语圈学者论文所论述的秦史空间更广。

罗泰的文章以考古学方法谨慎且踏实地论述了秦国的经济状况。他在文章中提到了中央欧亚大陆的游牧民族与秦国的贸易。有可能秦国工匠给中央欧亚的消费者们生产具"异域风情"设计的产品，反倒引起了"中国"文化圈消费者的关注，并掀起了新的消费潮流。这一观点注意到了秦国的政治、行政统治领域所不关注的贸易圈的存在，既耐人寻味又颇具启发性。

在主要依赖文字材料的研究中，学者们的目光大多集中于秦国的政治统治范围，可是人类的交流并不仅在政治或人为划定的边界内进行。笔者也曾经做过秦国行政单位——郡的相关研究[②]，说这句话倒也带点自省性质。秦国的政治统治范围和秦人

[①] 史党社《新出考古、文字资料与秦人早期历史》，《国学学刊》2015 年第 4 期。
[②] 土口史记《先秦时代の领域支配》，京都大学学术出版会，2011 年

的真实活动范围并不一定重合。罗泰论文所揭示的论点正是文献史学容易漏看,要以考古学补充的典型例子。

叶山的文章列举了很多中西方对比的成果,这也是秦史研究的重要话题。文中所举的诸如倪克鲁认为秦始皇十二金人与亚历山大十二巨人像有联系、秦始皇与奥古斯都的比较、秦帝国与罗马帝国的比较、商鞅与霍布斯及马基雅维利的比较等构成了西方学者秦史研究的一部分。

这种超越了"中国"文化圈的空间关注度和对中西文明联系的关注度,都是日语学术圈内比较薄弱的环节。通过本书,我们得知英语圈里基于这种关注的秦史研究已经有了相当的成果积蓄。读了西方学者的文章,我感觉秦史研究既要如前所述,以"长的秦史"来扩充时间视野,另一方面也要扩充空间视野,即所谓"广的秦史"。

最近,中央欧亚大陆史的研究不断取得进展,从欧亚大陆的视角重新审视"中国"地区成为新的研究潮流。① 要是以前的我肯定对此不感兴趣,毕竟从这个视角出发去研究汉史还说得过去——好歹汉帝国还控制了河西走廊,但是用来研究秦史似乎有点风马牛不相及。尤其是在处理文字材料的时候更是如此,我们似乎一直忽视了人类的交流空间大于史料出土地这一点。这次"与英语圈学者们的对话"促使我反省自身,让我明白光是考虑政治统治范围是无法迫近真实的秦国形象的。

---

① 冈本隆司《"東アジア"と"ユーラシア":"近世""近代"の研究史をめぐって》,《歴史評論》第 779 号,2016 年。

3. 秦史研究的课题与展望

本书为我们揭示了秦史研究的种种前沿观点和方法，但不免依然有言犹未尽之感。这一节我想提两点本书未能涵盖的论点，谈谈我个人一些不成熟的小意见。

（1）叶山的文章网罗了西方学术圈的研究动向，可是读了之后我发现本书所收录的文章似乎不怎么关注秦国的社会风俗。就以利用《日书》及其他术数文献的研究为例，在日本，工藤元男根据睡虎地秦简《日书》，对秦国风俗做了深入的研究①，近年来也有好几位青年学者从事相关研究②，不过相较政治史、制度史，研究人员的数量还是不多，所以这也无意中反映到本书的编排里了。至于日书，在战国、秦、汉都有出土，能够克服王朝断代的限制做到历时性研究，断不可等闲视之。

（2）尽管现在秦文字材料急剧增加，但日本学术界对于这些材料的古文字学研究似乎力有未逮。古文字学领域有着自成体系的观点和理论，打通古文字学者和秦史研究者的对话隔阂，秦史研究定能有进一步发展。战国时代之后，隶书逐渐普及，相较于其他六国文字，秦文字在隶定方面没有那么多问题。但是文字研究的成果依然能够对史料释读造成决定性影响，例如里耶秦简中的"手"（书写文书）字，陈剑认为当读作"半"（拆封文书），直接

---

① 工藤元男《睡虎地秦簡よりみた秦代の国家と社会》，創文社，1998 年（译者注：曹峰译中文版《睡虎地秦简所见秦代国家与社会》，上海古籍出版社，2010 年）；《〈日書〉の史料的性格について——質日、視日との関連を中心として》，載渡边义浩编《中国新出資料学の展開》，汲古書院，2013 年。

② 海老根量介《秦漢の社会と〈日書〉をとりまく人々》，《東洋史研究》第 76 巻第 2 号，2017 年。

推翻了以往的解释。① 所以我认为对话不仅要像这次那样跨语言，还要与文字学者对话，相互交流研究方式。②

在目前的史料情况之下，做到上述两点其实颇具现实可行性。但另一方面，依然存在一些应该探讨的话题囿于史料匮乏而无法充分探讨。例如与行政相关的文字史料大多出土于地方，导致对秦中央统治机构的相关研究陷入停滞③；另外，过去热衷于讨论"秦统一的原因"，比较秦国与东方六国的研究盛极一时，但现在秦系史料不断增加，六国史料却没有多少新材料问世，史料数量不均现象愈发严重，比较研究也陷入了停滞。可惜的是，造成现在这个局面的直接原因就是史料匮乏，短时间内似乎没有解决办法。

研究是基于史料进行的工作，某种意义上，没有新史料的研究领域必然会陷入停滞状态。追赶最新的史料状况固然重要，可是我们也必须警惕某些特定的研究课题或会因此被忽视乃至束之高阁。毕竟，研究课题热门与否并不与重要性挂钩。

史料增加带来的秦史研究盛况背后隐藏着一个一直被忽略的重要课题，这也是我所担心的——人们越来越不关注秦史的整体像了。在秦史研究领域，一味地死抠新史料的细节容易出成果，于是人们便满足于这种所谓的"安全感"，不思进取了。然而，新史料所反映的历史片段在整体历史进程中处于何种地位、单独

---

① 陈剑《读秦汉简札记三篇》，刘钊主编《出土文献与古文字研究》第四辑，上海古籍出版社，2011年。又，解作拆封文书的"半"字后来改用了"发"字，陈伟认为这一变化发生在始皇三十年六月到九月之间。见陈伟《关于秦文书制度的几个问题》，陈伟等《秦简牍整理与研究》，经济科学出版社，2017年。
② 秦系文字集成见王辉主编《秦文字编》，中华书局，2015年。相关的文字学概论见王辉、陈昭容、王伟《秦文字通论》，中华书局，2016年。
③ 官印、封泥可用作这种缺失的补充材料，近年的相关研究成果见王伟《秦玺印封泥职官地理研究》，中国社会科学出版社，2014年。

的论点与秦史整体像该如何联系起来,要是不下意识去厘清这种整体与部分的关系,秦史研究将被史料牵着鼻子走,很难再有什么展望或魅力可言。我甚至开始担心将来的秦史研究会不会连与秦前后时期的历史衔接也不再讨论了。

　　话虽如此,还原秦史整体像终究是个大型工程,不是某个学者能够独立完成的,这也是学者之间需要对话的原因,同时也是本书的意义所在。愿今后学界同仁们能够在自觉意识到秦史整体像与单项研究的联系的基础之上,在秦帝国的诞生、兴亡及其遗产继承等方面做出更为深入的成果。

友情赐稿　战国国家统治的特征
——以城市管治为例

[日] 江村治树

本章凡例

1. 图表、地图出处

　　地图 8 - 1：笔者所绘

　　地图 8 - 2：笔者所绘，原载拙著《春秋戦国時代青銅貨幣の
　　　　　　　生成と展開》，汲古書院，2011 年

　　表 8 - 1、8 - 2、8 - 3：笔者所制

　　图 8 - 1、8 - 2：笔者所拍

2. 著录略称

　　《奇觚》：刘心源《奇觚室吉金文述》，1926 年

　　《三代》：罗振玉《三代吉金文存》，1936 年

　　《小校》：刘体智《小校经阁金文拓本》，1935 年

　　《录遗》：于省吾《量周金文录遗》，1957 年

序

　　战国时代是一个城郭发达的时代，居民生活在城墙环绕的城
市内。目前考古学家们已经发现了多个大型战国城市遗址，如燕

国下都、赵国邯郸、齐国临淄、韩国郑韩故城、楚国纪南城等。相较此前的春秋时期和之后的汉代,战国时代的大型城市无论是规模还是数量都颇为可观。①

这一现象有文献史料佐证。《战国策·赵策三·赵惠文王三十年》载,赵国将军赵奢对齐国将军田单说道:"且古者四海之内,分为万国。城虽大,无过三百丈者。人虽众,无过三千家者。……今千丈之城,万家之邑相望也,而索以三万之众,围千丈之城,不存其一角,而野战不足用也,君将以此何之?"

赵奢口中的"古"有多古我们不清楚,但是他口中的"今"即战国时代,似乎已经存在城墙边长约为"千丈"(2250 米左右),城内居民多达 1 万户的大城市了。②

城市的发达给战国诸国的地方管治造成了很大影响,甚至有可能倒逼国家转型。但是需要强调的是,城市的发达并非全国划一,而是呈区域倾斜状,也因此国家对于城市的管理也存在相应的差异。本章将通过探讨战国诸国的城市管治模式,从城市治理的角度思考各国的统治特征。囿于城市管治的文献史料不足,故本章将多用与城市相关的出土文字材料,例如从青铜器铭文入手探讨国家的军事层面统治模式、从货币的发行主题入手探讨经济层面的统治模式。窃以为如此当能阐明军事和经济这两个对于国家统治而言至关重要的方面。

---

① 拙著《戦国秦漢時代の都市と国家——考古学と文献史学からのアプローチ》,白帝社,2005 年,第 32 页表 1《古代都市遺跡規模の時代の変動》。又,伊藤道治早已指出,汉代之后城市遗址的规模在缩小,见伊藤道治《先秦時代の都市》,《研究(神户大学)》第 30 号,1963 年。

② 渡边卓《古代中国思想の研究》(創文社,1975 年)据前后文改"万家"为"三万家",按一户五口人算,这座城市是一座拥有 15 万居民的大城市。

1. 城市化的区域倾斜

地图8-1系笔者所绘的最新分布图。自1985年起,笔者便紧跟新出版的中国考古相关期刊、报告、古代城市相关书籍、国家文物局主编的《中国文物地图集》等材料不断更新分布图。①1989年,《中国文物地图集·广东分册》出版,以此为契机,各省份、直辖市分册也陆续出版,全国各地分册基本上已经于近年出齐。《中国文物地图集》网罗了中国国内从旧石器时代到近代革命相关的各大遗址,有点遗址台账的意思,在地图上你甚至可以找到各个县的遗址位置。根据这部地图集能够绘制出可信度颇高的各时代城市遗址分布图。②

在地图8-1里,笔者以城墙的最长边长(东西向或南北向)为标准,给城市的规模做了排行。其实要比较城市的规模,最好的标准应该是面积才对,可惜由于考古报告之类大多只写了东西向或南北向的城墙长度,偶有写城墙周长,写面积的反而没多少,再加上很多情况下连平面图都没有,所以只好以城墙边长为标准,假设城市遗址都是正方形了。从而,城墙的边长就是周长的1/4,是面

---

① 笔者所绘的第一份分布图载于拙文《戦国三晋都市の性格》(《名古屋大学文学部研究論集》XCV·史学第32号,1986年)。1989年发表的《戦国時代の都市とその比較》(《東洋史研究》第48卷第2号)附载了第一份中国国内整体分布图。此后,每有机会笔者便会做相应更新,可参见拙著《春秋戦国秦漢時代出土文字資料の研究》,汲古書院,2000年;《春秋戦国秦漢時代の都市とその周辺》,平成20年度科学研究費補助金基盤研究(C)研究成果報告書,2008年。

② 经过这几十年的考古调查和发掘,新发现层出不穷,早期出版的《中国文物地图集》上的数据很多已经过时了,需要参考其他相关的考古学期刊和报告修订地图。笔者利用File Maker制作了新石器时代至秦汉时期的古代城市遗址数据库,截至目前已经收录了超过1万条数据,其中战国城市遗址相关的数据有3000多条,下文所用数据均摘自此数据库。

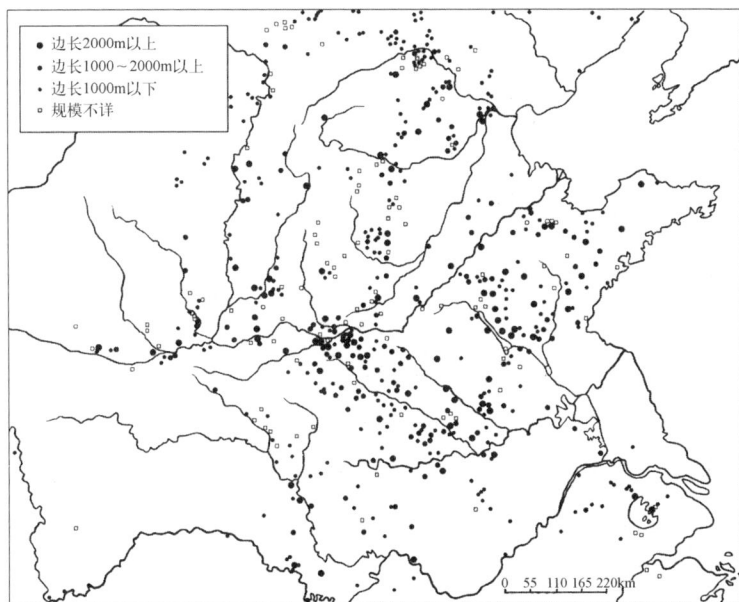

地图 8 - 1　战国城市遗址分布图

积的平方根。现实中的城市遗址自然不一定都是正方形,多的是
长方形甚至不规则形的遗址,以最长边为标准的话有点过大,假
设是正方形取面积的平方根或周长的 1/4 作为边长则有点过小。
所以,笔者在此以最长边为标准只不过是权宜之计,让读者诸君
有个大概印象而已。

　　回到分布图,能发现以黄河中游流域为中心,豫东、晋南、冀
南、鲁西、皖北地区密密麻麻分布着边长 2000 米以上的超大型城
市遗址和边长 1000～2000 米的大型城市遗址。相对地,周边地
区的城市遗址分布较为稀疏,1000 米以上的大型城市遗址也不
多见。当然,分布稀疏不代表那个地区没有遗址,有可能只是没
去探查而已。值得留意的是豫东和鲁西地区的空白地带,在一片
城市遗址密集的地区出现这么一大片空白地带显得很不自然。

事实上,战国时代的这片地区应该也有过很多大型城市。

马王堆帛书《战国纵横家书》第二十六章载某人向魏将田儋进言道:"梁之东地尚方五百余里,而与梁千丈之城,万家之邑大县十七,小县有市者卅有余。"梁,即魏国首都大梁(今河南省开封市)。在大梁的东侧有 17 座城墙边长超过千丈(2000 米)、人口一万户的大县(大城市),规模小一点、带市场的经济形城市有 30 多座。大梁本身埋在北宋首都开封之下,由于历史上黄河河道变迁,其城墙轮廓今已不详。南宋时期,黄河南流,淹没了此前的遗址。① 位于大梁东边商丘县的东周宋国都城也因为黄河泛滥一直沉睡水底,直到中美两国联合考古调查队用钻探调查才终于搞清楚了城墙的轮廓。② 豫东、晋西、皖南应该是连成一片的高度城市化区域。

翻查文献史料,里面也有证明黄河中游城市化的证据。如本章序中所引的赵将赵奢之言,说的就是以赵都邯郸(今河北省邯郸市)为中心的那一片区域的情况,针对的是田单的齐国情况。另外,《史记·魏世家》载信陵君对魏安厘王说:"所亡于秦者,山南山北,河外河内,大县数十,名都数百。"所谓的大县,即大型城市,也即《战国纵横家书》里所说的"千丈之城,万家之邑"。而所谓的名都,从数量比大县要多来判断,应该是"叫得上名的都市"之意。山南、山北,黄河流出河北平原后转向东北的两侧,应相当于汉代的河南郡、河内郡,即今豫中地区,两地均位于大型城市遗址密集分布地区。再配合《中国文物地图集》上标记的城市遗址的考古调查

---

① 拙文《戦国秦漢時代の都市と国家——考古学と文献史学からのアプローチ》,第86 页。

② 中美联合考古队(中国社会科学院考古研究所、美国哈佛大学皮保德博物馆)《河南商丘县东周城址勘查简报》,《考古》1998 年第 12 期。

成果,中心部城市化程度高于周边地区这个推测应是无误的。

综上,我们大致梳理了城市化地区的概况,那么具体到某个战国国家的情况又是怎样的呢?首先我们要做的是确定城市遗址的考古学年代,然而确定精确的使用年代比较困难,因为很多城市遗址虽然被定义为战国时代遗址,实际上却是建于春秋甚至更早,一直到汉代都还在使用。考虑到城市的发达出现在春秋后期,一些春秋时代城市也算作战国城市遗址范畴内。不过,汉代城市肯定是不算的。另外,战国诸国的疆域变化不断,还出现过迁都情况,无法精准地确定某段时期的疆域,在此以战国中期为参考,把各国分组,其城市规模总数见表8-1,具体数据参见文末附表。

表8-1　战国国别城市遗址规模数量表

国别 边长(米)	燕	赵、中山	韩、魏、周	鲁、卫、宋	齐	楚、吴、越	秦、巴蜀	合计
2000 以上	4	11	24	17	7	22	3	87
1000～2000	4	25	48	19	14	31	12	153
300～1000	30	47	48	31	13	85	11	265
300 以下	91	59	23	10	0	30	6	217
不详	18	35	46	17	13	44	20	193
合计	147	175	189	94	47	212	52	916

从表中可知,边长 1000 米以上的数量同上文分布图,但 1000 米以下的数量要分情况。300～1000 米的城市应划分到普通县城级,而 300 米以下的与其说是城市,更像是军事堡垒。至于国别,笔者以赵国和中山国为一组,韩国和魏国、周为一组,鲁、卫、宋为一组,楚、吴、越为一组,秦、巴蜀为一组。公元前 296 年赵国灭中山国,故中山国领土归入赵国;周分东西之后,西周虽然

一直存续到公元前 256 年才为秦所灭,但其疆域狭小,故以韩魏二国为代表即可;宋、鲁、卫三国分别在公元前 286 年、前 256 年、前 241 年各自为齐国、楚国、秦国所灭,在战国时代也算存续了很长一段时间,故分为一组。吴国在春秋末期的公元前 473 年为越国所灭,但是勾践死后,越国迅速衰退,被楚国吞并,故吴越二国实质上都包含在楚国疆域内。秦国原本的疆域位于今陕西省南部地区,不过因为公元前 316 年置巴郡、前 285 年置蜀郡,又新增了今四川地区。

至于各国的疆域,燕国南至燕南长城,与位于今河北省保定市北边的赵国接壤,其西边也与赵国接壤,应在今河北省涿鹿县和怀来县交界一带[1],东南方与齐国接壤,边境应在今河北省沧州市附近。齐长城东起今山东省青岛市黄岛区,西达泰山之西,即今济南市长清区。泰山以西的西段建成于公元前 557 年,东段建成于公元前 301 年。[2] 战国中期之后,齐国频繁染指长城之外,不过长城以北才是齐国的故土。楚国的北边从谭其骧主编《中国历史地图集·第一册·诸侯称雄形势图》(地图出版社,1982 年),从今河南省南阳市北的楚方城北边、河南省淮北市[3]北、安徽省宿州市南、江苏省宿迁市东起,直到江苏省北界为界线。赵国南边与魏国的接壤处则以东至河北省南端的赵南长城、西至山西省祁县南和吕梁市南的连线为界。这条线往东接魏国,往西则通往秦国,考虑到长城所在的位置,本章以富县与华阴市的连线以东为魏国领土。

我们再回过头看表 8－1,城墙边长 2000 米以上的超大型城

---

[1] 拙著《春秋戦国秦漢時代の都市とその周辺》,44 页。
[2] 何德亮《中国历史上最古老的长城——齐长城》,《中原文物》2009 年第 2 期。
[3] 编者注:原书如此,应为安徽省淮北市。

市遗址较多的国家有韩、魏、周、鲁、卫、宋,及楚、吴、越;再看边长1000米以上的大型城市遗址,赵、中山国有36座,韩、魏、周有72座,鲁、卫、宋有36座,而楚国则有53座。韩、魏、周和鲁、卫、宋之间存在遗址空白地带,不过如前所述这片地带应该有过很多大城市才对,放到韩、魏、周和鲁、卫、宋等国的领土范围内,城市数量应该会更多。这片区域有很多春秋以来旧国的国都①,猜想也有不少在战国时期崛起的城市。

　　韩魏两国曾多次迁都。魏国的大本营应系今山西省芮城县的古魏城。战国时期,魏国在今山西省夏县建起了一座东西3600米、南北5000米的巨型国都——安邑。后来,安邑为秦军所陷,于是魏国在公元前339年迁都至位于城市化中心地区的大梁(今河南省开封市)。然而随着秦军的步步紧逼,魏国在公元前408年再次迁都阳翟(今河南省禹县),又在公元前375年迁都至今河南省新郑市的郑韩故城。郑韩故城也位于城市化中心地区,现存一座东西5000米、南北4500米的巨型城市遗址。可见韩魏两国虽为秦国所欺,但从结果而言,它们的领土内有相当一部分的城市化中心地区。

　　至于鲁国,其领内有13座边长超过2000米的城市遗址。然而这些城市遗址并不全部服从鲁国统治。费县故城(费邑,今山东省费县)、向国故城(尚邑,今山东省莒南县)、博县故城(博邑,今山东省泰安市)、瑕丘故城(负瑕,今山东省兖州市)等地在战国时期依然在鲁国统治之下②,但薛(薛国故城,今山东省滕州市)、

① 拙文《变貌する古代国家・春秋諸国配置図》,载永田英正编《アジアの歴史と文化1:中国史——古代》,同朋舍,1994年,第54页。

② 上述城市遗址均见于国家文物局主编《中国文物地图集・山东分册》,中国地图出版社,2007年。

滕(滕国故城,今山东省滕州市)、莒(莒国故城,今山东省莒县)、郳(郳国故城,今山东省邹城市)等国在战国时期要么依然保持独立,要么被鲁国之外的其他国家所吞并。例如薛国在春秋末期为齐国所灭,成了田氏封邑;滕国在战国时期为宋国所灭,后来又为齐国所占[①];莒国在公元前431年为楚国所灭,后又为齐国所占;郳国在公元前281年为楚国所灭。战国时期的鲁国领土不断被齐楚二国蚕食,根本没办法稳定地统治其他国家。尽管鲁国一直苟延残喘到了战国后期,但它能够统治的领域极其有限。

由于宋国和卫国的领土黄河泛滥,其城市遗址被埋没于水底,绝大部分地区都成了遗址空白地带。宋国领土内的边长2000米以上的城市遗址有春秋时期以来的湖陵故城(今江苏省沛县)、相城城址(今安徽省淮北市)[②],及被誉为"天下之中"的陶县(今山东省菏泽市定陶区)。[③] 似乎宋国在当时是全国交通中心,经济型城市众多的发达地区。至于卫国,其首都濮阳(高城城址,今河南省濮阳县)被黄河冲毁,规模一直不详,按1985年以来的考古调查,应是一座东西2420米、南北3986米的巨型城市。[④]除此之外就再也找不到比较明显的遗址了。《史记》的《赵世家》和《卫世家》载,赵国攻打卫国,把卫国变为自己的属国,卫嗣君三年(公元前322年)自贬爵位称君,仅领濮阳一地。战国时期的宋国和卫国领内都市有多大规模,又是如何分布目前已不详,可知

---

① 陈槃《春秋大事表列国爵姓及存灭表譔异(增订本)》,"中央研究院"历史语言研究所,1969年第一册,第32页。
② 湖陵故城见《中国文物地图集·江苏分册》,中国地图出版社,2008年;相城城址见《中国文物地图集·安徽分册》,中国地图出版社,2014年。
③《史记·货殖列传》载朱公(范蠡)之言:"陶,天下之中,诸侯四通,货物所交易也。"
④ 河南省文物考古研究所、首都师范大学历史学院、濮阳市文物保护管理所《河南濮阳县高城遗址发掘简报》,《考古》2008年第3期。

的是两国在周边诸国的蚕食下，领土不断缩小。

楚国也留下了相当多的大型城市遗址，却不能和上述的韩国、魏国或鲁国、卫国、宋国等量齐观。楚国疆域广袤，大城市遗址的分布也较为分散。此外，还要考虑到吴国、越国的旧都在战国时期缩小乃至废弃。再者，楚国经常迁都，其疆域范围也时常变动。楚国原本的疆域是今湖北省，首都在很长一段时间内都是位于今荆州市江陵县的纪南城。战国时期，楚国疆域扩大至今安徽省和江苏省内，然而除豫南和皖北的领土范围外，大城市的遗址分布颇为散漫。公元前 278 年，秦将白起攻陷纪南城，楚国本土为秦所占，被迫南迁。可是楚国在今湖南省的领土虽然存续了很长一段时间①，却找不到边长超过 1000 米的城市遗址。楚国失去了本土之后，迁都至陈（今河南省淮阳县），后来又因为秦国的进逼于公元前 241 年再次迁都至寿春（今安徽省寿县）。陈地在还是楚国首都时应该仍位于城市化中心地区，但好景不长，在迁都寿春时楚国应该已经失去了几乎全部大型城市了。

至于赵国，其边长 1000 米以上的大型城市遗址多大 36 座，城市可算是相当发达了。但是我们要把赵国分成南北两部分考虑，大型城市遗址分布南多北少。春秋末期，赵国的大本营在北边的晋阳（今山西省晋源县），后迁都至南方的耿（今山西省河津县），没过多久又迁都至东方的中牟（公元前 423 年）②，最后于公元前 386 年迁至邯郸（邯郸故城，今河北省邯郸市）。同韩魏两

---

① 《史记·楚世家》："（楚顷襄王二十三年）收东地兵得十余万，复西取秦所拔江旁十五邑以为郡，距秦。"

② 关于赵都中牟，张增牛《赵都中牟林州说的推定》（《中原文物》2005 年第 6 期）认为是今河南省林州市的隆虑城址，张新斌《河南鹤壁鹿楼古城为赵都中牟说》（《文物春秋》1993 年第 4 期）认为是今河南省鹤壁市的鹿楼古城。窃以为后者较可信。

国,赵国迁都也追逐着城市化中心地区,所不同的是赵国大本营一直在北方。按《史记·赵世家》,春秋末期,代王城(今河北省蔚县)系代国国都,赵简子传位时跳过了长子伯鲁而传位于赵襄子,赵襄子又封伯鲁之子为代成君。自此之后,代王城成了赵国的国中国,拥有高度自治权。代王城遗址十分巨大,东西3400米、南北2200米,想必是赵国北部的一个特殊城市,毕竟在代王城周边没发现其他大型城市遗址。

至于周边地区的燕国、齐国、秦国,边长1000米以下的小型城市遗址数量相当多,但2000米以上的城市遗址很少,就连1000米以上的遗址也不多见,很难称得上是城市化程度高的国家。燕国有4座2000米以上的城市遗址,当中的燕下都(河北省易县)和黑古台遗址(或为燕中都,今北京市房山区)是国都,其他两座遗址情况不详。[①] 北京市内的燕上都(蓟城)应该也是巨型城市,但目前还没找到城墙。[②] 辽宁省和内蒙古自治区内倒是发现了很多燕国的城市遗址,但绝大多数都是军事堡垒。再看齐国,齐长城以北有7座边长2000米以上的城市遗址,当中纪王城(原纪国,今山东省寿光市)、杞城故城(原杞国,今山东省安丘市)、归城古城(原莱国,今山东省黄县)是春秋以来旧国的国都;边长1000米以上的城市有21座,城市似乎颇为发达,但比不上黄河中游地区,而且遗址的绝对数量也较少。最后是秦国,秦国

---

① 黑古台遗址出土了战国晚期半瓦当,故学界认为有可能是燕中都,见北京市文物研究所《北京市东阎村战国灰坑发掘简报》,《文物春秋》2011年第2期。另外两座遗址分别是完城遗址(今河北省大城县)和大董城址(今河北省文安县),完城遗址面积为600万平方米,大董城址边长2000米,但两座城址都没有发现城墙。参见国家文物局主编《中国文物地图集·河北分册》,中国地图出版社,2013年。
② 据《中国文物地图集·北京分册》(中国地图出版社,2008年),蓟城遗址东达莱市口,南达白纸坊,西至白云观,北至头发胡同,东西约2700米,南北约2900米。

边长 2000 米以上的城市遗址只有雍城、栎阳、咸阳三座秦都,而且由于迁都的关系,三座城市不可能同时拥有国都地位;1000 米以上的大型城市遗址虽然也有,但绝对数量根本比不上黄河中游地区,不得不说秦国的城市化程度十分低。综上所述,燕、齐、秦三国的首都虽然规模很巨大,但整体而言依然处于低城市化阶段。

2. 青铜兵器铭文所见的各国军事体制

春秋战国时期的青铜兵器(图 8 - 1),尤其是戈和戟的铭文可归纳为"用戈"铭(□〔之〕元用、□〔之〕用戈)和"造戈"铭(□〔之〕造、□〔之〕造戈)两类。[①] 用戈铭用以指示武器的主人,造戈铭则指示打造该武器的相关责任人。从武器上刻有造戈铭可知武器应是依命令铸造的,而下达命令的应该就是军队。春秋时期的造戈铭上可见官职名、国君名或氏族名,而且带官职名的造戈铭一直到战国中期还可见。这些戈并非该职官、国君或者族长的私人兵器,而是配发给属下军队用的。战国前期的造戈铭有时会加上地名(或国名、邑名),有时则只有地名。战国中期,三晋地区的矛和铍的造戈铭上有时会刻有县令名。这些带地名或县令名的兵器应是属于邑、县即城市的兵器,是探讨城市兵工厂乃至军队组织模式等军事体制的重要线索。下文我们将讨论各国的戈、戟、矛、铍等兵器铭文特征,考察其军事体制。

[①] 拙文《春秋戦国時代の銅戈、戟の編年と銘文》,載《春秋戦国秦漢時代出土文字資料の研究》。又,宫本一夫《七国武器考——戈、戟、矛を中心にして》,《古史春秋》第 2 号,1985 年。

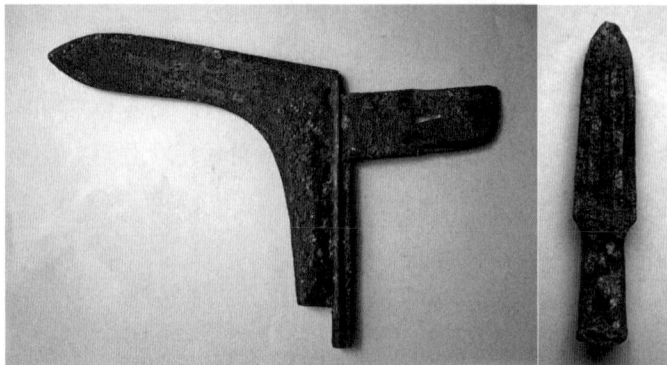

图 8-1　青铜兵器(左戈:24cm;右矛:11.5cm)

(1) 高度城市化国家的军事体制

　　首先讨论城市化程度明显较高的国家。如上所述,三晋国家
的城市化程度都很高。黄盛璋先生整理了战国三晋国家的兵器
铭文,将带有地名的铭文分为最简式、简式、繁式、最繁式四种。[①]
最简式的铭文只有地名,这种铭文早在西周已可见(如铭刻"成
周"二字),一直沿用到战国后期;简式铭文除了地名,还附上了兵
工厂(库)或锻冶师傅(冶、工师)的名字,可知战国国家在开始批
量生产兵器的同时也制定了相关的管理规范;繁式铭文在简式的
基础上增加了监造的名字,这种铭文萌芽于战国早期,在中期之
后出现;最繁式在简式基础上增加两个监造名字,这种铭文出现

---

① 黄盛璋《试论三晋兵器的国别和年代及其相关问题》,《考古学报》1974 年第 1 期。
拙著《春秋戦国秦漢時代出土文字資料の研究》第 192 页理解错了黄先生的四种分
类,在此订正。黄先生认为兵器铭文里的"库"既是兵器库也是兵工厂,铭文的署名
者是监造和铸造者,但是最近王恩田先生对此提出反对意见,认为库只是兵器库,
不是兵工厂,署名者应是兵器的试器验收人。见王恩田《十九年邦大夫戈与兵器入
库试器验收制度》,《文物》2017 年第 4 期。但无论结论如何,对本章讨论武器制造
的管理系统并无多大影响,故仍从黄先生之说。

于战国晚期。表8-2系笔者在黄盛璋先生对繁式、最繁式的兵器监造整理基础上增添了新发现的兵器铭文，并参考佐原康夫《戦国時代の府、庫について》(载《漢代都市機構の研究》，汲古書院，2002年)、下田诚《中国古代国家の形成と青銅兵器》(汲古書院，2008年)所整理的兵器铭文而作成的。下文将根据表8-2分别讨论三晋的兵工厂的特征。

表8-2　三晋青铜兵工人员表

	行政级别	监造	铸造责任人	铸造人
韩	中央	冢子(＋吏)	(大官)(邦、上、下库)啬夫(＋库吏)	冶
		郑令(＋司寇)	(左、右、武、生库)工师	冶(冶尹)
	地方	(X县)令(＋司寇)	(左、右)工师	冶
魏	中央	邦司寇	(左、右库……)工师	冶
		(大梁令)	(左库……)工师	冶
	地方	(X县)令	(左、右库)工师	冶
赵	中央	相邦、守相、丞相(＋大攻尹)	(邦左、邦右库)工师	冶(冶尹)
			(邦左、邦右伐器)工师	冶
		导工啬夫	(左导工……)工师	冶尹
		赵令	(左、右库)工师	冶
	地方	(X县)令	(左、右、上、下、武库)工师	冶
		(代国)相	(左、右库……)工师	冶

韩国的中央兵工厂有两个系统。其中一个由冢子任监造，如某铜钺铭文："卅年，冢子韩坦、吏軗、大官上库啬(夫)□□库□□□征造。"(《文物》1992年第4期)铸造责任人(相当于兵工厂长)一般是库啬夫，如邦库啬夫、上库啬夫、下库啬夫等，有时候库啬夫还有个"大官"的前缀。冢子有人认为是饮食之官，不过更有

可能的应是太子所任之官。① 不过韩国太子虽然管辖直属中央政府的兵工厂，但不意味着能统率中央直辖军。中央的另一个系统由郑令担任监造。郑令，即管辖国都郑城（郑韩故城，今河南省新郑市）的县令。国都里除了中央军，应另有归郑令指挥的防卫军。郑城的兵工厂（库）至少有四处，可见驻扎在国都里的军队人数颇多。地方的监造由各县县令担任，至少有左右两库。在韩国，无论是国都还是地方，首席监造都是县令——城市的管理者。此外，兵器铭文上不见更高位的官职，应该是为了让城市不受外部干涉的机制。再者，下田先生的《中国古代国家の形成と青铜兵器》一书指出，中央和地方的监造都是韩氏，之所以如此，是因为县官非世袭，但随着城市不断发展，出现了独立倾向，为了加强城市与中央的联系，韩王不得不任命族人为监造。

　　和韩国一样，魏国的中央兵工厂也存在两个系统。魏铜矛铭文刻有"七年，邦司寇富无、上库工师戍间冶箐"（《三代》20.40.5）字样，黄盛璋先生《试论三晋兵器的国别和年代及其相关问题》（第28页）认为"邦司寇"指的是在魏都大梁铸造的兵器。② 但是另一段铜戈铭写道："卅三年，大梁左库工师丑冶□。"（《考古》1977年第5期）证明国都内另有其他系统的铸造部门。前者隶属于中央政府，后者应隶属于城市身份的大梁，监造或为大梁令。地方上也同韩国，由各县县令担任监造。地方的兵工厂至少有两处（左右库）。简而言之，魏国很有可能也是由城市的管理者——

---

① 黄盛璋《关于鲁南新出赵导工剑与齐工师铜范》，《考古》1985年第5期，第463页。
② 黄先生认为"邦司寇"为大梁造的论据是梁廿七年鼎和梁廿七年上官鼎的"大梁司寇"四字，他认为"邦司寇"即"大梁司寇"。然而鼎铭无"邦"字，况且"邦"即国之意，指中央政府，应该与大梁司寇有所区别。《周礼》谓司寇系管刑罚之官，有可能司寇能够命令刑徒铸造铜器。

国都为大梁令,地方则为县令——担任首席监造。

赵国的情况比韩国和魏国要复杂一些。赵国的中央兵工厂有三个系统。① 其一由相邦、守相、丞相任监造,兵工厂下分"库"和"伐器"两系。② 相邦等职官在赵国官僚体制内是金字塔顶端,中央军貌似也归相邦指挥。再者,赵铜铍铭载:"十年,导工啬夫杜相女、左导工工师韩□、冶尹朝执斋。"(《考古》1985 年第 5 期,第 460 页)可知导工啬夫也可任监造。黄盛璋先生《关于鲁南新出赵导工剑与齐工师铜范》谓导工隶属于赵少府,是专门制造兵器和用器的部门,负责人为啬夫。如此一来,这个部门也算得上是中央系统之一,从汉少府的情况类推,赵少府应该是直接为赵王室打造兵器。另一个系统由赵令任监造。赵令应是管辖作为城市的国都邯郸的县令。赵国的地方兵工厂也有两个系统,一个和韩国、魏国一样,由地方县令担任监造。不过韩国和魏国只有左右两库,但赵国足足有左、右、上、下、武五库。韩国连国都才只有四库,赵国不大可能在地方就五库俱全,或许是各县对库的称呼不同所致。另一个系统则是直属封国的兵工厂。另一赵铜铍铭载:"四年,邽相乐寏、右库工师长五鹿、冶吏息、执吏。"(《考古与文物》1989 年第 3 期,第 20 页)邽,即封国代国,《史记·赵世家》载代国置相。相是封国内的最高官职,相当于中央的相邦。代国的统治体制今不详,按《史记·赵世家》记载,相的权力相当大,赵武灵王甚至想把代国从赵国独立出去另建一个王国。③ 正

---

① 赵弩机铭:"三年,大将吏蝂、邦大夫王平、掾张承所为,受事伐。"见《文物》2006 年第 4 期,第 78 页。张振谦《三年大将吏弩机补释》(《文物》2006 年第 11 期)释"吏蝂"为李牧。弩机的制造可能由大将监造。

② 下田诚《中国古代国家の形成と青銅兵器》,第 105、106 页。

③《史记·赵世家》载,赵武灵王胡服骑射经略北方之时,"代相赵固主胡,致其兵",退位称主父之后,"欲分赵而王章于代,计未决而辍。"

因为代国如此高度的独立性，它才成了赵国北部的核心据点。司马迁又说秦军攻陷邯郸后，赵国在代立新王，苟延残喘了六年。赵国南部地区城市化程度较高，那里和韩国、魏国一样，由城市的管理者任首席监造。但是在以代国为中心的北部地区则有可能采取另一种体制。这反映了赵国内部城市化的双面性质。

接下来我们看同处于高度城市化地区的鲁、卫、宋三国。要强调的是这三国的城市相继有铭兵器出土，即使有兵器，也难以判断是否该国之物，故要系统探讨其军事体制并不容易。鲁国和卫国的情况可参考黄盛璋先生《燕、齐兵器研究》（《古文字研究》第 19 辑，1992 年）的第六节《齐地其他国兵器》。黄先生在文中列举了刻有鲁地地名（城市名）或国名的兵器，如：

鲁国——郓戈；

莒国——肤右戈、莒左戈、切斤徒戈；

邾国——釋戈；

小邾——郳右庶戈（郳即小邾）；

薛国——薛戈、眔戈。

郓，即西郓，地近鲁都；切斤，即计斤，今介根故城一带，汉属琅邪郡；釋，作地名解，应与邾都绎城有关。至于肤（莒）、莒、薛、眔、郳均系国名，国灭之后名字沿用作城市名。这些兵器是诸国在灭国之前铸造的，抑或是占领国所铸的暂不详，不过按齐国兵器一般会在国名或者地名之后加上"左""右""徒"字样，很有可能这些兵器是占领国而非鲁国领内诸国铸造的，无法用作考察这些国家军事体制的材料。

至于卫国兵器，黄先生只举了亜戈一例。亜，即鄄，在《左传》中系卫国的邑，《史记》记载鄄邑在战国中期为赵国所占，后又归齐国。从器型来看，亜戈应该是战国前期的戈，或为卫国地方城市打造的兵器,但是这把戈只刻有城市名,不知其铸造部门。宋国兵器则可见宋公金象嵌鸟书铭戈,暂未见刻有地名或国名的兵器。

(2) 低度城市化国家的军事体制

本节我们讨论城市化程度较低的周边地区国家。首先是北方的燕国,出土了相当多的有铭兵器[1],证明了燕国拥有一定水平的兵工厂。中央兵工厂有两个系统,其一是为燕侯和燕王室打造兵器。青铜铭文上"燕"作"郾",如燕下都出土铜戈上刻有"郾王职作冕萃锯"(《文物》1982 年第 8 期)字样。职,即燕昭王,公元前 311～279 年在位。其他的燕侯、燕王名还有"戴""脮""戎人""詈""喜",除了最后的"喜"可以肯定是燕王喜(公元前 254～222 年在位)之外,余下几个究竟相当于文献上的哪个燕王或燕侯,意见还有分歧。"作",制造之意,又可作"造"。"冕萃"则有人认为是军队的部队名称或者是军制职官名。除了"冕萃",还有诸如"个萃""王萃""玫""巨玫""御司马""行议""行义自夅司马""萧疒""右军""左军"等名称。最后的"锯"字表示的是兵器种类。郾王戈里另有一把正面刻有"郾王詈作行议鐅",背面刻有"右攻尹青其,攻坚"(《三代》19.52)字样,由此可知燕国的兵工制度是由燕王任监造,铸造责任人称"攻尹",铸造工人称"攻",与三晋一样实行三级管理。这些兵器应该是供给燕侯、燕王直属部队使用的。

---

[1] 拙文《战国出土文字资料概述》(载拙著《春秋战国秦汉时代出土文字资料の研究》,第 172 页)有初步整理。又,宫本一夫《七国武器考》、黄盛璋《燕、齐兵器研究》的第一章《试论燕国兵器及其相关问题》也有整理。尤其是黄先生的文章,列举了很多燕国有铭兵器的例子。

另一个中央系统所打造的兵器由官府担任监造。笔者此前曾经以三把带纪年铭的铜戈为例。[①] 九年铜戈(《考古》1982 年第 8 期)由"将军"任监造,"使宫戌其"任铸造责任人,最后一字为工匠名;二年铜戈(《考古》1975 年第 4 期)中,"右晸廥受"系监造,"御貳"是铸造责任人,最后两个字为工匠名;十三年铜戈(河北省博物馆、文物管理处编《河北省出土文物选集》,文物出版社,1980 年,第 144 页)中,"𨝸辰乘马大夫子骏"未知是监造还是铸造责任人,最后一字应为工匠名。由此可知,燕国的使宫、右晸府、𨝸辰乘马这些官府里都有兵工厂,中央官府的铸造制度也实行三级或二级管理制。不过,燕国倒是没有三晋那种由国都县令所管辖的兵工厂。

黄盛璋先生的《燕、齐兵器研究》列举了丕降余子之戡矛、丕降镞、莫戈、守易戈等燕国地方铸造的兵器,认为"丕降"是地名、"余子"是当地长官暨铸造责任者、"莫"即汉代涿郡鄚县、"守易"地望暂不详。相较于中央铸造的兵器,地方铸造的兵器数量较少,铭文也更简略,推测地方应该没有成熟的兵工厂。

宫本一夫的《七国武器考》引郾王戈铭,指出昭王职之后"冕萃"等军制上官职名能够与器型对应,认为燕国彼时已经确立了军制,有了强大的中央集权常备军。[②] 燕国的中央兵器铸造制度和三晋一样实行三级管理制,由此也可知中央的兵器铸造部门在进行官僚制改革,甚至可以进一步猜想中央军队集权化在不断推

---

① 拙著《春秋戦国秦漢時代出土文字資料の研究》,第 177 页。黄盛璋《燕、齐兵器研究》认为燕国的中央兵工厂有军(左右军),宫(左右宫、斞宫〔𨝸辰〕、傅宫〔使宫〕),府(右府〔右晸府〕)等。

② 关于日本近年在铜戈编年成果基础上对燕国中央集权化实施时间的争论,参见石川岳彦《春秋戦国時代燕国の考古学》,雄山閣,2017 年;宫本一夫《東周代燕国の東方進出》,《東洋史研究》第 78 卷第 2 号,2019 年。

进。然而，从兵器铭文来看，地方的铸造部门比三晋差得太远，或许是因为燕国的地方城市多为小城小堡，不足以专门设立一个兵工厂吧。这种情况下，地方军队所需的兵器要靠中央或者拥有兵工厂的大城市提供，使中央更容易控制地方，但不得不说，靠别人提供兵器这种做法在军事层面上是大忌。

接下来是齐国。关于齐国的有铭兵器，笔者此前已经指出存在人名和地名两个体系。[1] 人名铭兵器始见于春秋后期后半段，直至战国前期均可见，这种兵器应是私兵所用。地名铭兵器则始见于战国前期，为城邑军队所用。黄盛璋先生《燕、齐兵器研究》也指出齐国兵器地名铭最多，人名铭次之，并详细介绍了这两个体系的兵器情况。黄先生认为地名铭兵器又可细分为国都和地方两类。某把国都铸造的铜戈铭上刻有"齐城右造车戟，冶期"（《三代》20.19.1）。"齐城"即齐都临淄；"右造车"是制造车马器具的官府，其长官为车大夫[2]；"冶"即工匠。似乎齐都临淄的兵器铸造部门采用的是二级管理制度。

黄先生把地方铸造的兵器分为只有地名和地名带"左""右"两种，即地方和国都一样存在左右库。而平陵、高密、高阳、亡盐、城阳、平阳、武城、平阿、南宫、阿武等都是齐国地名，除平陵和高阳外，其他城市要么是齐长城以南的原鲁国领内城市，要么是与燕赵接壤的边境城市。这些城市包含了旧国都城，或许是原来的兵工厂为齐国所接手，或许是齐国占领当地后新设了兵工厂，目前无法下定论，但可以肯定的是，把地方兵工厂控制在手上是军事支配新占城市的必然举措。

---

[1] 拙著《春秋戦国秦漢時代出土文字資料の研究》，第156页。

[2] 孙敬明《齐城左戈及相关问题》（《文物》2000年第10期）认为"右"指右库、"车戟"是车卒之戟，不存在一个叫"右造车"的官府。

　　至于人名铭兵器，黄先生列举了齐君所铸兵器、齐田氏所铸兵器、贵族所铸兵器、立事岁（纪时）铭兵器等。某齐铜戈有"陈侯因资造"（《三代》20.13.1）字样，这把戈就属于国君铭铜戈，"陈侯因资"即齐威王因齐，公元前356～319年在位。铸造兵器的田氏（陈氏）有陈窦、陈胎、陈子皮、陈子山、陈关等；贵族名则有高子、子背子、子和子、子备、羊子等。至于立事岁铭兵器，黄先生举了王岁章公这之造戈（《小校》10.49.2）、导立事岁肤右工载（《三代》10.44.2）、陈旺岁□府之造戟（《录遗》578）三例。"王章"即齐襄王法章，公元前283～265年在位；"导"和"陈旺"都是田氏族人，导即陶文的"陈导"，是平陵和郑阳的领主①，陈旺应该也是某地方城市的领主。立事岁铭在纪时的同时还标明了监造，再加上接着的铸造责任人或工匠名，可知纪时铭兵器的铸造部门实行二级管理体制。

　　综上，齐国的中央兵工厂有两个系统。一个是国君亲自监造的部门，目前可知与齐威王、齐襄王有关。《史记·田敬仲完世家》载，齐威王曾召见即墨大夫和阿大夫，以即墨大夫治理地方有功赏赐领地，以无功烹杀阿大夫，以此加强对地方官员的统制。同样的故事也见于《史记·滑稽列传》："乃朝诸县令长七十二人，赏一人，诛一人，奋兵而出。诸侯振惊，皆还齐侵地。威行三十六年。"这段记载对应上齐威王亲自监造兵器，可知齐国正在进行中央集权化改革。第二个系统是国都官府（造车或库）下属的部门。和三晋不同，齐国似乎没有专门的县令管辖城市身份的临淄。地方城市也有兵工厂，但是兵器上没有记载监造或铸造责任人的名

---

① 黄盛璋《燕、齐兵器研究》列举了齐地出土的陈导相关陶文，如"平陵，陈导立事岁，郤公"（《史学论丛》第2期）、"郑阳，陈导，凹"（《季木藏陶》111.4）。

字。地方城市的领主由田氏族人担任，有些兵器上刻有他们的名字，这种情况下，该地的兵工厂应是田氏直属的，打造出的兵器供给其私兵使用。另外一些国家被灭之后转做了田氏族人的封地。《史记·孟尝君列传》载，齐宣王封孟尝君之父田婴于薛。太田幸男考证，齐国田氏实行父系家长制式统治，并没有建立起中央集权统治模式。[①] 宫本一夫的《七国武器考》则认为齐国有中央集权化，但只集中到城市一级，并非如三晋、秦国那种国家级中央集权。总之，齐国兵工厂不论中央还是地方都实行二级管理制，不像三晋、秦国那样实行三级管理，中央集权化的痕迹是有的，但官僚制改革并不彻底。

　　再来是楚国。楚国的兵器也有两个铭文系统。[②] 尤其是铜戈，一个是贵族、封君所用的用戈铭，占了楚国铜戈的绝大多数；另一个是记录地名、官名的造戈铭，数量极少。造戈铭可细分为大事纪年和单纯记录两类。先说大事纪年，某铜戈铭上刻"都寿之岁，襄城楚境尹所造"字样（《考古》1995 年第 1 期）。这把戈属于战国后期器型，从铭文内容来看应是在"都寿之岁"（迁都寿春当年，即公元前 241 年）由"襄城楚境尹"（驻扎在襄城附近的楚国边境防卫官）打造，但最近有观点认为这段铭文应释作"尚寿之岁，襄城公竞脽所造"才对。[③] 按新的释读，"尚寿"是人名，即这把戈是在尚寿去楚国的那一年（公元前 306 年）由襄城公竞脽打造的。襄城或位于铜戈出土的今江苏省连云港市附近，但襄城公是楚国襄城的封君还是县公（相当于县令）暂不详。另一把大事纪年戈上刻有"献鼎之岁，兼陵公伺𦥑所造，冶己女"字样（《江汉

---

① 太田幸男《斉の田氏について》，《歷史学研究》第 350 号，1965 年。
② 拙著《春秋戦国秦漢時代出土文字資料の研究》，第 226 页。下文叙述均依本书。
③ 郑威《襄城公戈新考》，《考古》2013 年第 3 期。

考古》1983 年第 2 期）。和上一把戈一样，这把戈的"羕陵公"同样有封君、县公的身份争论。从铭文来看，羕陵公是监造，冶已女则是铸造责任人或工匠本身，即楚国存在二级管理的兵工厂。单纯记录的铜戈有陈✕戈、郂之新陥戈、长✕戈三例。[1] 陈✕戈（《江汉考古》1983 年第 3 期）的"陈"指的是还未成为楚都时的陈，"✕"可能是市或生库的略称；郂之新陥戈（《湖南考古辑刊》第 1 集）的"郂"是邑名，"新陥"或为新造尹，楚官名；长✕戈（《考古》1977 年第 1 期）的"✕"，有观点认为是"邮"字，"长邮"即长沙邮驿之简称，但窃以为"✕"应是"邦"字，"长邦"是地名。

综上所述，楚国的地方城市有兵工厂，但似乎没有中央兵工厂。地方城市的兵工厂目前还无法断定监造是封君还是县公。宫本一夫《七国武器考》以楚国的用戈铭和个人作器铭一直存续到战国后期为由，认为楚国更多地保留了春秋时期的传统；另外，和三晋由国家管理兵器不同，楚国一直到战国后期还保留着随葬兵器的习惯，可见兵器是由士兵个人管理的。不得不说，楚国还未建立起三晋、秦国那般成熟的官僚制兵器管理体制。楚悼王之时（公元前 401～381 年在位），吴起曾被任命为楚相推行变法。《史记·孙子吴起列传》载，吴起"明法审令，捐不急之官，废公族疏远者，以抚养战斗之士"。强大起来的楚国向四方开疆拓土。可惜后来楚王族和贵族们反对吴起变法，楚悼王一死，宗室大臣们纷纷起来造反，吴起本人遭到射杀，变法以失败告终。由此可

---

[1] 二十九年弩机是件特殊的有铭兵器。吴镇烽、朱艳玲《二十九年弩机考》（《考古与文物》，2013 年第 1 期）认为这张弩机制造于楚怀王二十九年（公元前 300 年），铭文内容透露了楚国重丘（今河南省泌阳县东北）有左司工管理的大型兵工厂，制造了数千张弓弩。铭文的字体的确是楚系文字，但是其中人名和内容与文献史料重合度过高，或为伪铭，笔者在此保留意见。

见,楚国的保守势力极其顽强,官僚制改革难度非常大①。

最后是秦国。战国时期秦国的有铭兵器很多,李学勤和角谷定俊两位先生都有整理,笔者也在前人研究的基础上做了进一步整理②。其后,黄盛璋先生又做了更为全面、详细的整理③。下文我们将依照黄先生的整理成果展开论述。黄先生引大良造鞅戟、大良造庶长鞅镦等商鞅造兵器,认为商鞅变法使秦国的兵器铸造权收归中央,实现了兵器管理和分配的统一,秦惠文王继位后依然保留了这一制度。秦惠文王至秦二世的兵工厂整理结果见表3,接下来我们将根据表3来讨论秦国兵工厂的特征。

表3　秦国青铜兵工人员表

中央/地方	监造	铸造责任人		铸造人
中央	相邦、丞相	国都	咸阳工师、东西工师(＋丞、工大人)	工
		旧都	雍工师、栎阳左右工师	工
		官府	寺工(＋丞) 属邦工师(＋丞) 少府工室(＋丞) 诏吏(＋丞)	工
地方	上郡守	高奴、漆垣、笴工师(＋丞)		工
	蜀守	东西工师(＋丞)		工
	汉中守	左右工师(＋丞)		工

---

① 山本尧《楚系青铜戈戟の系譜と展開》(《古代文化》第69卷第4号,2017年)认为楚系青铜戈戟分为本土系和外来系(中原、吴越等地)两条生产体系,在公元前5世纪后半叶和前4世纪中叶各经历了一次改革,生产体系逐渐向本土系倾斜。文中有意猜想楚国在兵器制造层面实行了中央集权化改革,但并未明言。

② 李学勤《战国时代的秦国铜器》,《文物参考资料》1957年第8期;角谷定俊《秦における青铜工业の一考察——工官を中心に》,《駿台史学》第55号,1982年;拙著《春秋戦国秦漢時代出土文字資料の研究》,第242页。

③ 黄盛璋《秦兵器分国、断代与有关制度研究》,《古文字研究》第21辑,2001年。

先要说明,秦国中央兵工厂铸造的兵器中有一些有铭兵器没有纳入表 3 之中,如三年相邦吕不韦戈、四年相邦吕不韦戈、十七年丞相启状戈、廿二年临汾守戈、四年邗令戈和十八年漆工戈。三年相邦吕不韦戈(《考古》1996 年第 3 期)、四年相邦吕不韦戈(《文物》1987 年第 8 期)是相邦吕不韦在远离中央的上郡监造的兵器,应该是彼时上郡无郡守,由吕不韦临时顶替的特例。郃阳铸造的十七年丞相启状戈①(《文物》1986 年第 3 期)和廿二年临汾守戈(《文物》1978 年第 7 期)的铭文是秦国和三晋的混合形式②,黄先生认为这类兵器的铸造地在魏国旧地内,是秦国用原魏国的兵工厂(库)打造的,故有这种特殊形式。四年邗令戈(《奇觚》10.27)和十八年漆工戈(《文博》1988 年第 6 期)是由县令或漆垣工师担任监造和铸造责任人的,没有写上级官员的名字。不过这种情况目前也就这两例,或许是当时上级官员岗位空缺了。

据表 3 所示,秦国中央兵工厂一贯由相邦或丞相任监造,负责监督国都咸阳③和旧都雍城、栎阳及中央官府(寺工、属邦、少府、诏吏)下属兵工厂的责任人。兵器铸造人在三晋称"冶",在秦国称"工"。表 3 未能反映秦国随时间推移而发生的变化,事实上,除秦二世时期外,国都和旧都由工师任铸造责任人的兵器全部都

---

① 黄盛璋《秦兵器分国、断代与有关制度研究》指"十七年"是秦王政十七年;"启"是当时的左丞相,但具体指谁则不详;"状"即隗状。王辉则认为"十七年"是秦昭襄王十七年,"启状"指的是一个人,不应拆开,见王辉《秦铜器铭文编年集释》,三秦出版社,1990 年,第 56 页。

② 除此之外还有十九年相邦瘠戈,见《秦始皇帝陵博物院刊》第 2 辑,2012 年。李卓、权敏《再谈"十九年相邦瘠"戈的考释》(《文博》2015 年第 5 期)认为此戈系韩国灭亡后,由原韩国工匠在秦国打造的,故同时具有秦韩两国的特点。不过,这把戈的铭文字体较特殊,铸造国存疑。

③ 如西工师戈,由相邦和丞相任监造,铭文中的"西"字有观点认为是指陇西郡西县,不过黄盛璋《秦兵器分国、断代与有关制度研究》认为当指咸阳的西工师。本章从黄说。

是秦惠文王和秦昭襄王时期的,而由中央官府任铸造责任人的兵器则只有吕不韦当相邦时亲自任监造的兵器,在这两段时期之间秦国国都和旧都由谁来担任兵器监造目前还有争议。秦王政十年,吕不韦失势,秦王政开始亲政。在赵政由"秦王"跨越到"始皇"这段时期里,从"十五年"至"十九年",还有"卅一年"的中央官府铸造兵器中,有一些没有相邦之名。① 黄先生认为这些兵器虽未署名相邦,但还是由相邦监造的。这段时期里由丞相监造的兵器有一例,是一把铜戈(《文物》2008 年第 5 期),铭文谓:"十二年丞相启、颠造,诏吏成,丞迠,工印。"彭适凡先生认为"十二年"即秦王政十二年,秦王政亲政之后,文献史料上虽然不见了左右丞相,但事实上并未废除。② 这把戈长胡四穿,应是吕不韦时期之后所铸的。另外,有一把秦二世时期的铜戈铭文载:"元年丞相斯造,栎阳左工去疾,工上。"(《考古与文物》1983 年第 3 期)即丞相李斯负责监督旧都栎阳的左工师铸造兵器,回到了秦王政之前的状态。

地方监造只有上郡守、蜀守和汉中守三例,不见其他郡的例子。上郡的工师只有高奴、漆垣、筥(肤＝肤施)三县;蜀郡有东工师和西工师,应该都是蜀郡首府成都的兵工厂工师;汉中郡的左工师应该是首府南郑的兵工厂工师。至于铸造人则和中央一样,称"工"。

黄盛璋先生着目于秦国的"武库",发现秦国的兵工相关人士还有"武库"和"上郡武库",认为"武库"即国都的中央武器库,"上郡武库"是上郡的武器库,均是单纯的武器仓库,不像三晋的库那

---

① 后来秦始皇兵马俑坑出土了"十年寺工"戈,《文物》2006 年第 3 期,第 66 页。

② 彭适凡《秦始皇十二年铜戈铭文考》,《文物》2008 年第 5 期,第 67 页。《文物》1980 年第 9 期曾刊载过一把有铭秦戈,铭文释读为"廿六年丞相□□造",黄盛璋《秦兵器分国、断代与有关制度研究》第 273 页据此认为这是始皇二十六年的戈。但这把戈的监造者到底是陇西郡守还是临湘守(郡守或守令)则莫衷一是,笔者在此保留意见。参见徐世权《秦二十六年临湘守戈考》,《江汉考古》2016 年第 2 期,第 92 页。

样是兵工厂。国都、旧都、中央官府、各县工师打造出来的兵器要上交相邦、丞相、郡守验收,刻上相关人员名,统一收纳到武器库后再视情况需要分发给使用地。换言之,兵器由中央和郡内的武器库统一管理,使用地的官府、县只能接受分配。

综上所述,秦国和三晋的兵工厂都实行三级管理制,不同之处在于秦国兵工厂是中央集权。中央的相邦、丞相不仅能管理中央官府,还能插手国都、旧都甚至新获的县等城市的兵工厂。地方县内兵工厂事务,县令无权干涉,归更上一级的郡守管理。此外,中央和郡武库统一管理、分配兵器显然也属于由上级管理军队的兵器使用,目的依然是推进军事体制的中央集权化。但是要注意一点,有工师的兵工厂数量其实很有限,尤其是地方兵工厂,也就只有旧都雍城和栎阳、新获的县郃阳和临汾,及上郡的高奴、漆垣、肤施,还有蜀郡的成都、汉中郡的南郑、邧县几个。即秦国并没有在全部郡县设兵工厂。官方军队所用的青铜兵器要求数量大且生产迅速,为此需要大量的技术工匠和充足的经济实力。兵工厂的数量之所以有限,窃以为是因为秦国境内拥有如此人才和经济实力的地方城市不够多。

3. 货币发行所见的各国城市治理

笔者曾经全面整理了战国各国货币,分别考察了其特征。[①]战国时期的货币,材料主要是青铜,也有一部分白银和黄金。黄金货币是金版,在板状的黄金上印押上刻印;白银货币则是布币,形状如铲;青铜货币形状各异。

---

① 拙著《春秋戦国時代青銅貨幣の生成と展開》,汲古書院,2011 年。下文的论述基本参照本书,学术史回顾和史料来源也参见本书。

青铜货币按形态大致可分为刀、布、贝、圆四种,见图8－2。布币呈铲状,刀币呈单刃匕首状,贝币呈宝螺状,圆钱则如其名是圆形货币。

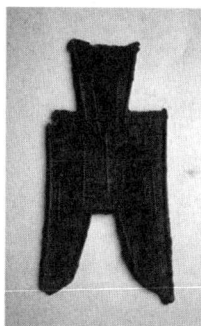

方足布"宅阳"　　尖足布"寿阴"　　锐角布"公"

桥形方足布"安邑一釿"　燕明刀　　咒字贝币

圆孔圆钱"垣"　　方孔圆钱"賹四化"

图8－2　战国青铜货币

这几种货币还能够继续细分。刀币中,尖首刀首先出现于春秋后期,在燕国境内及北方民族居住地出土较多,应是农牧交界地带的北方民族与农耕民贸易时所用的货币。战国时期,刀币的式样增多,出现了刻有"明"字样、刀刃部内弯的明刀,刀刃部呈直线状的直刀,在齐国流通、体积较大的齐大刀等。布币中,空首布在春秋后期流通于今晋南、豫中地区,这片地区是高度城市化地区,故空首布应是城市工商业者而非国家官方所发行的货币。战国时期,平首布出现,按足部的形状可细分为方足布、尖足布、圆足布,及圆足布上开了三个孔的三孔布、两足夹角为锐角的锐角布、两足之间呈拱桥状的桥形方足布等。贝币和圆钱都是战国时期之后才出现的,圆钱按中部的孔的形状可分为方孔圆钱和圆孔圆钱两种。由此可见,战国时期的货币形式极其多样,表明彼时存在多个货币发行主体。下面我们将着眼各国的货币发行主体,从经济角度讨论各国的城市管治情况。

(1) 高度城市化国家的货币发行情况

三晋的城市化程度较高,从货币的地名和出土地来看,方足布在韩国发行得较多。黄锡全先生的《先秦货币通论》(紫禁城出版社,2001 年)列举的韩国方足布中,足足有 26 处地名。除此之外,也有不少中国学者从地名判断出土的锐角布是韩国货币。锐角布有大小两类,小锐角布刻有"公""垂"等字样,大锐角布则刻有"卢氏百涅""舟百涅""亳百涅"等字样。魏国境内有不少小锐角布出土,故有观点认为小锐角布是魏国货币,"公""垂"不是地名,而是吉祥语。由于小锐角布几乎都出土于三晋交界处的河内地区,故有人认为这是三晋相互贸易时所发行的通货。此外,魏国境内出土了大锐角布的铸型,也有大锐角布与魏国货币一同出土,故大锐角布有可能是魏国货币,但发行目的不详。

很多出土货币都有可能是魏国货币。上引黄锡全先生的《先秦货币通论》中,魏国境内发行方足布的地名和韩国一样是 26 处。如上所述,锐角布有可能是魏国货币,但真正毫无疑问能确定是魏国货币的是桥形方足布。从形式上,桥形方足布可分为圆肩和平肩(或方肩)两类,不过更重要的是刻于其上的铭文。按铭文分类,可分为刻有诸如"二釿""一釿""半釿"等重量单位的釿布,和以"梁"字开头,刻有换算率的梁布,如"梁夸釿五十当寽"。釿布有 19 处地名,梁布则只有 1 处,不过换算率的写法有 4 种。从出土数量来看,安邑釿布和梁布占绝大多数,"梁"即大梁,这两者都是国都发行的货币。相较于方足布,桥形方足布体积和厚度都要更大,重量也较重,是一种特殊货币。从出土地看,桥形方足布集中于魏国境内,且数量庞大,应是面向国内使用的货币。此外,"寽"是黄金的重量单位,加上桥形方足布的铜含量比方足布高,质量更好,故猜想桥形方足布应是用来兑换黄金的货币。安邑离秦国较近,易受秦军攻打,魏国无奈之下迁都大梁,桥形方足布应该就是在这段时期发行的。要顶住秦军攻势,魏国需要大量军费,所以发行了桥形方足布这一兑换货币以筹措黄金。安邑釿布和梁布很可能是国家直接发行的,至于其他的釿布则应该是城市的官方(县)自行发行,用以筹措资金的货币。除此之外,魏国还发行了圆孔圆钱,刻有"共""垣""漆垣一釿""襄阴"等字样,这些字样一般被认为是地名,但也有观点认为"共""垣"二者非地名。刻有"共""垣"字样的圆钱数量极多,出土范围也遍及魏国境内。圆钱的铜含量比桥形方足布还要高,但魏国中央有没有参与发行还存疑。猜想圆钱应是和桥形方足布同时或稍早流通的魏国境内货币,发行目的不详。至于直刀币,则有带铭小直刀,刻有

"晋阳""晋"字样,字形同桥形方足布,应是在魏国晋阳发行的货币,可惜出土数量稀少,性质暂不详。

赵国的货币种类也很多。黄锡全先生的《先秦货币通论》中,赵国方足布的地名高达 47 处,比韩国、魏国还要多。一般认为尖足布是赵国货币,在《先秦货币通论》中有 40 处地名。圆足布从地名和出土地判断,应也是赵国货币,《先秦货币通论》将之细分为正反面竖线类似尖足布的类圆足布和圆首圆肩圆足布两种。类圆足布的地名有 9 处,圆首圆肩圆足布有"兰""离石"2 处地名。三孔布有 31 处地名,但因为没有确切的出土例,故存在国别争议,目前比较认可的是赵国,但也有秦国、中山国、魏国等观点。毕竟地名比定主观性较大,分歧无可避免。三孔布是圆足布开孔后而成的,应该是在圆足布之后发行的赵国货币。除此之外还有直刀币,当中圆首直刀有 4 处地名,从地名和出土地判断应为赵国货币。然而,中山国都灵寿故城出土了大量刻有"成(城)白"字样的圆首直刀,又发现了石范,所以也有很多人认为圆首直刀应是中山国的货币,铭文也不是地名。

周以东周、西周,即所谓两周的名义一直苟延残喘到战国末期,而且似乎也发行了自己的货币。黄锡全先生的《先秦货币通论》中,两周的方足布有 8 处地名。此外,圆孔圆钱"安臧"从出土地判断,圆孔圆钱"东周""西周"和方孔圆钱"周化""东周"从地名判断是两周货币。

综上,我们分别概述了三晋(含中山国)和两周所发行的货币,在其中存在跨越国境的广域流通货币和仅限境内流通的特殊货币。方足布在三晋和两周都有发行,从出土地来看流通范围也很广(见地图 8-2)。流通范围广的货币还有赵国的尖足布、圆足布和圆首直刀。这些货币上都刻有地名,应是地方城市发行的

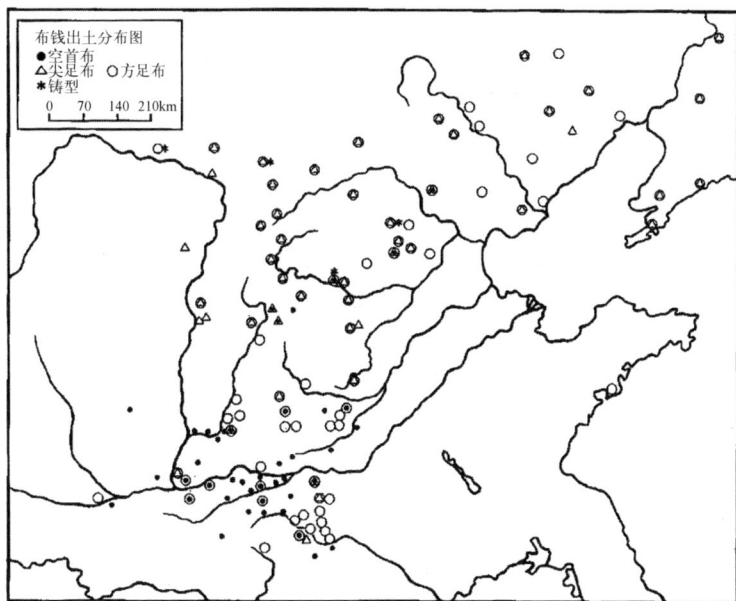

地图 8-2　布币出土分布图

货币，但学界普遍认为发行权还是归城市所属的国家所有。然而，考虑到这些货币的流通范围已经超出了地名所示城市的国家，故不大可能是国家垄断发行的统一流通货币。况且刻有同一地名的尖足布和方足布还有大小、轻重之分，甚至还有其他类型。此外，同一地名还有字形差异，方足布和尖足布不仅类型不同，字形也不同，由此也可以证明这些货币是城市字形发行的货币，而非国家统一发行的。除此之外，赵国的"兰""离石"圆足布是今晋中地区的城市所发行的货币，然而其陶质铸型却在韩国首都——今河南省新郑市郑韩故城中被发现了。或许这是兰、离石当地的大商人、手工业者因为秦国占领等原因离开故土，在他国从事经济活动时所发行的内部货币，毕竟如果是国家官方货币的话肯定不可能发生这种情况。换言之，刻有三晋、两周地名的方足布、尖足布、圆足布、圆首直刀等货币都是城市豪强们出于经济活动的必要性自行发行的民间货币。青铜货币是名义货币,由经济大城的信用为其价值背书。

另一方面,桥形方足布、圆孔圆钱、锐角布等应是在魏国国内流通的货币。桥形方足布是国家或城市官方(县)所发行的货币,官方色彩浓厚,目的是筹措军费。圆孔圆钱和锐角布的发行目的暂不详,不过应该也是带有官方色彩的货币。这些货币都刻有地名,和地名所示的城市关系密切,有可能国家或县想要通过货币从经济大城的商人、手工业者处攫取军费,抑或这些青铜货币是名义货币,刻上地名是要用这些经济大城的名义做信用背书。

鲁国、宋国、卫国虽然城市化程度较高,但目前还没找到当地货币。鲁国领内的春秋墓中倒是出土了金贝和铜贝[1],然而只是装饰品,并非货币。莒国都(莒故城)出土了齐明刀的陶范,背文刻有“莒”字,故有观点认为齐明刀是莒国货币,但更有可能的是燕国占领地的货币,详见后文。另外,有观点认为有孔方足布是送过货币,但也正如后文所述,更可能是楚国货币。

(2) 低度城市化国家的货币发行情况

先来看肯定是燕国货币的几种——燕明刀、方孔圆钱、方足布。燕明刀表面刻有呈弯曲状的“明”字,出土数量多,若无特别说明,一般所说的明刀就是指燕明刀。与之成对比的是齐明刀——“明”字方方正正。从形式上,燕明刀有弧背刀和折背刀(磬折刀)两个变种,前者在战国中期,最晚不晚于后期初叶出现;后者则在战国晚期流通。关于“明”字的释文众说纷纭,当中较具

---

[1] 黄锡全《先秦货币通论》,第 25 页。

说服力的观点认为当释作"匽"字。"匽"即"郾",是战国之前燕国国名的写法。刀背文多由"左""右""中""外"等字开头,然后是数字、文字或符号。黄锡全先生的《先秦货币通论》指,"左""右""中"是最初设立的铸币管理部门,紧接着的"上""下""左""右""内(大)""外""中"是后来设立的分支部门,"外卢"等是在外地增设的部门,再接着的数字、干支、吉祥语等用作铸币的铸型编号。按照黄先生的逻辑,燕明刀是在规范管理下铸造的,再加上表面刻有的国名,可判断燕明刀是燕国官方统一发行的货币。

齐明刀的归属有争议,有人从出土地判断应为齐国或莒国货币,也有人从形制判断应是燕国货币。齐明刀的形状的确近似燕明弧背刀,出土地绝大部门在齐国境内。但是从合金成分来看,齐明刀更接近于燕明刀,况且在燕国出土数量虽然比不上齐国,但也不少,因此更有可能是燕国货币。周卫荣先生认为这是燕将乐毅伐齐时(公元前 284~279 年),出于军需而铸造的,故出土地集中于燕国的攻击地点和军事据点①。燕明弧背刀虽然起源可追溯到战国中期,但是在战国后期极有可能用作燕国占领地的货币。况且齐明刀从来没有和齐国货币一同出土过,故齐明刀应该也是和燕国有关联的特殊货币。

燕国的方孔圆钱有"明𢎛""明化""一化"三种。"明𢎛"至今未见出土,但后两者的出土数量相当多,自北京(燕上都蓟)以东多有发现。因此一般认为战国末期,燕上都为秦军所陷后,燕王喜在辽东发行了更轻的方孔圆钱以取代燕明刀。即方孔圆钱也是由燕国官方发行的货币。

从束腰形式、地名和出土地综合判断,刻有"匋阳""坪阴""纕

---

① 周卫荣《再论"齐"明刀》,《中国钱币》1996 年第 2 期。

"坪""益昌""右明新冶"等字样的方足布是燕国货币。这些货币在燕国领内及其周边均有出土，不具三晋、两周方足布的广域流通性质。燕国方足布证明了燕国也有地方城市自行发行的货币，但是相较于国家发行的燕明刀，方足布的发行城市较少，发行数量也不多，其经济影响十分有限。

　　齐国货币有齐大刀（齐刀）、切首刀（载首刀、剪首刀、切头尖首刀）、方孔圆钱（賹化钱）等种类。齐大刀有大小之分，大齐大刀正面刻有"即墨之大刀"、"安阳之大刀"（合称五字刀）、"齐之大刀"（四字刀）、"簬大刀"、"齐近邦𢀖大刀"（六字刀）"齐大刀"等三至六字铭；小齐大刀则刻有"即墨大刀"四字。从形制上看，五字刀、四字刀和"簬大刀"的刀脊外郭线与刀柄外郭线断开，形制较古老，六字刀、"齐大刀"和"即墨大刀"则不断。"大刀"二字在过去曾经一度释作"法化"，最近才普遍改为"大刀"。刀铭以地名开头，"即墨"指今山东省平度县即墨故城；"齐"指齐都临淄或齐国本身；"安阳"和"簬"有争议，暂无法断定为何处。除了小齐大刀，其他齐大刀的背面都有"三十"字样和各种符号。符号应该和铸造流程有关，"三十"则有各种解释。大齐大刀长18厘米左右，重量在50克以上，属于大型货币。然而齐国境内并没有发现用作齐大刀补充货币的小型货币，故猜想齐大刀应是出于某种特定目的而发行的货币。大型军事行动不仅需要大量军费，还需要大量外交费用。《史记·滑稽列传》载，齐威王让淳于髡带上"黄金千溢、白璧十双、车马百驷"赴赵国求援。五字刀、四字刀的铜含量较高，是优质货币，与魏国的桥形方足布有许多相同点，有可能是国家发行，用于筹措军费的货币，"三十"表示与黄金的兑换比例。五字刀和四字刀虽然和魏国桥形方足布一样在国都和地方城市都有发行，但是发行的城市数量完全不能与魏国相比，这表明齐国境内拥有足够实力支持国家军费开支的经济形城市很少。又，刻有"齐大刀"三字的三字刀铜含量显著少于五字刀和四字刀，质量低下，出土数量庞大，和赒化钱一道组成了齐国的普遍流通货币。三字刀由齐都发行，应是实质上的齐国统一货币。至于六字刀的出土数量则较少，目前比较有说服力的观点是战国晚期的纪念币。

切首刀绝大部分出土于今山东省内。这种货币是由春秋后期在燕国及北方民族居住地流通的尖首刀切掉头部而成，但目前还不清楚其加工时期和加工目的。

赒化钱系方孔圆钱，有"赒六化""赒四化""赒化"三种铭文，各自的重量和数字所示成正比。当中的"赒化"钱是"齐大刀"三字刀的 1/30 重，可与刀背铭的"三十"字样对应，猜想应是"齐大刀"的补充货币。有观点认为赒化钱是"齐大刀"降质减重之后改铸而成的货币，但这两种货币应是同时流通的，况且从合金成分来看，赒化钱也不大可能是"齐大刀"的改铸。赒化钱应该也是国家官方发行的货币，"赒"字不是地名。

楚国发行了金、银、铜等材质的货币。金币是板状的金版；银币是布币，形如农铲，故又可称铲币；至于铜币则有贝币、有孔方足布、铜钱牌等。先看金版，这是一种称量货币，根据需要切出小块使用，印有"郢爰""陈爰""专爰""隔爰""钞""卢金""垂丘"等字样。当中出土数量最多的是"郢爰"金版，可以肯定是在国都郢使用的货币。"郢爰"金版在楚国全境均有出土，东部较多，应该是楚国往东迁都陈或寿春后成为主流的货币。综合以上信息，"郢爰"金版很有可能是国家发行的统一货币。"陈爰"金版则是陈还未成为国都时，以城市身份发行的货币。"专爰"及其他金版也是所示地名处所用的地方货币。这些货币应该是楚国迁都至经济发达城市时,基于应对多种经济活动的现实需求而发行的,但发行主体是官方还是民间暂不详。

银布币截至目前只有河南省扶沟县古城村出土的 18 件,与楚金版、汉马蹄金一同出土。由于是孤例,暂不知其发行主体和发行目的。

楚铜贝币上有"罗""垒朱""金""忻""行""君""匋""贝""三"等字样,目前能辨认出的共 12 种。当中"罗"字币的出土数量占绝大多数,学者们按字形称之为蚁鼻钱或鬼脸钱。"罗"该隶定为何字目前还莫衷一是,因为其他种类的贝币也有这个字,故猜想不是地名。和"郢爰"金版的出土情况相同,"罗"字贝币的出土范围也遍及楚国全境,但以东迁后的地区出土较多,猜想应是金版的补充货币。从而可以认为,"罗"字贝币是国家官方发行的统一货币。至于其他贝币的发行主体则不详。青铜有孔方足布有大小之分,大方足布正面刻有"殊布当忻",背面刻有"十货"字样;小方足布的足部是连在一起的,故又名连布,刻有"四布当忻"字样。大方足布的"殊"即小方足布的"四"字,故这个字应不是地名。又因为有"当忻"字样,猜想应该和桥形方足布、齐大刀一样是国家官方发行的兑换货币。有观点认为这是三晋为了和楚国做生意而发行的货币,但出土地显然集中在楚国东迁后的领土内,故还是视作国内货币为好。大方足布背面的"十货"字样应该是与楚贝币的汇率。最后是铜钱牌,其呈长方形,刻有"良金一朱""良金二朱""良金四朱"三种铭文。从"金""朱"二字判断,应是用作黄金的兑换货币。又因为其上没有地名,故应是国家有份参与的货币。再者,出土地局限于一定范围,且出土数量也少,故猜想是特殊用途的货币。

最后是秦国货币。能够肯定是秦国货币的只有方孔圆钱一种。按钱币上的文字划分,可分为半两钱、两甾钱、文信钱、长安钱。过去人们以为半两钱是秦统一天下时所发行的货币,但考古发现统一前的秦墓已有半两钱,遂知半两钱在战国时期已经是秦国货币了。后来,四川省青川县郝家坪 50 号秦墓中又发现了半两钱,使半两钱的发行时间向前推到了战国中期。不过,由于半两钱在流通期间的大小、重量非常分散,无法否定其为民间发行的可能。秦律《金布律》规定禁止选钱,表明秦政府是知道且承认这种不均,并在此基础上加以统制的。半两钱的出土以秦国大本营——内史为中心,沿着秦军的进军路线广泛分布。蒋若是先生认为既然半两钱的出土地集中在秦国的战略要地,那么半两钱应该在军市中有着特殊用途。[①] 由此可见,半两钱的官方色彩较浓,应该是受到专门管理的货币。不过,在秦统一天下的最后阶段所占领的地区内,半两钱的出土较少,让人怀疑秦国是否真的在统一天下后强力推进以半两钱为统一货币。

两甾钱的出土地区较为集中,多在今河南省南阳市周边,或许是公元前 292 年秦将白起在攻陷宛城(今南阳市)时,抑或是公元前 272 年秦国置南阳郡时,出于某种目的在当地发行的货币。文信钱是由秦相邦文信侯吕不韦所发行的货币,长安钱是由秦王政之弟长安君所发行的货币,这表明有势力的封君曾经自己发行过货币。可惜的是这些货币出土数量极少,发行目的暂不详。

综上,我们概述了低度城市化国家的货币,可以发现这些货币当中都存在国家统一货币,即燕国明刀、齐国“齐大刀”三字刀和賹化钱、楚国“郢爰”金版和“𩵋”字贝币、秦国半两钱。从出土

[①] 蒋若是《论秦半两钱》,《华夏考古》1994 年第 2 期。

地来看,这些货币都只在国内流通,基本上没有流出国外。[1] 此外,这些货币都出现于战国中期之后,在这段时期,各国都在不同程度实施国内经济的中央集权改革。不过,齐大刀当中有一部分——"即墨""安阳"大刀等——似乎是地方城市发行的兑换货币。虽然中央政府有可能参与其中,但要发行这种货币,城市本身也要具备相当的经济实力方可。即使是城市化程度低的地区,也有国都等一部分高度发达的城市。

结　语

本章从军事和经济角度对比了黄河中游的高度城市化国家——三晋(韩赵魏)与周边低度城市化的国家(燕齐楚秦),发现两者的国家体制存在明显差异。三晋的兵器铸造部门官僚制程度高,除中央外,在地方城市还另有独立的兵工厂,并未形成中央管辖地方城市机构的体制,即使是国都内的部门,若该部门所负责的是国都作为城市身份的事务,中央也无权管辖。军队的统治应与兵工厂体制联动,实行同样的制度。至于货币发行方面,三晋的城市能够独立发行货币,除一些特殊的兑换货币外,并没有中央政府发行的统一货币,这表明三晋的中央政府是在承认城市的军事独立性和经济独立性的前提下,派遣官僚实施统治的。反过来说,要想顺利统治经济发达的城市,就不得不承认其独立性。

---

[1] 从出土地来看燕明刀的主要流通范围还是燕国境内,但在境外也有流通。燕明刀的铅含量高,属于劣质货币,不知为何竟还能为外国所接受。石本利宏先生认为燕国在本国领地之外还有着庞大的经济圈,包括外族居住地、朝鲜、日本、赵国、所占领的齐国领土、北方等,燕明刀出现在燕国境外或许是以燕国经济实力背书的。见石本利宏《戦国燕の国家の性質——古代東アジアにおける「経済大国」》,《研究論集》第 7 号,河合文化教育研究所,2009 年。

　　相对地,在城市化程度不高周边国家呈现出不同程度的中央集权化倾向,在货币发行层面则反映在所有国家都发行了统一货币之上。在兵工厂层面,各国有所差异。燕国和齐国的中央兵工厂有较为成熟的官僚制度,也有君主直接过问的情况,但是地方城市的兵工厂则无成熟的官僚制度管理,齐国应是因为田氏家族阻挠城市的中央集权。楚国无论是中央还是地方,官僚制度都不成熟,地方城市长期由封君治理。至于秦国,在兵工厂层面无论是中央还是地方,官僚制的成熟度堪比三晋,而且中央集权程度比三晋要高。秦国的地方城市——县内的兵工厂由相邦、丞相、郡守等上级官员管理。除了国都,秦国并没有高度发达的经济形城市,县也不过是用行政力量人为将各个小聚落集合起来编成的区划①,从一开始就处于中央的管治之下。

　　当然,城市化程度不高的周边国家在战国时代也有相当发达的城市,然而这些城市多是大型国都或军事城市,政治色彩浓烈,缺少遗迹分布图所示的那种能够发行货币的经济形城市。相较之下,三晋的很多城市都发行了方足布、尖足布等货币,有些货币还跨越了国境流通,让人感觉有一股城市联盟的气息。考虑到城市是在不断的相互贸易中发展起来的,有这种气息也是理所当然的。

　　在战国时期高度发达的城市,即使到了秦帝国乃至汉帝国时期,其独立性也没有简单地衰退。秦国统一天下,在全国推行中央集权制度,可惜短命而终,其原因之一就是忽视了城市的动向。汉帝国鉴于秦帝国的失败,修改了统治城市的方式,打下了长期统治的基础。

---

①《史记·秦本纪》:"并诸乡聚,集为大县,县一令,三十一县。"《商君列传》:"集小都乡邑聚为县,置令丞,凡三十一县。"

附　表

略称一览

《燕下都》：河北省文物研究所《燕下都》，文物出版社，1996 年。

《河北文物选集》：河北省博物馆、文物管理处《河北省出土文物选集》，文物出版社，1980 年。

《河南考古》：杨育彬《河南考古》，中州古籍出版社，1985 年。

《鲁故城》：山东省文物考古研究所等《曲阜鲁国故城》，齐鲁书社，1982 年。

张 2004：张光明《齐文化的考古发现与研究》，齐鲁书社，2004 年。

曲 2004：曲英杰《长江古城址》，湖北教育出版社，2004 年。

XX 分册：国家文物局主编《中国文物地图集》相应分册。

《华夏》：《华夏考古》。

《河南文博》：《河南文博通讯》。

《考》：《考古》。

《考学》：《考古学报》。

《考与文》：《考古与文物》。

《考与文丛刊》:《考古与文物丛刊》。

《江汉》:《江汉考古》。

《三次年会》:《中国考古学会第三次年会论文集》,1981 年。

《五次年会》:《中国考古学会第五次年会论文集》,1985 年。

《四川》:《四川文物》。

《集刊》:《考古学集刊》。

《苏铁》:《苏州铁道师范学院学报(社会科学版。)》。

《中原》:《中原文物》。

《中原》83 特:《中原文物》1983 年特刊。

《中州》:《中州学刊》。

《东南》:《东南文化》。

《内蒙》:《内蒙古文物考古》。

《南方》:《南方文物》。

《南方民族》:《南方民族考古》。

《文》:《文物》。

《文季》:《文物季刊》。

《文研》:《文物研究》。

《文春》:《文物春秋》。

《文春》92 增:《文物春秋》1992 年增刊。

《文丛》:《文物资料丛刊》。

1. 燕国城市遗址

	城址	所在地	考古年代	东西(m)	南北(m)	周长(m)	面积(m²)	出处
1	燕下都	河北易县	春秋战国、汉	8000	6000		3200万	河北分册,《燕下都》
2	黑土台	北京房山区	战国～汉	2500	6000			北京分册,《考》63-3
3	完城	河北大城	东周～汉				600万	河北分册
4	大薰	河北文安	商、战国～汉	2000	2000			河北分册
5	四道湾子	内蒙古敖汉旗	战国	1000余	500			《考》89-4
6	古贤村	河北容城	春秋、战国	1200	1000			《考》93-3
7	大古城	河北怀来	战国、秦汉	1500	1000			河北分册,《考》01-11
8	宝店	北京房山区	战国～西汉	1400	960	4500	128万	北京分册,《考》92-8

2. 赵国（中山国）城市遗址

	城址	所在地	考古年代	东西(m)	南北(m)	周长(m)	面积(m²)	出处
1	代王城	河北蔚县	春秋战国、秦汉	3400	3000	9256		河北分册,《文春》97-3
2	灵寿	河北平山	西周~春秋战国	4000	4500			北京分册,《三次年会》
3	柏人	河北隆尧	春秋战国~汉	2426	2225		400万	河北分册
4	邯郸（大北城）	河北邯郸	春秋战国、秦汉	3240	4880		1382.9万	河北分册,《集刊》4,《中原》15-2
5	邯郸（赵王城）	河北邯郸	战国	2280	2962		1900万	《集刊》4,《中原》15-2,《河北文物选集》
6	子城	河北顺平	春秋战国、汉	2500	2500			河北分册
7	夹垣	河北石家庄	战国、秦汉	3000	5000			河北分册,《文春》92增
8	晋阳	山西晋源	春秋战国、秦汉	4500	2700			山西分册,《文》62-4
9	克老寨	山西岢县	战国、金~明	500	2000			山西分册

续表

	城址	所在地	考古年代	东西(m)	南北(m)	周长(m)	面积(m²)	出处
10	曜头	山西临县	战国、汉	2000	1000			山西分册
11	广武县	山西代县	战国、汉～北魏	3000	2000			山西分册
12	三顶帐房	内蒙古乌拉特前旗	战国、秦汉	1120	1000		112万	《内蒙》07-1
13	土城子	内蒙古和林格尔	战国、汉、北魏	1240	2290		400万	《文》61-9、《集刊》6、《内蒙》05-1,06-1
14	鄗城	河北柏乡	春秋战国、秦汉	1500	1500			河北分册
15	北城子	河北唐县	春秋战国～	1000	1200			河北分册
16	讲武	河北磁县	战国～汉	1319	1350			河北分册、《考》59-7
17	易阳	河北永年	战国、汉	1750	1227		10 km²	河北分册、《文》92-9
18	尖台寨	河北怀安	战国、汉	1000	750		75万	《文春》93-4
19	保岱	河北涿鹿	战国、汉	1400	1400		196万	河北分册、《文春》93-4
20	古州	河北任丘	战国、汉	1500	1500			河北分册

续表

	城址	所在地	考古年代	东西(m)	南北(m)	周长(m)	面积(m²)	出处
21	刘家庄	河北任丘	战国～汉	1000	1000			河北分册
22	元氏	河北元氏	战国～汉	1100	1100		24200万	河北分册,《文丛》1
23	故城	河北灵寿	战国～汉	1400	1050			河北分册
24	旧城	河北高阳	战国～汉	1300	1300			河北分册
25	雪村	河北肃宁	战国秦汉	1803	1740			河北分册
26	房子	河北高邑	战国,汉～北齐	1400	1100			河北分册
27	回镇	河北武安	东周～汉	1500	1750			河北分册
28	北故邑	河北蠡泉	战国,秦汉	1500	1000			河北分册
29	东古城	山东冠县	春秋战国,秦				150万	山东分册
30	古城古克托	内蒙古托克托	战国秦汉,魏	1920	1920	7195		内蒙分册
31	娄烦	山西娄烦	战国	1000	700			山西分册
32	赵王城	山西静乐	战国,汉	1000	1500			山西分册

续表

	城址	所在地	考古年代	东西（m）	南北（m）	周长（m）	面积（m²）	出处
33	青龙	山西柳林	战国、汉	1000	400			山西分册
34	穆村	山西柳林	战国、汉	1500	1000			山西分册
35	峁头	山西临县	战国、汉	1000	1000			《文》94-4
36	汉兰县	山西临县	春秋战国、汉	1300	1800			《考与文》03-2

3. 韩魏（周）城市遗址

	城址	所在地	考古年代	东西（m）	南北（m）	周长（m）	面积（m²）	出处
1	东周王城	河南洛阳	西周末、春秋战国、西汉	2980	3700			《考学》59-2、《考》07-11
2	汉魏洛阳（翟泉）	河南洛阳	西周、春秋战国、秦~北魏	3700	4290~	14000		《华夏》97-3、《考与文》02-5、《考》07-11
3	东不羹	河南舞阳	西周、春秋战国、汉	2000	250	5500		河南分册、《考通》58-2

续表

	城址	所在地	考古年代	东西(m)	南北(m)	周长(m)	面积(m²)	出处
4	邢国	河南沁阳	西周,战国,汉				670万	河南分册,《河南考古》
5	虢都上阳	河南三门峡	西周,春秋	300	2000			《华夏》08-2
6	卫国	河南淇县	商,西周,春秋战国,汉	2100	3100			河南分册
7	宜阳	河南宜阳	西周,春秋战国	1810	2220	8320	366万	河南分册,《考》61-1
8	滑国	河南偃师	春秋战国,汉	1500	2500			河南分册,《考》64-1
9	郑韩	河南新郑	春秋战国,秦汉	5000	4500	20000	1000余万	河南分册,《文丛》3
10	苑陵	河南新郑	西周,春秋战国,汉	2000	1700	4080	340万	河南分册,《中原》02-6
11	昆阳	河南叶县	春秋,汉	500	2000		100万	河南分册
12	京襄	河南荥阳	西周,春秋战国,汉	1500	2000	6300	262万	《华夏》14-4
13	宛阳	河南荥阳	春秋战国,秦汉	2012	2016	7171	400万	《中原》83特
14	阳城	河南登封	春秋战国,汉	700	2000		140万	《文》83-3
15	南梁	河南汝州	战国	1450	2000			河南分册

续表

	城址	所在地	考古年代	东西(m)	南北(m)	周长(m)	面积(m²)	出处
16	虞国	山西平陆	西周,春秋	2000	2500			山西分册,《文季》89-2
17	下阳	山西平陆	春秋战国,秦汉	2000	3500		400万	山西分册
18	侯马古城群	山西侯马	春秋战国				3500万	山西分册,《考与文》05-3
19	曲沃	山西曲沃	春秋战国,秦汉	3100	2600			山西分册,《考》59-5
20	赵康	山西襄汾	春秋战国,汉	1650	2700	8480	500万	山西分册,《考》63-10,《文季》89-2
21	古城庄	山西襄汾	春秋战国,汉	3000	1500			山西分册,《集刊》6
22	长子	山西长子	春秋战国	1500	2000			山西分册,《考学》84-4
23	安邑(禹王)	山西夏县	春秋战国,秦汉	3565	4980	15500	1550万	山西分册,《文》62-4、5,《考》63-9
24	麦城村	山西吉县	战国,汉	1500	2000			山西分册
25	共城	河南辉县	西周,春秋战国,秦汉	1200	1300	5000	156万	河南分册,《中原》83特,《华夏》10-2
26	州城	河南温县	西周,春秋战国	1680	1780	5400		河南分册,《文》83-3
27	邢邱	河南温县	春秋战国,汉	1200	1400	4000余		河南分册,《文春》03-6

续表

	城址	所在地	考古年代	东西(m)	南北(m)	周长(m)	面积(m²)	出处
28	扶沟	河南扶沟	春秋战国,汉	1000	1500		1500万	《文》80－10,《江汉》92－1
29	城父	河南宝丰	春秋战国,汉			6000		河南分册
30	刘国	河南偃师	春秋战国,汉	600	1300			河南分册,《中原》85－4、86－3
31	许国	河南偃师	春秋	850～	1160～		100余万	《中原》08－5
32	泉店	河南许昌	春秋	1000	800			河南分册
33	启封	河南开封	春秋战国,汉	710	1105	4000		河南分册,《中原》94－2
34	西不羹	河南襄城	春秋战国	1200	1500			河南分册,《中原》92－2
35	雙城	河南鲁山	春秋战国	1200	1000		120万	河南分册,《中原》92－2
36	郑州战国城	河南郑州	商,春秋战国,汉	1700	1870	6900	300万	《中原》81－1,94－2,00－4,09－6
37	管城	河南郑州	商周,战国			7000		《中州》94－2
38	掌庙	河南郑州	春秋战国,秦汉			5000余		河南分册,《中原》86－4

续表

	城址	所在地	考古年代	东西(m)	南北(m)	周长(m)	面积(m²)	出处
39	围城	河南杞县	春秋战国、汉			4400		河南分册
40	雍丘	河南杞县	西周、春秋战国、汉			4500		河南分册、《中原》86-3
41	鄢陵	河南鄢陵	春秋战国、汉	988	1916	4988		河南分册、《考》63-4
42	密国	河南新密	西周、春秋战国、秦汉	1500	500		75万	河南分册、《华夏》14-4
43	阳翟	河南禹州	春秋战国、汉	1850	1600	6700	50万	河南分册、《中原》91-2
44	雍梁	河南禹州	春秋战国			5200		河南分册、《华夏》12-2
45	杨香	河南沁阳	新石器~商、战国、秦汉	1500	500			河南分册
46	华阳	河南新郑	商周、春秋战国			5000	120万	河南分册、《中原》13-3、《考》13-9
47	娘娘寨	河南荥阳	新石器~西周、春秋战国、汉	1200	850		100余万	《文》09-9、《中原》10-5

续表

	城址	所在地	考古年代	东西(m)	南北(m)	周长(m)	面积(m²)	出处
48	小索	河南荥阳	西周、春秋战国、汉	1000	600	3000		河南分册、《河南考古》
49	大索	河南荥阳	春秋战国、汉～唐	1000	500	3400	67万	河南分册、《河南考古》
50	吴起	河南延津	战国			7600		河南分册、《中原》94-2
51	庆阳	河南汝州	战国、汉	600	1000	6800		河南分册、《中原》94-2
52	防城	河南安阳	战国	800	1000			河南分册、《华夏》08-1
53	郭村	河南长葛	战国	1000	1000			河南分册
54	承匡	河南睢县	战国			4000		河南分册
55	新城	河南伊川	战国	1800	1300	5935		河南分册、《考》91-5
56	轵城	河南济源	春秋战国、秦汉	1865	1766		326万	河南分册、《华夏》99-2
57	西坡村	河南通许	战国、汉	1000	1000			河南分册
58	汇城	河南鄢县	战国、汉	1200	1800			河南分册
59	伏青	河南沁阳	战国、汉	1500	500余			河南分册

续表

	城址	所在地	考古年代	东西(m)	南北(m)	周长(m)	面积(m²)	出处
60	山阳	河南焦作	战国,汉～北齐	1850	1350	5000		河南分册,《中原》86-3
61	堽檬城东	河南中牟	春秋战国,汉	575	1050	2000		河南分册,《华夏》14-4
62	城隍岭	河南汤阴	战国,汉	1564	1050			《中原》98-2
63	南故城	河南汤阴	春秋战国	1000	1000			河南分册
64	西华	河南西华	春秋战国,汉				100万	河南分册
65	女娲城	河南西华	春秋战国,汉				100万	河南分册
66	洪洞	山西洪洞	西周,春秋战国,汉	1300	580			山西分册,《考》63-10
67	古魏城	山西芮城	春秋战国,汉	1150	1268	4500		山西分册,《文》62-45
68	古城村	山西永济	春秋战国	1200	1000	4500		山西分册,《集刊》6
69	铁匠营	山西临猗	春秋战国,汉	1500	1000			《集刊》6
70	城东村	山西临猗	春秋战国,汉	1500	1000			《集刊》6
71	夏阳	陕西韩城	战国,秦汉	1750	1500			陕西分册,《考与文》57-6
72	圣佛峪	陕西富县	战国,秦	1000	1500	2500～		陕西分册,《考》96-4

4. 鲁卫宋城市遗址

	墟址	所在地	考古年代	东西(m)	南北(m)	周长(m)	面积(m²)	出处
1	曲阜	山东曲阜	西周,春秋战国,汉	3700	2700	11771	1000 万	山东分册,《鲁故城》
2	董大城	山东曲阜	春秋战国,汉	3000	2000			山东分册
3	向国	山东莒南	~春秋,汉	3000	2500			山东分册
4	阳都	山东沂南	春秋战国,秦汉	2000	1800			山东分册
5	莒国	山东莒县	春秋战国,汉			22500		山东分册,张 2004
6	邾国	山东滕州	商末~西周,春秋战国,秦汉	2480	3265	10615		山东分册,《考学》91–4
7	滕国	山东滕州	西周,春秋战国,秦汉	850~	590~	10000		山东分册,《考》65–12
8	瑕丘	山东兖州	春秋战国,汉	1500	2500			山东分册

续表

	城址	所在地	考古年代	东西(m)	南北(m)	周长(m)	面积(m²)	出处
9	费县	山东费县	春秋战国、汉	1010	2170		380万	山东分册
10	齐平阳	山东新泰	春秋晚期～战国	3000余	2000			《文》16-11
11	邾国	山东邹城	西周、春秋战国、秦汉	2530	2350			山东分册
12	成武	山东成武	西周、春秋战国、汉	3525	1800			山东分册
13	博县	山东泰安	春秋战国、汉	2000	1250			山东分册
14	湖陵	江苏沛县	春秋～明	1000	2000		200万	江苏分册
15	相城	安徽淮北	春秋战国、秦汉	2500	2000		200万	安徽分册,《中原》10-2
16	宋国	河南商丘	新石器、春秋战国、汉	3550	3010	12985	10.2 km²	《考》98-12
17	高城	河南濮阳	商末～春秋战国、汉	2890	3986		916万	《考》08-3
18	偪阳	山东枣庄	～春秋、汉	1000	1500			山东分册

续表

	城址	所在地	考古年代	东西(m)	南北(m)	周长(m)	面积(m²)	出处
19	岳城	山东枣庄	春秋战国	1000	1000			山东分册
20	中丘	山东临沂	春秋、汉	700	1000			山东分册
21	启阳	山东临沂	春秋、汉				192万	山东分册
22	南武	山东平邑	春秋战国、秦汉	1500	1500			山东分册
23	凤邑	山东兰阳	春秋战国、汉	1000	800~			山东分册
24	春城	山东兰阳	春秋战国、汉	1500	1500			山东分册
25	须昌	山东东平	春秋战国、汉	1500	1500			山东分册
26	扃邑	山东东平	春秋战国、汉	1500	1100			山东分册
27	东平	山东东平	春秋战国、汉	1560	1300			山东分册
28	亢父	山东济宁	春秋战国、秦汉	1200	1200		144万	山东分册
29	郚国	山东郯城	春秋战国、秦汉	1260	1370			山东分册
30	柞城	山东苍山	春秋战国、汉	1000	1000	4000		山东分册,《文》84－8
31	兰陵	山东苍山	战国、汉	885	1980			山东分册
32	亡城	山东临沂	商~周、战国、汉	837	1000			山东分册

续表

	城址	所在地	考古年代	东西(m)	南北(m)	周长(m)	面积(m²)	出处
33	梁王城	江苏邳州	新石器、商周、春秋战国～元	1000	1000		100余万	江苏分册,《东南》03-11
34	土城	江苏赣榆	春秋				200万	《考》62-3
35	靳县集	安徽宿县	战国、秦汉		1000			《文》78-8
36	临涣城	安徽濉溪	春秋战国、汉	1409	1394	5606	195万	安徽分册

5. 齐国城市遗址

	城址	所在地	考古年代	东西(m)	南北(m)	周长(m)	面积(m²)	出处
1	杞国	山东安丘	春秋战国、汉	1800	2000			山东分册,《考》93-9
2	临淄	山东淄博	西周、春秋战国、秦汉	3500	4500	14158	30 km²	山东分册,《文》72-5、《中原》15-2
3	安平	山东淄博	春秋战国、汉	1800	2000		360万	山东分册

续表

	城址	所在地	考古年代	东西(m)	南北(m)	周长(m)	面积(m²)	出处
4	即墨	山东平度	春秋战国、汉	2500	5000		1250万	山东分册、《华夏》03-1
5	阿城	山东阳谷	新石器、春秋战国、汉	2000	2000		400万	山东分册
6	归城	山东黄县	西周、春秋战国	2800	3600	10000	800万	山东分册、《考》91-10、11-3
7	诸县	山东诸城	春秋战国、汉～北齐	1500	2000			山东分册
8	於陵	山东邹平	春秋战国、汉	1000	1000		100万	山东分册、《华夏》94-3
9	纪国	山东寿光	春秋战国、汉	1200	1550			山东分册
10	古城村	山东茌河	春秋战国	1500	1500			山东分册
11	东平陵	山东章丘	春秋战国、汉	1900	1900		361万	山东分册、《集刊》11
12	营陵	山东昌乐	春秋战国、汉	1700	1700			山东分册
13	平原	山东平原	春秋战国、汉	1000	1500			山东分册
14	昌国	山东淄博	战国、汉	1500	1500			山东分册、张2004
15	昌县	山东诸城	战国、汉	1000	1200			山东分册

续表

	城址	所在地	考古年代	东西(m)	南北(m)	周长(m)	面积(m²)	出处
16	城阴	山东高密	战国,汉	1950	1850		363.8万	山东分册,《考与文》91-5
17	千乘	山东高青	战国,汉	1200	800		96万	山东分册
18	狄城	山东高青	春秋,汉	1030	680		70万	山东分册
19	贤城	山东博兴	商~周,战国,汉	1000	1000		100万	山东分册
20	姑幕	山东安丘	春秋战国,汉	750	1000		75万	山东分册
21	高唐	山东禹城	春秋战国,汉	800	1100		88万	山东分册

6. 楚(吴越)城市遗址

	城址	所在地	考古年代	东西(m)	南北(m)	周长(m)	面积(m²)	出处
1	龙湾	湖北潜江	西周晚、春秋战国,汉	12000	9000			湖北分册,《江汉》03-3
2	李家湖	湖北当阳	春秋战国	1400	2000		224万	湖北分册,《江汉》80-2、曲2004

续表

	城址	所在地	考古年代	东西(m)	南北(m)	周长(m)	面积(m²)	出处
3	楚皇城	湖北宜城	春秋战国、汉	2000	1500	6440	248万	湖北分册,《考》65-8、80-2,曲2004
4	纪南城	湖北荆州	春秋战国	4502	3751	15506	1600万	湖北分册,《考学》82-3,《江汉》91-4,92-1
5	禹王城	湖北黄冈	春秋战国、汉	1000	2000		200万	湖北分册,《中原》04-1
6	楚王城	湖北云梦	春秋战国,秦汉~六朝	2050	1200	9700	8400万	湖北分册,《江汉》83-2,《文》91-1,94-4,《考学》12-1
7	欧庙	湖北襄樊	春秋战国	2250	4200		400万	《江汉》80-2
8	城父	安徽亳州	春秋战国	2000	2000	8000	400万	安徽分册
9	谯城	安徽亳州	春秋战国,汉~唐	2000	2000	8000	400万	安徽分册
10	寿春	安徽寿县	春秋战国,秦汉	4250	6200		2500万	安徽分册,《东南》91-2,《江汉》92-3,01-4
11	檀公城	安徽蒙城	春秋战国、汉,南北朝			30400	5632万	安徽分册

续表

	城址	所在地	考古年代	东西(m)	南北(m)	周长(m)	面积(m²)	出处
12	瑕城	安徽蒙城	春秋战国				400万	安徽分册
13	腰庄	安徽阜阳	战国、汉	1500	2000		300万	安徽分册,《文研》1
14	慎城	安徽颍上	春秋战国、秦汉	2000	3000		600万	安徽分册
15	阖闾城	江苏无锡	春秋战国	2100	1400		294万	江苏分册,《江汉》08-4、《南方》09-2
16	灵岩	江苏苏州	春秋战国		6145		6000万	江苏分册,《东南》06-5、09-2,《考》09-2,《苏铁》2002
17	蔡国	河南上蔡	西周、春秋战国	2700	3187	10490	140万	河南分册,《河南文博》80-2,《华夏》90-2,《中原》99-1
18	文城	河南遂平	周、汉	900	2400	6600		河南分册,《河南考古》
19	程处	河南淮阳	西周、春秋战国、秦汉~明			15000余		河南分册,《华夏》89-3,《中原》92-2
20	柏国	河南舞钢	春秋	1000	2000			河南分册

续表

	城址	所在地	考古年代	东西(m)	南北(m)	周长(m)	面积(m²)	出处
21	北山口	河南巩始	春秋战国,汉晋	2325	5800	13500	1100万	河南分册,《中原》83 特
22	建安	河南正阳	春秋战国			10000		《河南考古》
23	吕王城	湖北大悟	春秋战国,汉	500	1500		75万	湖北分册,《江汉》90-2
24	安居	湖北随州	春秋战国,汉	800	1000		80万	湖北分册,《江汉》84-4
25	罗山	湖北钟祥	春秋战国,汉	300	1000		75万	《江汉》07-3
26	莽王岗	湖北钟祥	战国,秦汉	500	1000		50万	湖北分册,《江汉》80-1
27	饶岭岗	湖北荆门	春秋战国,汉	330	1000		30万	湖北分册,《江汉》90-4
28	郢城	湖北荆州	战国,秦汉	1453.5	1400	5406	200万	湖北分册,曲 2004
29	女王城	湖北枣城	西周,春秋战国,秦汉,六朝	1100	1300		143万	湖北分册,《江汉》93-3、《南方》06-3
30	沈丘	安徽临泉	春秋战国,汉	750	1400			安徽分册,《中原》92-2
31	史庄村	安徽临泉	春秋战国	1000			96万	安徽分册,《考与文》85-2
32	文亭	安徽临泉	战国,汉	1000	1600		160万	安徽分册

续表

	城址	所在地	考古年代	东西(m)	南北(m)	周长(m)	面积(m²)	出处
33	迎仙	安徽临泉	战国,汉	1300	1000		195万	安徽分册
34	李大寨	安徽临泉	战国,汉	1500	1000		150万	安徽分册
35	东殿村	安徽太和	春秋战国,汉			4000	100万	安徽分册,《文研》14
36	红城	安徽蒙城	春秋~汉			4660	130万	安徽分册,《文研》18
37	孙村	安徽蒙城	战国	1000	1000		100万	安徽分册
38	古城	安徽阜阳	春秋战国,汉~唐	1000	1500		150万	安徽分册,《文物研究》14
39	王人	安徽利辛	春秋战国,汉	1000	1500		150万	安徽分册
40	阮城	安徽阜南	战国,汉	1700	1000		170万	安徽分册
41	刘古城	安徽凤台	战国,汉	1000	1000		100万	安徽分册
42	冯家圩	安徽寿县	战国,汉				112.5万	安徽分册
43	固城	江苏高淳	春秋战国,汉	1450	800	3915	80万	江苏分册,《文》73－12, 79－9,《考》90－1
44	邗城	江苏扬州	春秋战国,汉~唐	1400	1600	6000	150万	江苏分册,《东南》98－4, 《南方》01－7,09－2

续表

	城址	所在地	考古年代	东西(m)	南北(m)	周长(m)	面积(m²)	出处
45	东阳	江苏盱眙	战国、秦汉	1795	838		150万	江苏分册《五次东会》
46	楚王城	河南信阳	春秋战国、汉	1000	640	3587	68万	河南分册,《中原》83特、《华夏》14-2
47	芽思	河南淮滨	西周,春秋战国、汉	1700	500	4400		河南分册,《河南考古》
48	黄国	河南潢川	西周,春秋战国、汉	1800	1650	7200	280万	河南分册,《中原》86-1
49	古城村	河南潢川	战国		1400~		200万	河南分册
50	沈国	河南平舆	西周,春秋战国、汉晋	1400	1500	5700	210万	河南分册,《中原》92-2
51	召陵	河南郾城	春秋、汉			6000		河南分册
52	葛陵	河南新蔡	春秋战国、汉	1200	1330			《文》02-8

7. 秦（巴蜀）城市遗址

	城址	所在地	考古年代	东西(m)	南北(m)	周长(m)	面积(m²)	出处
1	雍城	陕西凤翔	西周、春秋战国、汉	3480	3130		1050万	陕西分册,《考》63-8,《考与文》85-2,88-5,14-2
2	栎阳	陕西西安	春秋战国、秦汉	2500	1600		420万	陕西分册,《考学》85-3
3	咸阳	陕西咸阳	春秋战国、秦汉	7200	6700		2000万	陕西分册,《文》76-11,《文博》11-2,11-6
4	瀕邑	陕西蒲城	春秋战国、秦汉	1000	1500			陕西分册,《文博》94-1
5	重泉	陕西蒲城	战国、汉	1150	750			陕西分册,《考与文》08-6
6	商邑	陕西丹凤	春秋战国、秦汉	1000	1500			陕西分册,《考》89-7,06-3
7	郿县	陕西扶风	春秋战国、秦汉	1200	1000			陕西分册,《考与文》96-5

续表

	城址	所在地	考古年代	东西(m)	南北(m)	周长(m)	面积(m²)	出处
8	阳周	陕西子长	秦汉	1500	1000			陕西分册,《文博》06-1
9	高奴	陕西延安	战国,汉	1000	900	2500~		陕西分册,《文博》97-3
10	好畤	陕西乾县	战国,汉		1500			陕西分册
11	宁秦	陕西华阴	战国,秦汉	1120	700	3330		陕西分册,《考与文丛刊》3,《考与文》82-6
12	芷阳	陕西西安	战国,秦汉				340万	陕西分册
13	沙河	陕西西安	战国,秦汉				150万	《文博》90-5
14	东联	陕西洋县	秦汉	1000	800			陕西分册
15	成都	四川成都	商周~春秋战国,秦汉~宋			12里		《四川》92-2,13-3,《南方民族》2

后 记

　　秦作为中国帝制的开创时代,在早期中国的各个国家中尤为引人注目。在过去的半个世纪中,随着各大考古学成果——不仅仅是秦兵马俑——问世,一般群众对于秦国也有了新的认识。再加上秦墓出土的各种简牍材料,让文献学者和历史学者们有了新的研究课题,激发了他们的研究欲。得益于此,我们对于秦国,无论是在"秦国作为公元前 9 世纪兴起于周文化圈西北的一个政体"层面,还是在"秦始皇统一中国后建立的短命秦帝国"层面,都有了更丰富的认知。那么,这些新获得的知识到底在何种程度上改写了旧有共识呢? 为了解答这个问题,2008 年,尤锐和吉迪两位教授在耶路撒冷希伯来大学举办了一场研讨会。会议为期一周,来自北美、西欧、俄罗斯、以色列、中国大陆和台湾地区等众多学术传统各异的专家学者,就秦研究这个主题从各个角度展开了对话。会议报告在六年后出版。[①] 用跨学科方式来研究,的确能够找到极细微的切入点,可惜由于问题的复杂性,会议并未取得完全的共识。

　　我作为这次研讨会主办方的成员之一,又参与了会议报告的

---

① Yuri Pines, Gideon Shelach, Lothar von Falkenhausen, and Robin. D S. Yates (ed.), *Birth of an Empire: The State of Qin Revisited*, Berkeley and Los Angeles: University of California Press, 2014.

编辑，当得知日本同行们在研读本书的时候，内心十分高兴。2018 年 5 月 19 日，籾山明教授邀请我赴东京，在第 63 届国际东方学者会议上发言，我深感光荣。活跃在第一线的日本秦史学者们围绕秦史的各项问题，做了极其深入的发表。会议上众人热烈的讨论，让我感觉在这二三十年里，秦研究更成熟、更有活力了。这一点很好地反映在了本书中。本书脱胎于这场东方学者会议，却不只是 2014 年希伯来大学会议报告的补充，而是有着明显的学术进步性。迄今，秦史研究领域依然存在许多空白，这是由各国研究者学术传统不同、写作语言不同，又缺乏交流所导致的。而本书想要做的，就是填补这个空白。尤其是叶山教授所写的西方秦史研究梳理和文献目录更是让我们离目标更近了一步。衷心希望将来有一天有人能够梳理日语的秦史研究文献目录。日本学者的中国古代史研究水平很高，我觉得有必要让世界上其他地区的学者多加关注。想来，耶路撒冷那次研讨会上没有日本学者的身影（或许是因为当时一些不可抗力的因素所导致），着实令人遗憾。希伯来大学会议报告力有未逮之处，本书或许能够作为一个补充。

无论是本书，还是希伯来大学会议报告，都提到了考古学与文献史学的角度。出于方法论层面的原因，要统合这两个学科的数据，形成一个秩序整然的统一体并不容易，在秦史研究领域中，这种尝试或许为期尚早，但文献史学家和考古学家的交流总有一天会取得最终共识。例如，我们可以通过考古学数据具体展示公元前四世纪中叶商鞅变法的成果，也可以通过考古材料更为明确、更为具体地了解变法的内容。从我自身的研究出发，我想到了以下五个可能的切入点：

① 据冈村秀典先生，秦国陪葬陶器和青铜器的形制变化，在

商鞅变法时期停止了。① 即成立于西周晚期的传统礼器形制突然之间换成了日常用器。冈村先生很小心,不敢断言这种变化和变法有直接因果关系,但还是猜测商鞅立法规定了陪葬品只能用日用品。某种意义上,他是正确的,不过我认为传统的器物组合消失,是商鞅变法废除周代以来的旧贵族阶级秩序和关联礼制所间接而非直接导致的。

② 地理学家李弗明(Frank Leeming)翻查 20 世纪三四十年代的侵华日军地图,发现现代中国的华北地区——包括关中、晋西北——遍布着地裂痕迹,而这些地裂痕迹与商鞅的"辕田"一致,据此发表了一篇文章(这些地裂应该是在"文革"期间的"农业学大寨"运动之前就找到的)②,不过学术界对此的关注度不高。如果李弗明所说的是事实,那就很有意思了,值得我们做个回溯性调查,有可能利用今天的考古学手段还能够找到一点这些所谓的"辕田"痕迹。假如调查范围足够大,或许我们能够通过考古学得知史料上的那些规定严密到何种程度,在不同地区有何实践上的差异。

③ 在战国中期至晚期的一些简陋墓地里,出土了用木头和黏土制造的牛拉车模型,这也是商鞅变法的反映。③ 因为这表明过去家畜身上被赋予的贵族特权都因为变法被废除了。④ 这种牛车有时候会和谷仓(囷)一同出土。⑤ 这两种陪葬品让人联想

---

① 冈村秀典《秦文化の编年》,《古史春秋》第 2 号,1985 年。
② Frank Leeming, "Official Landscapes in Traditional China", *Journal of the Economic and Social History of the Orient*, 23. 1/2,1980. 佐竹靖彦注意到了这篇文章,在佐竹靖彦《中国古代の田制と邑制》(岩波书店,2006 年)中有所提及。
③ 曹龙《泾渭秦墓出土低温陶牛车研究》,《文博》2019 年第 5 期。
④ 冈村秀典《中国古代王権と祭事》,学生社,2005 年。
⑤ 刘兴林《先秦两汉农业与乡村聚落的考古学研究》,文物出版社,2017 年。

到商鞅财政改革措施的一环——民众有搬运租税的义务。

④ 如果商鞅变法真的让普通老百姓可以拥有家畜,那么就能证明牛耕是在战国时期,且主要是在秦国开始的。因为牛耕和小麦耕种有联系。[1]

⑤ 顺带一提,战国时期,华北的主要农作物从粟、黍部分转为小麦,这和商鞅变法同样脱不开干系。[2] 变法之后,原精英阶层的粟、黍嗜好变得无意义,且缴纳租税之时,政府接受的谷物种类范围更大了。

必须承认,上述五点虽然是基于考古材料的观察,但依然停留在推测层面。不过,我认为要是有更深入的探索,应该能够证明它们和商鞅变法有关。希望秦史研究专家们在下一次国际会议上,能够就这个话题——当然还有其他话题——提供更多信息。

罗　泰

2020 年 5 月 12 日

于洛杉矶

---

[1] Brian Lander, *Environmental Change and the Rise of the Qin Empire: A Political Ecology of Ancient North China*, Ph. D. dissertation, Columbia University, New York, 2015.

[2] 赵志军、贝云《小麦:秦统一天下的力量》,《国学》2011 年第 4 期;Zhou Ligang and Sandra Garvie-Lok, "Isotopic Evidence for the Expansion of Wheat Consumption in Northern China", *Archaeological Research in Asia*, 4, 2015; Lu Minxia et al. "A Brief History of Wheat Utilization in China", *Frontiers of Agricultural Science and Engineering* 6. 3, 2019。

西方秦史研究文献目录

ロビン・D・S・イェイツ

Alabiso, Andreina. 1995. "Perspective of Chinese Architecture under the Qin Dynasty." *Rivista degli studi orientali* 69.3-4: pp. 446-466.

Barbieri-Low, Anthony J. 2011a. "Craftsman's Literacy: Uses of Writing by Male and Female Artisans in Qin and Han China." In *Writing and Literacy in Early China: Studies from the Columbia Early China Seminar*, ed. Li Feng and David Branner, pp. 370-399. Seattle: University of Washington Press.

Barbieri-Low, Anthony J. 2011b. "Model Legal and Administrative Forms from the Qin, Han, and Tang and Their Role in the Facilitation of Bureaucracy and Literacy." *Oriens Extremus* 50: pp. 125-156.

Barbieri-Low, Anthony J. 2014. "Imagining the Tomb of the First Emperor of China." In *Beyond the First Emperor's Mausoleum: New Perspectives on Qin Art*, ed. Liu Yang, pp. 97-111. Minneapolis: Minneapolis Institute of Arts.

Barbieri-Low, Anthony J. 2016. "Becoming Almost Somebody: Manumission and Its Complications in the Early Han Empire." In *On Human Bondage: After Slavery and Social Death*, ed. John Bodel and Walter Scheidel, pp. 122-135. Chichester, West Sussex; Malden, MA: John Wiley and Sons.

Barbieri-Low, Anthony J. 2017. "Intransigent and Corrupt Officials in Early Imperial China." In *Behaving Badly in Early and Medieval China*, ed. N. Harry Rothschild and Leslie V. Wallace, pp. 70-87. Honolulu: University of Hawai'i Press.

Barbieri-Low, Anthony J., and Robin D.S. Yates. *Law, State, and Society in Early Imperial China: A Study with Critical Translation of the Legal Texts from Zhangjiashan Tomb no. 247*, 2 vols. Leiden: Brill, 2015.

Barnard, Noel. 1978. "The Nature of the Ch'in 'Reform of the Script' as Reflected in Archaeological Documents Excavated under Conditions of Control." In *Ancient China: Studies in Early Chinese Civilization*, ed. David T. Roy and Tsuen-hsuin Tsien, pp. 181-213. Hong Kong: Chinese University Press.

Bathelt, Daniela, and Heinz Langhals. 2010. "Two Methods for the Conservation of the Polychromy of the Terracotta Army of Qin Shihuang: Electron Beam Polymerization of Methacrylic Monomers and Consolidation Using Polyethylene Glycol." In *Conservation of Ancient Sites on the Silk Road: Proceedings of the Second International Conference on the Conservation of Grotto Sites, Mogao Grottoes, Dunhuang, People's Republic of China, June 28-July 3, 2004*, ed. Neville Agnew, pp. 213-217. Los Angeles: Getty Conservation Institute.

Bevan, Andrew, Xiuzhen Li, Marcos Martinón-Torres, Susan Green, Yin Xia, Kun Zhao, Zhen Zhao, Shengtao Ma, Wei Cao, and Thilo Rehren. 2014. "Computer Vision, Archaeological Classification and China's Terracotta Warriors." *Journal of Archaeological Science* 14: pp. 249-254. https://doi.org/10.1016/j.jas.2014.05.014

Bevan, Andrew, Xiuzhen Li, Zhen Zhao, Jianhua Huang, Stuart Laidlaw, Na Xi, Yin Xia, Shengtao Ma, and

Marcos Martinon-Torres. 2018. "Ink Marks, Bronze Crossbows and Their Implications for the Qin Terracotta Army." *Heritage Science* 6:75 (10 pp.). https://doi.org/10.1186/s40494-018-0239-5

Blänsdorf, Catharina, et al. 2001. *Qin Shi-huang: Die Terrakottaarmee des ersten chinesischen Kaisers.* Munich: Bayerisches Landesamt für Denkmalpflege.

Blänsdorf, Catharina, and Linda Zachmann. 2013. "The Production Techniques, Conservation and Restoration of the Terracotta Figures." In *Qin: The Eternal Emperor and His Terracotta Warriors*, ed. Maria Khayutina, pp. 164-171. Bern, Switzerland: Bernisches Historisches Museum.

Bodde, Derk. 1940. *Statesman, Patriot, and General in Ancient China: Three* Shih-chi *Biographies of the Ch'in Dynasty (255-206 B.C.).* American Oriental Series 17. New Haven.

Bodde, Derk. 1967 (1938). *China's First Unifier: A Study of the Ch'in Dynasty as Seenin the Life of Li Ssŭ* 李斯 *280?-208 B.C.* Hong Kong: Hong Kong University Press.

Bodde, Derk. 1982."Forensic Medicine in Pre-Imperial China." *Journal of the American Oriental Society* 102.1: pp. 1-15.

Bodde, Derk. 1986. "The State and Empire of Ch'in." In *The Cambridge History of China: Volume 1: The Ch'in and Han Empires, 221 B.C.- A.D. 220*, ed. Denis Twitchett and Michael Loewe, pp. 20-120. Cambridge: Cambridge University Press.

Bonaduce, Ilaria, Catharina Blaensdorf, Patrick Dietemann, and Maria Perla Colombini. 2008. "The Binding Media of the Polychromy of Qin Shihuang's Terracotta Army." *Journal of Cultural Heritage* 9.1: pp. 103-108. https://doi.org/10.1016/j.culher.2007.08.002

Bucher, Sandra, and Yin Xia. 2010. "The Stone Armor from the Burial Complex of Qin Shihuang in Lintong, China: Methodology for Excavation, Restoration, and Conservation, Including the Use of Cyclododecane, a Volatile Temporary Consolidant." In *Conservation of Ancient Sites on the Silk Road: Proceedings of the Second International Conference on the Conservation of Grotto Sites, Mogao Grottoes, Dunhuang, People's Republic of China, June 28-July 3, 2004*, ed. Neville Agnew, pp. 218-224. Los Angeles: Getty Conservation Institute.

Bujard, Marianne. 2017. "Daybooks in Qin and Han Religion." In *Books of Fate and Popular Culture in Early China: The Daybook Manuscripts of the Warring States, Qin, and Han*, ed. Donald Harper and Marc Kalinowski, pp. 305-335. Leiden: Brill.

Bujard, Marianne, and Michelle Pirazzoli-t'Serstevens. 2017. *Les Dynasties Qin et Han: Histoire générale de la Chine (221 av. J.-C.-220 apr. J.-C.).* Paris: Les Belles Lettres.

Bunker, Emma C. 1991. "Sino-Nomadic Art: Eastern Zhou, Qin and Han Artifacts Made for Nomadic Taste." *International Colloquium on Chinese Art History* IV: pp. 569-590.

Burman, Edward. 2018. *Terracotta Warriors: History, Mystery and the Latest Discoveries.* London: Orion Publishing Group.

Cao Wei. 2013. "The Discovery of a Century: The Terracotta Army of the First Emperor of China." In *Qin: The Eternal Emperor and His Terracotta Warriors*, ed. Maria Khayutina, pp. 140-143. Bern, Switzerland: Bernisches Historisches Museum.

Capon, Edmund. 2010. "The First Emperor: Inheritance and Legacy." In *The First Emperor: China's Entombed Warriors*, ed. Liu Yang and Edmund Capon, pp. 19-25. Sydney: Art Gallery of New South

Wales.

Chang Ch'un-shu. 1994. "Qin-Han China in Review: The Field, New Frontiers, and the Next Assignment." *Chūgoku shigaku* 中國史學 4: pp. 47-59.

Chang, Chun-shu. 2007. *The Rise of the Chinese Empire*. 2 vols. Ann Arbor: University of Michigan Press.

Chaussende, Damien, ed. and tr. 2010. *La véritable histoire du premier empereur de Chine*. Paris: Les Belles Lettres.

Chemla, Karine, and Biao Ma. 2015. "How Do the Earliest Known Mathematical Writings Highlight the State's Management of Grains in Early Imperial China?"*Archive for History of Exact Sciences*, 69.1: pp. 1-53.

Ch'en Chao-jung. 2013. "The Standardization of Writing." In *Qin: The Eternal Emperor and His Terracotta Warriors*, ed. Maria Khayutina, pp. 130-138. Bern, Switzerland: Bernisches Historisches Museum.

Chen, Kuang-yu. 2014. "Cinnabar and Mercury Industry of Qin and Early China." In *Beyond the First Emperor's Mausoleum: New Perspectives on Qin Art*, ed. Liu Yang, pp. 139-157. Minneapolis: Minneapolis Institute of Arts.

Chen Songchang; Christopher J. Foster, tr. 2016. "Two Ordinances Issued during the Reign of the Second Emperor of the Qin Dynasty in the Yuelu Academy Collection of Qin Slips." *Chinese Cultural Relics* 3.1-2: pp. 288-297.

Chen Wei; Christopher J. Foster, tr. 2015. "A Few Issues Regarding the Statutes on Corvée Labor in the Yuelu Academy Qin Dynasty Bamboo Slip Manuscripts." *Chinese Cultural Relics* 2.1-2: pp. 275-282.

Chou Wei-chien et al. 1996-97. "Radiocarbon Dating of Charred Wood from the Ch'in Terracotta Army Site, Shen-hsi." In *Ancient Chinese and Southeast Asian Bronze Age Cultures*, ed. F. David Bulbeck and Noel Barnard, vol. 2, pp. 687-696. Taipei: SMC.

Christopoulos, Lucas. 2012. "Hellenes and Romans in Ancient China (240 BC-1398 AD)." *Sino-Platonic Papers*, no. 230.

Ciarla, Roberto, ed. 2005. *The Eternal Army: The Terracotta Soldiers of the First Chinese Emperor*. Vercelli, Italy: White Star Publisher.

Clements, Jonathan. 2006. *The First Emperor of China*. Stroud, U.K.: Sutton.

Cotterell, Arthur. 1981. *The First Emperor of China: The Story behind the Terracotta Army of Mount Li*. London: Penguin Group.

Cullen, Christopher. 2017. "Calendars and Calendar Making in Qin and Han Times." In *Books of Fate and Popular Culture in Early China: The Daybook Manuscripts of the Warring States, Qin, and Han*, ed. Donald Harper and Marc Kalinowski, pp. 278-304. Leiden: Brill.

Di Cosmo, Nicola. 2004. *Ancient China and Its Enemies: The Rise of Nomadic Power in East Asian History*. Cambridge: Cambridge University Press.

Dien, Albert E. 1979-80. "Warring States Armor and Pit Three at Qin Shihuangdi's Tomb." *Early China* 5: pp. 46-47.

Dien, Albert E. 2008. *Terra Cotta Warriors: Guardians of China's First Emperor*. Santa Ana, CA: Bowers Museum.

Duan Qingbo. 2007a. "Entertainment for the Afterlife." In *The First Emperor: China's Terracotta Army*, ed.

Jane Portal, pp. 192-201. Cambridge: Harvard University Press and London: Trustees of the British Museum.

Duan Qingbo. 2007b. "Scientific Studies of the High Level of Mercury in Qin Shihuangdi's Tomb." In *The First Emperor: China's Terracotta Army*, ed. Jane Portal, p. 204. Cambridge: Harvard University Pressand London: Trustees of the British Museum.

Duan Qingbo. 2007c. "Summary of Scientific Testing Carried out on the First Emperor's Tomb to Address Various Questions." In *The First Emperor: China's Terracotta Army*, ed. Jane Portal, pp. 205-207. Cambridge: Harvard University Pressand London: Trustees of the British Museum.

Dull, Jack L. 1983. "Anti-Qin Rebels: No Peasant Leaders Here." *Modern China* 9.3: pp. 285-318.

Durrant, Stephen. 1994. "Ssu-ma Ch'ien's Portrayal of the First Ch'in Emperor." In *Imperial Rulership and Cultural Change in Traditional China*, ed. Frederick P. Brandauer and Chun-chien Huang, pp. 28-50. Seattle: University of Washington Press.

Duyvendak, J.J.L. 1963 (1928). *The Book of Lord Shang: A Classic of the School of Law*. Chicago: University of Chicago Press.

Emmerich, Reinhard. 1991. "Chu und Changsha am Ende der Qin-Zeit und zu Beginn der Han-Zeit." *Oriens Extremus* 34.1-2: pp. 85-137.

von Erdberg Consten, Eleanor. 1990. "Die Soldaten Shih Huang Tï's—Porträts?" In *Das Bildnisin der Kunst des Orients*, ed. Martin Kraatz et al., pp. 221-234. Abhandlungen für die Kunde des Morgenlandes 50 no.1. Stuttgart: Franz Steiner Verlag.

Falkenhausen, Lothar von. 1990. "Ahnenkult und Grabkult im Staat Qin." In *Jenseits der großen Mauer: Der erste Kaiser von Qin und seine Terrakotta-Armee*, ed. Lothar Ledderose and Adele Schlombs, pp. 35-48. Munich: Bertelsmann.

Falkenhausen, Lothar von. 2004. "Mortuary Behavior in Pre-Imperial Qin: A Religious Interpretation." In *Religion and Chinese Society*, vol. 1, ed. John Lagerwey, pp. 109-172. Hong Kong: Chinese University Press; Paris: École française d'Extrême-Orient.

Falkenhausen, Lothar von; Léonore de Magnée, tr. 2008a. "Culte des ancêtres et système funéraire à Qin à l'époque pré-imperiale." In *Les soldats de l'éternité*, ed. Alain Thote and Lothar von Falkenhausen, pp. 33-45. Paris, Éditions de la Pinacothèque de Paris

Falkenhausen, Lothar von; Maïca Sanconie, tr. 2008b. "Les origines ethniques des Qin: perspectives historiques et archéologiques." In *Les soldats de l'éternité*, ed. Alain Thote and Lothar von Falkenhausen, pp. 47-54. Paris, Éditions de la Pinacothèque de Paris.

Falkenhausen, Lothar von. 2013. "Introduction: Archaeological Perspectives on the Qin 'Unification' of China." In *Birth of an Empire: The State of Qin Revisited*, ed. Yuri Pines, Gideon Shelach, Lothar von Falkenhausen, and Robin D.S. Yates, pp. 37-51. University of California Press, Berkeley.

Falkenhausen, Lothar von, and Alain Thote. 2008. "Introduction." In *Les soldats de l'éternité*, ed. Alain Thote and Lothar von Falkenhausen, pp. 17-20. Paris, Éditions de la Pinacotheque de Paris.

Feinman, Gary M. 2018. "Conclusion: Legacies of Qin Unification: A Hinge Point of Chinese History." In *China: Visions through the Ages*, ed. Lisa C. Niziolek, Deborah A. Bekken, Gary M. Feinman, and Thomas A. Skwerski, pp. 303-320. Chicago; London: The University of Chicago Press.

Fields, Lanny B. 1983. "The Legalists and the Fall of Ch'in: Humanism and Tyranny." *Journal of Asian History* 17: pp. 1–39.

Fields, Lanny B. 1989. "The Ch'in Dynasty: Legalism and Confucianism." *Journal of Asian History* 23.1: pp. 1–25.

Fields, Lanny B. 1994. "Hsia Wu-chü: Physician to the First Ch'in Emperor." *Journal of Asian History* 28.2: pp. 97–107.

Fischer, Markus. 2012. "The *Book of Lord Shang* Compared with Machiavelli and Hobbes." *Dao: A Journal of Comparative Philosophy* 11: pp. 201–221.

Fiskesjö, Magnus. 2015. "Terracotta Conquest: The First Emperor's Clay Army's Blockbuster Tour of the World." *Verge: Studies in Global Asias* 1.1: pp. 162–183.

Fong, Mary H. 1979. "New Discoveries in Ch'in and Han Representational Art." *Archives of Asian Art* 32: pp. 27–38.

Galambos, Imre. 2004. "The Myth of the Qin Unification of Writing in Han Sources." *Acta Orientalia* 57.2: pp. 181–203.

Ge, Jianxiong; rev. by Yang Zhi and Susan Dewar. 1993. "Migration of Population and Cultural Dissemination during the Qin and Han Periods." *Social Sciences in China* 14.3: pp. 115–125.

Giele, Enno. 2005. "Signatures of 'Scribes' in Early Imperial China." *Asiatische Studien/Études Asiatiques* 59: pp. 353–387.

Goldin, Paul R. 2011. "Persistent Misconceptions about Chinese 'Legalism'." *Journal of Chinese Philosophy* 38.1: pp. 88–104.

Han, X., B. Rong, X. Huang, T. Zhou, H. Lo, and C. Wang. 2014. "The Use of Menthol as Temporary Consolidant in the Excavation of Qin Shihuang's Terracotta Army." *Archaeometry* 56.6: pp. 1041–1053.

Handelman, Don. 1995. "Cultural Taxonomy and Bureaucracy in Ancient China: *The Book of Lord Shang*." *International journal of Politics, Culture, and Society* 9.2: pp. 263–294.

Hang Te-chou. 1984. "The Secrets of Ch'in Shih-Huang's Underground Palace." *Journal of the Oriental Society of Australia* 15–16: pp. 60–85.

Harbsmeier, Christoph. 2015. "Living Up to Contrasting Portraiture: Plutarch on Alexander the Great and Sima Qian on the First Emperor." In *Views from Within, Views from Beyond: Approaches to the* Shiji *as an Early Work of Historiography*, ed. Hans van Ess, Olga Lomová and Dorothee Schaab-Hanke, pp. 263–296. Lun Wen: Studien zur Geistesgeschichte und Literatur in China 20. Wiesbaden: Harrassowitz.

Harper, Donald. 1985. "A Chinese Demonography of the Third Century B.C." *Harvard Journal of Asiatic Studies* 45.2: pp. 459–498.

Harper, Donald. 1994. "Resurrection in Warring States Popular Religion." *Taoist Resources* 5.2: pp. 13–28.

Harper, Donald. 1997. "Warring States, Qin, and Han Manuscripts Related to Natural Philosophy and the Occult." In *New Sources of Early Chinese History: An Introduction to the Reading of Inscriptions and Manuscripts*, ed. Edward L. Shaughnessy, pp. 223–252. Berkeley: Society for the Study of Early China and the Institute of East Asian Studies, University of California, Berkeley.

Harper, Donald. 2017. "Daybooks in the Context of Manuscript Culture and Popular Culture Studies." In *Books of Fate and Popular Culture in Early China: The Daybook Manuscripts of the Warring States, Qin, and Han*, ed. Donald Harper and Marc Kalinowski, pp. 91–137. Leiden: Brill.

Harper, Donald. 2017. "The Zhoujiatai Occult Manuscripts." *Bamboo and Silk* 1.1: pp. 53–70.

Harper, Donald, and Marc Kalinowski, eds. 2017a. *Books of Fate and Popular Culture in Early China: The Daybook Manuscripts of the Warring States, Qin, and Han*. Leiden: Brill.

Harper, Donald, and Marc Kalinowski. 2017b. "Introduction." In *Books of Fate and Popular Culture in Early China: The Daybook Manuscripts of the Warring States, Qin, and Han*, ed. Donald Harper and Marc Kalinowski, pp. 1–10. Leiden: Brill.

He, Peng. 2011. "The Difference of Chinese Legalism and Western Legalism." *Frontiers of Law in China* 6.4: pp. 645–669.

Head, John W., and Yanping Wang. 2005. *Law Codes in Dynastic China: A Synopsis of Chinese Legal History in the Thirty Centuries from Zhou to Qing*. Durham, NC: Carolina Academic Press.

Hearn, Maxwell K. 1980. "The Terracotta Army of the First Emperor of Qin." In *The Great Bronze Age of China: An Exhibition from the People's Republic of China, to be Held at the Metropolitan Museum of Art, New York, and at Four Other Cities during the Period 1980-81*, ed. Wen Fong, pp. 353–378. New York: Metropolitan Museum of Art.

Herm, Christoph. 2001. "Methods in Organic Archaeometry and Their Application to the Terracotta Army." In *The Polychromy of Antique Sculptures and the Terracotta Army of the First Chinese Emperor: Studies on Materials, Painting Techniques and Conservation* 古代雕塑彩繪和秦始皇兵馬俑：材料、繪畫及數和保護之研究, ed. Wu Yongqi, pp. 31–45. Arbeitshefte des Bayerischen Landesamtes für Denkmalpflege 111. Munich: Bayerisches Landesamt für Denkmalpflege.

Hong Kong Museum of History. 2012. *The Majesty of All under Heaven: The Eternal Realm of China's First Emperor* [一統天下：秦始皇帝的永恆國度]. Hong Kong: Leisure and Cultural Services Department.

Hsing I-tien; Hsieh Mei-yu and William G. Crowell, tr. 2013. "Qin-Han Census and Tax and Corvée Administration: Notes on Newly Discovered Manuscripts." In *Birth of an Empire: The State of Qin Revisited*, ed. Yuri Pines, Gideon Shelach, Lothar von Falkenhausen, and Robin D.S. Yates, pp. 155–186. University of California Press, Berkeley.

Hsing I-tien. 2017. "Qin-Han China and the Outside World." In *Age of Empires: Chinese Art of the Qin and Han Dynasties (221BC-AD220)*, ed. Zhixin Jason Sun, pp. 63–73. New York: Metropolitan Museum of Art.

Hu, Wenjing, Kun Zhang, Hui Zhang, Bingjian Zhang, and Bo Rong. 2015. "Analysis of Polychromy Binder on Qin Shihuang's Terracotta Warriors by Immunofluorescence Microscopy." *Journal of Cultural Heritage* 16.2: pp. 244–248. https://doi.org/10.1016/j.culher.2014.05.003

Huang, Chun-chieh. 2002. "The Ch'in Unification (221 B.C.) in Chinese Historiography." In *Turning Points in Historiography: A Cross-Cultural Perspective*, ed. Q. Edward Wang and Georg G. Iggers, pp. 31–44. Rochester Studies in Historiography. Rochester, NY: University of Rochester Press.

Hulsewé, A.F.P. 1978. "The Ch'in Documents Discovered in Hu-pei in 1975." *T'oung Pao* 61: pp. 175–217, 338.

Hulsewé, A.F.P. 1981a. "The Legalists and the Laws of Ch'in." In *Leyden Studies in Sinology: Papers Presented at the Conference Held in Celebration of the Fiftieth Anniversary of the Sinological Institute of*

Leyden University, December 8-12, 1980, ed. Wilt Idema, pp. 1-22. Leyden Studies in Sinology: Leiden: E.J. Brill.

Hulsewé, A.F.P. 1981b. "Weights and Measures in Ch'in Law." In *State and Law in East Asia: Festschrift Karl Bünger*, ed. Dieter Eikemeier and Herbert Franke, pp. 25-39. Wiesbaden: Otto Harrassowitz.

Hulsewé, A.F.P. 1984. "Some Remarks on Statute Labour in the Ch'in and Han Period." In Mario Sabattini, *Orientalia Venetiana I*, pp. 195-204. Florence: Leo S. Olschki.

Hulsewé, A.F.P. 1985a. *Remnants of Ch'in Law: An Annotated Translation of the Ch'in Legal and Administrative Rules of the 3rd Century B.C. Discovered in Yün-meng Prefecture, Hu-pei Province, in 1975*. Leiden: Brill.

Hulsewé, A.F.P. 1985b. "The Influence of the Legalist Government of Qin on the Economy as Reflected in the Texts Discovered in Yunmeng County." In *The Scope of State Power in China*, ed. Stuart R. Schram, pp. 211-235. London: School of Oriental and African Studies, University of London; Hong Kong: Chinese University of Hong Kong.

Hulsewé, A.F.P. 1986. "Ch'in and Han Law." In *The Cambridge History of China*. Vol. I: *The Ch'in and Han Empires, 221 B.C.-A.D. 220*, ed. Denis Twitchett and Michael Loewe, pp. 520-544. Cambridge: Cambridge University Press.

Hulsewé, A.F.P. 1988. "The Wide Scope of *Tao* 盗, 'Theft,' in Ch'in-Han Law." *Early China* 13: pp. 166-200.

Hulsewé, A.F.P. 1997. "Qin and Han Legal Manuscripts." In *New Sources of Early Chinese History: An Introduction to the Reading of Inscriptions and Manuscripts*, ed. Edward L. Shaughnessy, pp. 193-221. Berkeley: Society for the Study of Early China and the Institute of East Asian Studies, University of California, Berkeley.

Idema, W.L., and E. Zurcher, eds. 1990. *Thought and Law in Qin and Han China: Studies Dedicated to Anthony Hulsewé on the Occasion of his Eightieth Birthday*. Sinica Leidensia, vol.24. Leiden; New York: E.J. Brill.

Jian, Li, 2017. *Terracotta Army: Legacy of the First Emperor of China*. Richmond, VA: Virginia Museum of Fine Arts.

Kalinowski, Marc. 1986. "Les traités de Shuihudi et l'hémérologie chinoise à la fin des Royaumes-Combattants."*T'oung Pao* 72.4-5: pp. 175-228.

Kalinowski, Marc. 1996. "The Use of the Twenty-eight *xiu* as a Day-count in Early China." *Chinese Science* 13: pp. 55-81.

Kalinowski, Marc. 2008. "Les livres des jours (*rishu*) des Qin et des Han: la logique éditoriale du recueil A de Shuihudi (217 avant notre ère)."*T'oung Pao* 94.1-3: pp. 1-48.

Kalinowski, Marc. 2011. "Théorie musicale et harmonie calendaire à la fin des Royaumes combattants: les livres des jours de Fangmatan (239 avant notre ère)." *Études chinoises* 30: pp. 99-138.

Kalinowski, Marc. 2012-2013. "The Notion of 'Shi' 式 and Some Related Terms in Qin-Han Calendrical Astrology." *Early China* 35-36: pp. 331-360.

Kalinowski, Marc. 2017. "Hemerology and Prediction in the Daybooks: Ideas and Practices." In *Books of Fate and Popular Culture in Early China: The Daybook Manuscripts of the Warring States, Qin, and Han*, ed. Donald Harper and Marc Kalinowski, pp. 138-206. Leiden: Brill.

Kandel, Jochen. 1985. "Das Buch des Fürsten Shang und die Einführung der Monodoxie: Eine annotierte Übersetzung der Kapitel III und VIII des *Shang-chün shu*." In *Religion und Philosophie in Ostasien: Festschrift für Hans Steiniger zum 65 Geburtstag*, ed. Gert Naudorf, Karl-Heinz Pohl and Hans-Hermann Schmidt, pp. 445-458. Würzburg: Königshausen + Neumann.

Kern, Martin. 2000. *The Stele Inscriptions of Ch'in Shih-huang: Text and Ritual in Early Chinese Imperial Representation*. New Haven: American Oriental Society.

Kern, Martin. 2003. "*Fenshu kengru* (Burning the Books and Executing the Ru Scholars)." In *The Encyclopedia of Confucianism*, ed. Xinzhong Yao. London; New York: Routledge Curzon.

Kern, Martin. 2007. "Imperial Tours and Mountain Inscriptions." In *The First Emperor: China's Terracotta Army*, ed. Jane Portal, pp. 104-113. Cambridge: Harvard University Press and London: Trustees of the British Museum.

Kern, Martin. 2008. "Announcements from the Mountains: The Stele Inscriptions of the Qin First Emperor." In *Conceiving the Empire: China and Rome Compared*, ed. Fritz-Heiner Mutschler and Achim Mittag, pp. 217-240. Oxford: Oxford University Press.

Kesner, Ladislav. 1995. "Likeness of No One: (Re) presenting the First Emperor's Army." *Art Bulletin* 77.1: pp. 115-132.

Khayutina, ed. Maria. 2013a. *Qin: The Eternal Emperor and His Terracotta Warriors*. Bern, Switzerland: Bernisches Historisches Museum.

Khayutina, Maria. 2013b. "The First Emperor and His Army in Imagery and Sculpture." In *Qin: The Eternal Emperor and His Terracotta Warriors*, ed. Maria Khayutina, pp. 254-259. Bern, Switzerland: Bernisches Historisches Museum.

Kim, Hongkyung. 2007. "The Original Compilation of the *Laozi*: A Contending Theory on Its Qin Origin." *Journal of Chinese Philosophy* 34.4: pp. 613-630.

Kim, Kyung-ho, and Ming-chiu Lai. 2018. "An Overview of the Qin-Han Legal System from the Perspective of Recently Unearthed Documents." In *Routledge Handbook of Early Chinese History*, ed. Paul R. Goldin, pp. 386-404. London: Routledge.

Kim, Moonsil Lee. 2016. "Discrepancy between Laws and Their Implementation: An Analysis of Granaries, Statutes, and Rations during China's Qin and Han Periods." *Journal of the Economic and Social History of the Orient* 59.4: pp. 555-589.

Kinoshita, Hiromi. 2007a. "Qin Palaces and Architecture." In *The First Emperor: China's Terracotta Army*, ed. Jane Portal, pp. 83-93. Cambridge: Harvard University Press and London: Trustees of the British Museum.

Kinoshita, Hiromi. 2007b. "The First Emperor: China's Terracotta Army." *Asian Affairs* 38.3: pp. 371-376.

Kiser, Edgar, and Yong Cai. 2003. "War and Bureaucratization in Qin China: Exploring an Anomalous Case." *American Sociological Review* 68.4: pp. 511-539.

Knoblock, John, and Jeffrey Riegel, tr. and annot. 2000. *The Annals of Lü Buwei* [呂氏春秋]: *A Complete Translation and Study*. Stanford, CA: Stanford University Press.

Koga Noboru. 1990. "A Brief History of Ch'in and Han Studies in Japan." *Acta Asiatica* 58: pp. 89-119.

Komlos, John. 2003. "The Size of the Chinese Terracotta Warriors - 3rd century B.C." *Antiquity* 77. https://

www.antiquity.ac.uk/projgall/komlos296/

Korolkov, Maxim. 2011. "Arguing about Law: Interrogation Procedure under the Qin and Former Han Dynasties." *Études chinoises* 30: pp. 37-71.

Korolkov, Maxim. 2015. "Convict Labor in the Qin Empire: A Preliminary Study of the 'Registers of Convict Laborers' from Liye." In *Jianbo wenxian yu gudai shi—Dierjie chutu wenxian qingnian xuezhe guoji luntan lunwen ji* 簡帛文獻與古代史—第二屆出土文獻青年學者國際論壇論文集, ed. Fudan daxue lishixi 復旦大學歷史系 and Fudan daxue chutu wenxian yu guwenzi yanjiu zhongxin 復旦大學出土文獻與古文字研究中心, pp. 132-156. Shanghai: Zhongxi shuju.

Korolkov, Maxim. 2016. "Calculating Crime and Punishment: Unofficial Law Enforcement, Quantification, and Legitimacy in Early Imperial China." *Critical Analysis of Law* 3.1: pp. 70-86.

Korolkov, Maxim. 2017. "Legal Process Unearthed: A New Source of Legal History of Early Imperial China." *Journal of the American Oriental Society* 137.2: pp. 383-391.

Korolkov, Maxim. 2020. "Empire-Building and Market-Making at the Qin Frontier: Imperial Expansion and Economic Change, 221—207 BCE." Unpublished PhD Dissertation. Columbia University, New York.

Kroll, J.L. 1990. "Notes on Ch'in and Han Law." In *Thought and Law in Qin and Han China: Studies Dedicated to Anthony Hulsewé on the Occasion of His Eightieth Birthday*, pp. 63-78. Sinica Leidensia, vol. 24. Leiden; New York: E.J. Brill.

Kudo Motoo. 1990. "The Ch'in Bamboo Strip Book of Divination (*Jih-shu*) and Ch'in Legalism." *Acta Asiatica* 58: pp. 24-37.

Kudo Motoo. 2017a. "Local Government Officials and Shu-shu—A View from Daybooks (Jih-shu)." *Acta Asiatica* 113: pp. 47-68.

Kudo Motoo. 2017b. "Trends in Research on Qin Bamboo Strips in Japan (2011-2013)." *Bamboo and Silk* 1.1: pp. 250-261.

Langhals, H., and D. Bathelt. 2003. "The Restoration of the Largest Archaeological Discovery—a Chemical Problem: Conservation of the Polychromy of the Chinese Terracotta Army in Lintong. *Angewandte Chemie International Edition*, 42 (46): pp. 5676-5681.

Lau, Ulrich. 2002. "Die Rekonstrucktion des Strafprozess und die Prinzipien der Strafzumessung zu Beginn der Han-Zeit im Lichte des *Zouyan shu*." In vol. 2 of *Und folge nun dem, was mein Herz begehrt: Festchrift für Ulrich Unger zum 70. Geburtstag*, ed. Reinhard Emmerich and Hans Stumpfeldt, pp. 343-395. Hamburger Sinologische Schriften 8. Hamburg: Hamburger Sinologische Gesellschaft.

Lau, Ulrich. 2005. "The Scope of Private Jurisdiction in Early Imperial China: The Evidence of Newly Excavated Legal Documents." *Asiatische Studien* 59.1: pp. 333-352.

Lau, Ulrich, and Michael Lüdke. 2012. *Exemplarische Rechtsfalle vom Beginn der Han-Dynastie: Eine kommentierte Ubersetzung des Zouyanshu aus Zhangjiashan/Provinz Hubei*. Tokyo: Research Institute for Languages and Cultures of Asia and Africa (ILCAA), Tokyo University of Foreign Studies.

Lau, Ulrich. 2014. "Qin Criminal Case Records of the Collection *Wei yu deng zhuang*." *Oriens Extremus* 53: pp. 139-192.

Lau, Ulrich, and Thies Staack. 2016. *Legal Practice in the Formative Stages of the Chinese Empire: An Annotated Translation of the Exemplary Qin Criminal Cases from the Yuelu Academy Collection*. Leiden:

278

Brill.

Ledderose, Lothar. 2000. *Ten Thousand Things: Module and Mass Production in Chinese Art*. Princeton: Princeton University Press.

Ledderose, Lothar; Viviane Regnot, tr. 2008. "Une armée magique pour l'empereur." In *Les soldats de l'éternité*, ed. Alain Thote and Lothar von Falkenhausen, pp. 251-269. Paris, Éditions de la Pinacothèque de Paris.

Ledderose, Lothar, and Adele Schlombs, eds. 1990. *Jenseits der großen Mauer: Der erste Kaiser von Qin und seine Terrakotta-Armee*. Munich: Bertelsmann.

Lee, Gong-Way. 1996. "A Comparative Study between Shang Yang and Niccolo Machiavelli: Their Views on Human Nature and History." *Chinese Culture* 37.1: pp. 39-54.

Lei Ge; Wang Jingqiong and Josh Mason, tr. 2015. "The Heavens are High and the Emperor is Near: An Imperial Power System that is Open to the People—the Interactions and Representation of the Complicated Relationship between the Emperors and the People in Qin and Han Dynasties." *Journal of Chinese Humanities* 1.1: pp. 120-145.

Lévi, Jean, tr. 2005 [1981]. *Le livre du prince Shang*. Paris: Flammarion.

Lewis, Mark Edward. 2007. *The Early Chinese Empires: Qin and Han*. Cambridge, MA: Belknap Press of Harvard University Press.

Lewis, Mark Edward. 2015. "Early Imperial China, from the Qin and Han through Tang." In *Fiscal Regimes and the Political Economy of Premodern States*, ed. Andrew Monson and Walter Scheidel, pp. 282-307. Cambridge: Cambridge University Press.

Li, Cunshan; Yuri Pines, tr. "*Book of Lord Shang* and Elevation of Confucianism in the Han: Including the Discussion of the Conflict between Shang Yang, His School, and the Confucians." *Contemporary Chinese Thought* 47.2: pp. 112-124.

Li Feng. 2013. *Early China: A Social and Cultural History*. Cambridge; New York: Cambridge University Press.

Li, Feng. 2017. "A Study of the Bronze Vessels and Sacrificial Remains of the Early Qin State from Lixian, Gansu." In *Imprints of Kinship: Studies of Recently Discovered Bronze Inscriptions from Ancient China*, ed. Edward L. Shaughnessy, pp. 209-234. Shatin, Hong Kong: Chinese University Press.

Li, Jiahao. 2013. "Identifying the Wangjiatai Qin (221 B.C.E.-206 B.C.E.) Bamboo Slips 'Yi Divinations' (*Yi zhan*) as the *Guicang*." *Contemporary Chinese Thought* 44.3: 42-59.

Li, Kin Sum (Sammy). 2017a. "The Design Origins of Qin Metal Weights." *Artibus Asiae* 77.1: 91-110.

Li, Kin Sum (Sammy). 2017b. "To Rule by Manufacture: Measurement Regulation and Metal Weight Production in the Qin Empire." *T'oung Pao* 103.1-3: pp. 1-32.

Li, Mo, et al. 2016. "A Study of Simulation of the Production Technology of Ancient Chinese Blue and Purple Faience during the Warring States, Qin and Han Dynasties." In *Recent Advances in the Scientific Research on Ancient Glass and Glaze*, ed. Fuxi Gan, et al., pp. 499-514. Series on Archaeology and History of Science in China 2. Hackensack, NJ: World Century.

Li, Wenying. 2012. "Silk Artistry of the Qin, Han, Wei, and Jin Dynasties." In *Chinese Silks*, ed. Dieter Kuhn, pp. 115-165. New Haven, Conn.: Yale University Press; Beijing: Foreign Languages Press.

Li, Xiuzhen. 2020. *Bronze Weapons of the Qin Terracotta Warriors: Standardisation, Craft Specialisation and Labour Organisation*, Oxford: BAR Publishing.

Li, Xiuzhen Janice, Marcos Martinón-Torres, Nigel D. Meek, Yin Xia, and Kun Zhao. 2011. "Inscriptions, Filing, Grinding and Polishing Marks on the Bronze Weapons from the Qin Terracotta Army in China." *Journal of Archaeological Science* 38.3: pp. 492-501. https://doi.org/10.1016/j.jas.2010.09.012

Li, Xiuzhen Janice, Marcos Martinón-Torres, Nigel Meeks and Yin Xia. 2012. "Scanning Electron Microscopy Imaging of Tool Marks on Qin Bronze Weapons Using Silicone Rubber Impressions." In *Historical Technology, Materials and Conservation: SEM and Microanalysis*, ed. Andrew Meek, Nigel Meeks, Aude Mongiatti, and Caroline Cartwright, pp. 62-68. London: Archetype Publications, in association with the British Museum.

Li, Xiuzhen Janice, Andrew Bevan, Marcos Martinón-Torres, Yin Xia, and Kun Zhao. 2014. "Crossbows and Imperial Craft Organisation: The Bronze Triggers of China's Terracotta Army." *Antiquity* 88.339: pp. 126-140.

Li, Xiuzhen, Andrew Bevan, Marcos Martinón-Torres, Yin Xia, and Kun Zhao. 2016. "Marking Practices and the Making of the Qin Terracotta Army." *Journal of Anthropological Archaeology* 42.1: pp. 169-183. https://doi.org/10.1016/j.jaa.2016.04.002

Li Xueqin, tr. K.C. Chang. 1985. *Eastern Zhou and Qin Civilizations*. Early Chinese Civilization Series. New Haven and London: Yale University Press.

Li Xueqin. 1985-87. "Some Problems Concerning Qin and Han Bronzes." *Early China* 11-12: pp. 296-300.

Li Xueqin and Xing Wen. 2001. "New Light on the Early-Han Code: A Reappraisal of the Zhangjiashan Bamboo-slip Legal Texts." *Asia Major*, 3rd ser., 14 (1): pp. 125-146.

Li Yu-ning, ed. 1975. *The First Emperor of China*. White Plains: International Arts and Sciences Press.

Li Yu-ning, ed. 1977. *Shang Yang's Reforms and State Control in China*. The China Book Project: Translation and Commentary. White Plains, NY: M.E. Sharpe.

Liang Yun. 2018. "On the Origin and Formation of the Early Qin Culture." *Chinese Archaeology* 18.1: pp. 136-145.

Liao Ling-min, Pan Chun-xu, and Ma Yu. 2010. "Manufacturing Techniques of Armor Strips Excavated from Emperor Qin Shi Huang's Mausoleum, China." *Transactions of Nonferrous Metals Society of China* 20.3: pp. 395-399. https://doi.org/10.1016/S1003-6326（09）60152-7

Lin, James. 2007. "Armour for the Afterlife." In *The First Emperor: China's Terracotta Army*, ed. Jane Portal, pp. 180-189. Cambridge: Harvard University Press and London: Trustees of the British Museum.

Lin, James. 2018. "The Return of China's First Emperor and the Terracotta Warriors." *Arts of Asia* 48.4: pp. 48-57.

Lin, James C.S., and Xiuzhen Li, ed. Karen Miller. 2018. *China's First Emperor and the Terracotta Warriors*. Liverpool: National Museums.

Lippiello, Tiziana. 2007. "Self-Cultivation and Longevity Techniques: Toward the *xian* Cult of Qin and Han Times." *Azijske in Afriške študije* 11: pp. 99-115.

Liščák, Vladimír. 1988. "Excavations at the Yongcheng Site, 1959-1986." *Early China* 13: pp. 274-287.

Liu, Cary Y. 2017. "The Qin and Han Imperial City: Modeling and Visualizing Architecture." In *Age of*

Empires: Chinese Art of the Qin and Han Dynasties (221BC–AD220), ed. Zhixin Jason Sun, pp. 29-37. New York: Metropolitan Museum of Art.

Liú Lèxián; Xiaobing Wang-Riese and Hannah Rehle, tr. 2009. "Comparison of the Chū and Qín Art of Selection: A Study Based on Excavated Documents." In *Time and Ritual in Early China*, ed. Xiaobing Wang-Riese and Thomas O. Höllmann, pp. 153-168. Asiatische Forschungen 153. Wiesbaden: Harrassowitz.

Liu Lexian. 2017. "Daybooks: A Type of Popular Hemerological Manual of the Warring States, Qin, and Han." In *Books of Fate and Popular Culture in Early China: The Daybook Manuscripts of the Warring States, Qin, and Han*, ed. Donald Harper and Marc Kalinowski, pp. 57-90. Leiden: Brill.

Liu Qingzhu; Anthony Barbieri-Low, tr. 2007. "Archaeological Discovery and Research into the Layout of the Palaces and Ancestral Shrines of Han Dynasty Chang'an—A Comparative Essay on the Capital Cities of Ancient Chinese Kingdoms and Empires." *Early China* 31: pp. 113-143.

Liu Qingzhu and Yue Hongbin. 2017. "Qin and Han Cities and Tombs: Important Archaeological Discoveries from the Xi'an Region." In *Terracotta Army: Legacy of the First Emperor of China*, ed. Li Jian, pp. 17-25. Richmond, VA: Virginia Museum of Fine Arts.

Liu Tseng-kuei; John Lagerwey, tr. 2009. "Taboos: An Aspect of Belief in the Qin and Han." In *Early Chinese Religion*, ed. John Lagerwey and Marc Kalinowski, vol. 2, pp. 881-948. Leiden: Brill.

Liu Xujie. 2002. "The Qin and Han Dynasties." In *Chinese Architecture*, ed. Fu Xinian et al.; Nancy S. Steinhardt, tr., pp. 33-59. The Culture and Civilization of China. New Haven and London: Yale University Press.

Liu Yang. 2010a. "Battle Formation of the Terracotta Army." In *The First Emperor: China's Entombed Warriors*, ed. Liu Yang and Edmund Capon, pp. 118-130. Sydney: Art Gallery of New South Wales.

Liu Yang. 2010b. "The First Emperor: Achievements and Vision." In *The First Emperor: China's Entombed Warriors*, ed. Liu Yang and Edmund Capon, pp. 93-99. Sydney: Art Gallery of New South Wales.

Liu Yang. 2010c. "The Tomb Complex and Terracotta Army of the First Emperor." In *The First Emperor: China's Entombed Warriors*, ed. Liu Yang and Edmund Capon, pp. 105-110. Sydney: Art Gallery of New South Wales.

Liu, Yang. 2011. "Inheritance and Innovation: An Archaeological Perspective of Qin Culture." *Arts of Asia* 41.1: pp. 80-93.

Liu, Yang. 2013. "Nomadic Influences in Qin Gold." *Orientations* 44.2: pp. 119-125.

Liu, Yang, ed. 2014. *Beyond the First Emperor's Mausoleum: New Perspectives on Qin Art*. Minneapolis, MN: The Minneapolis Institute of Arts.

Liu Yang and Edmund Capon, eds. 2010. *The First Emperor: China's Entombed Warriors*. Sydney: Art Gallery of New South Wales.

Liu Yang, et al., eds. 2012. *China's Terracotta Warriors: The First Emperor's Legacy*. Minneapolis: Minneapolis Institute of Arts.

Liu, Yongping. 1998. *Origins of Chinese Law: Penal and Administrative Law in Its Early Development*. Oxford: Oxford University Press.

Loewe, Michael. 1982. *Chinese Ideas of Life and Death: Faith, Myth and Reason in the Han Period*

(202BC–AD220). London; Boston: Allen & Unwin.

Loewe, Michael. 1988. "The Almanacs (*Jih-shu*) from Shui-hu-ti: A Preliminary Survey." *Asia Major* new series 1.2 (1988): pp. 1–27.

Loewe, Michael. 1994a. "Changes in Qin and Han China: The Religious and Intellectual Background." *Chūgoku shigaku* 4 (1994): pp. 7–45.

Loewe, Michael. 1994b. "The Almanacs (*Jih-shu*) from Shui-hu-ti: A Preliminary Survey." In *Divination, Mythology, and Monarchy in Han China*, pp. 214–235. Cambridge: Cambridge University Press.

Loewe, Michael. 1994c. "The Authority of the Emperors of the Ch'in and Han." In *Divination, Mythology, and Monarchy in Han China*, pp. 85–111. Cambridge: Cambridge University Press.

Loewe, Michael. 2000. *A Biographical Dictionary of the Qin, Former Han and Xin Periods (221 BC–AD 24)*. Leiden: Brill.

Loewe, Michael. 2004. *The Men Who Governed Han China: Companion to a Biographical Dictionary of the Qin, Former Han and Xin Periods*. Handbuch der Orientalistik IV.17. Leiden and Boston: Brill.

Loewe, Michael. 2005. "On the Terms *bao zi, yin gong, huan*, and *shou*: Was Zhao Gao a Eunuch?" *T'oung Pao* 91.4–5: pp. 301–319.

Loewe, Michael. 2006. *The Government of the Qin and Han Empires: 221 BCE–220 CE*. Indianapolis: Hackett Publishing Co.

Loewe, Michael. 2007. "The First Emperor and the Qin Empire." In *The First Emperor: China's Terracotta Army*, ed. Jane Portal, pp. 58–79. Cambridge: Harvard University Press and London: Trustees of the British Museum.

Loewe, Michael. 2013. "The Qin and Han Empires and Their Heritage." In *Qin: The Eternal Emperor and His Terracotta Warriors*, ed. Maria Khayutina, pp. 237–248. Bern, Switzerland: Bernisches Historisches Museum.

Loewe, Michael. 2016. *Problems of Han Administration: Ancestral Rites, Weights and Measures, and the Means of Protest*. Leiden; Boston: Brill.

Lu, Pengliang. 2017. "The Ingenuity of Qin-Han Craftsmanship." In *Age of Empires: Chinese Art of the Qin and Han Dynasties (221BC–AD220)*, ed. Zhixin Jason Sun, pp. 39–49. New York: Metropolitan Museum of Art.

Lüdke, Michael. 2016. "Professional Practice: Law in Qin and Han China." https://archiv.ub.uni-heidelberg.de/volltextserver/22321/

Lullo, Sheri A. 2018. "Toiletries and the Production of Social Memory from the Warring States through the Han (Fourth Century BCE to Third Century CE)." In *Memory and Agency in Ancient China: Shaping the Life History of Objects*, ed. Francis Allard, Yan Sun, and Kathryn M. Linduff, pp. 176–196. Cambridge University Press.

Luo Jianjin. 2015. "An Algorithm Analysis on the Twelve Tones in the Book Bamboo Slips of Fangmatan of the Qin Dynasty in City Tianshui." *Historia Scientiarum* 24.2 (no.113): pp. 50–58.

Ma, Tsang Wing. 2017. "Scribes, Assistants, and the Materiality of Administrative Documents in Qin-Early Han China: Excavated Evidence from Liye, Shuihudi, and Zhangjiashan." *T'oung Pao* 103.4–5: pp. 297–333.

Ma, Ying, Benjamin T. Fuller, Weigang Sun, Songmei Hu, Liang Chen, Yaowu Hu, and Michael P. Richards.

2016. "Tracing the Locality of Prisoners and Workers at the Mausoleum of Qin Shi Huang: First Emperor of China (259-210 BC)." *Scientific Reports* 2: 26731. Published online June 2. Doi: 10.1038/srep26731.

Man, John. 2007. *The Terracotta Army: China's First Emperor and the Birth of a Nation*. London: Bantam Press.

Mansvelt Beck, B.J. 1987. "The First Emperor's Taboo Character and the Three Day Reign of King Xiaowen: Two Moot Points Raised by the Qin Chronicle Unearthed in Shuihudi in 1975." *T'oung Pao* 73.1-3: pp. 68-85.

Martinón-Torres, Marcos, Xiuzhen Janice Li, Andrew Bevan, Yin Xia, Kun Zhao and Thilo Rehren. 2012. "Forty Thousand Arms for a Single Emperor: From Chemical Data to Labor Organization in the Production of Bronze Arrows for the Terracotta Army." *Journal of Archaeological Method and Theory* 21.3: pp. 534-562.

Martinón-Torres, Marcos, Xiuzhen Li, Yin Xia, Agnese Benzonelli, Andrew Bevan, Shengtao Ma, Jianhua Huang, Liang Wang, Desheng Lan, Jiangwei Liu, Siran Liu, Zhen Zhao, Kun Zhao, and Thilo Rehren. 2019. "Surface Chromium on Terracotta Army Bronze Weapons is Neither an Ancient Anti-rust Treatment nor the Reason for Their Good Preservation." *Scientific Reports* 9: 5289 (11 pp). https://www.nature.com/articles/s41598-019-40613-7

Mattos, Gilbert L. 1988. *The Stone Drums of Ch'in*. Nettetal, Germany: Steyler.

McLeod, Katrina C.D., and Robin D.S. Yates. 1981. "Forms of Ch'in Law: An Annotated Translation of the *Feng-chen shih*." *Harvard Journal of Asiatic Studies* 41.1: pp. 111-163.

Michaelson, Carol. 2007. "Qin Gold and Jade." In *The First Emperor: China's Terracotta Army*, ed. Jane Portal, pp. 94-101. Cambridge: Harvard University Press and London: Trustees of the British Museum.

Michaelson, Carol, ed. 2013. *The Terracotta Army and Treasures of the First Emperor of China*. Tampere: Tampere Museums Publications.

Milburn, Olivia. 2018. "Instructions to Women: Admonitions Texts for a Female Readership in Early China." *Nan Nü* 20.2: pp. 169-197.

Mittag, Achim. 2003a. "Historische Aufzeichnungen als Grabbeigabe—Das Beispiel der *Qin-Bambusannalen*." In *Auf den Spuren des Jenseits: Chinesische Grabkultur in den Facetten von Wirklichkeit, Geschichte und Totenkult*, ed. Angela Schottenhammer, Angela, pp. 119-140. Europäische Hochschulschriften 27.89. Frankfurt: Peter Lang.

Mittag, Achim. 2003b. "The Qin Bamboo Annals of Shuihudi: A Random Note from the Perspective of Chinese Historiography." *Monumenta Serica* 51: pp. 543-570.

Miyake Kiyoshi. 2017. "The Military History of Qin and the Composition of Its Expeditionary Forces." *Bamboo and Silk* 1.1: pp. 121-151.

Moody, Peter R. 2011. "Han Fei in His Context: Legalism on the Eve of the Qin Conquest." *Journal of Chinese Philosophy* 38.1: pp. 14-30.

Nickel, Lucas. 2007. "The Terracotta Army." In *The First Emperor: China's Terracotta Army*, ed. Jane Portal, pp. 158-179. Cambridge: Harvard University Press and London: Trustees of the British Museum.

Nickel, Lukas. 2013. "The First Emperor and Sculpture in China." *Bulletin of the School of Oriental and African Studies* 76.3: pp. 413-447.

Nylan, Michael. 2005-6. "Notes on a Case of Illicit Sex from Zhangjiashan: A Translation and Commentary."
Early China, no. 30: pp. 25-45.

Nylan, Michael. 2009. "Classics without Canonization: Learning and Authority in Qin and Han." In *Early Chinese Religion*, ed. John Lagerwey and Marc Kalinowski, vol.2, pp. 721-776. Leiden: Brill.

Nylan, Michael. 2014. "Han Views of the Qin Legacy and the Late Western Han 'Classical Turn'." *Bulletin of the Museum of Far Eastern Antiquities* 79: pp. 1-67.

Ōnishi, Katsuya. 2018. "An Investigation of Clerical Script in Chu Regions during the Qin and Han Periods, and Its Relationship to 'Scribal Writing'." *Bamboo and Silk* 1.2: pp. 359-402.

Ouyang Ts'ai-Wei. 1984. "Restoring China's Past: The Funerary Chariots of Ch'in Shih Huang-ti." *Arts of Asia* 14.3: pp. 131-135.

Pankenier, David. 2014. "Qin Cosmography and the First Cosmic Capital, Xianyang." In *Beyond the First Emperor's Mausoleum: New Perspectives on Qin Art*, ed. Liu Yang, pp. 45-57. Minneapolis: Minneapolis Institute of Arts.

Peng, Hao, and Ling Zhang. 2018. "On 'Skirts' and 'Trousers' in the Qin Dynasty Manuscript *Making Clothes in the Collection of Peking University*." *Chinese Cultural Relics* 5.1-4: pp. 248-268. https://dlib.eastview.com/browse/doc/54663802

Petersen, Jens Østergard. 1995. "Which Books Did the First Emperor of Ch'in Burn? On the Meaning of '*pai chia*' in Early Chinese Sources." *Monumenta Serica* 43: pp. 1-52.

Pines, Yuri. 2004. "The Question of Interpretation: Qin History in Light of New Epigraphic Sources." *Early China* 29: pp. 1-44.

Pines, Yuri. 2005-2006. "Biases and Their Sources: Qin History in the *Shiji*." *Oriens Extremus* 45: pp. 10-34.

Pines, Yuri. 2008a. "A Hero Terrorist: Adoration of Jing Ke Revisited." *Asia Major* (third series) 21.2: pp. 1-34.

Pines, Yuri; Olivier Venture, tr. 2008b. "L'idéologie de Qin : créer l'empire."In *Les soldats de l'éternité*, ed. Alain Thote and Lothar von Falkenhausen, pp. 171-181. Paris, Éditions de la Pinacothèque de Paris.

Pines, Yuri. 2012. "Alienating Rhetoric in the *Book of Lord Shang* and Its Moderation." *Extrême-Orient Extrême-Occident* 34: pp. 79-110.

Pines, Yuri. 2013a. "From Historical Evolution to the End of History: Past, Present and Future from Shang Yang to the First Emperor." In *Dao Companion to the Philosophy of Han Fei*, ed. Paul Rakita Goldin, pp. 25-45. Dordrecht; New York: Springer.

Pines, Yuri. 2013b. "From Teachers to Subjects: Ministers Speaking to the Rulers, from Yan Ying 晏嬰 to Li Si 李斯 ." In *Facing the Monarch: Modes of Advice in the Early Chinese Court*, ed. Garrett P.S. Olberding, pp. 69-99. Harvard East Asian Monographs 359. Cambridge, MA, and London.

Pines, Yuri. 2013c. "King Zheng of Qin, the First Emperor of China." In *Qin: The Eternal Emperor and His Terracotta Warriors*, ed. Maria Khayutina, pp. 105-116. Bern, Switzerland: Bernisches Historisches Museum.

Pines, Yuri. 2013d. "Introduction: The First Emperor and His Image." In *Birth of an Empire: The State of Qin Revisited*, ed. Yuri Pines, Gideon Shelach, Lothar von Falkenhausen, and Robin D.S. Yates, pp. 227-238. University of California Press, Berkeley.

Pines, Yuri. 2013e. "Qin: From Principality to Kingdom to Empire." In *Qin: The Eternal Emperor and His Terracotta Warriors*, ed. Maria Khayutina, pp. 27-36. Bern, Switzerland: Bernisches Historisches Museum.

Pines, Yuri. 2013f. "The Messianic Emperor: A New Look at Qin's Place in China's History." In *Birth of an Empire: The State of Qin Revisited*, ed. Yuri Pines, Gideon Shelach, Lothar von Falkenhausen, and Robin D.S. Yates, pp. 258-279. University of California Press, Berkeley.

Pines, Yuri. 2016a. "A 'Total War'? Rethinking Military Ideology in the *Book of Lord Shang*." *Journal of Chinese Military History* 5.2: pp. 97-134.

Pines, Yuri. 2016b. "Dating a Pre-imperial Text: The Case Study of the *Book of Lord Shang*." *Early China* 39: pp. 145-184.

Pines, Yuri. 2016c. "Social Engineering in Early China: The Ideology of the *Shangjun shu* (Book of Lord Shang)." *Oriens Extremus* 55: pp. 1-37.

Pines, Yuri. 2017. *The Book of Lord Shang: Apologetics of State Power in Early China*. New York: Columbia University Press.

Pines, Yuri, Gideon Shelach, Lothar von Falkenhausen, and Robin D.S. Yates, eds. 2013. *Birth of an Empire: The State of Qin Revisited*. Berkeley: University of California Press.

Pines, Yuri, with Lothar von Falkenhausen, Gideon Shelach, and Robin D.S. Yates. 2013. "General Introduction: Qin History Revisited." In *Birth of an Empire: The State of Qin Revisited*, ed. Yuri Pines, Gideon Shelach, Lothar von Falkenhausen, and Robin D.S. Yates, pp. 1-34. University of California Press, Berkeley.

Pines, Yuri, and Carine Defoort. 2016. "Chinese Academic Views on Shang Yang since the Open-Up-and-Reform Era." *Contemporary Chinese Thought* 47:2: pp. 59-68. DOI: 10.1080/10971467.2016.1227112

Pirazzoli-t'Serstevens, Michèle. 1996. "I Qin e gli Han." In *La Cina*, ed. Michèle Pirazzoli-t'Serstevens, vol.1, pp. 167-251. Storia universale dell'arte: Sezione seconda, Le Civiltà dell'Oriente. Torino: UTET.

Pirazzoli-t'Serstevens, Michèle. 2008. "Épilogue: L'héritage Qin." In *Les soldats de l'éternité*, ed. Alain Thote and Lothar von Falkenhausen, pp. 321-325. Paris, Éditions de la Pinacothèque de Paris.

Pirazzoli-t'serstevens, Michèle. 2009. "Autour de la mort et des morts: Pratiques et images à l'époque des Qin et des Han." In *Religion et société en Chine ancienne et médiévale*, ed. John Lagerwey, pp. 339-393. Paris: Éditions du Cerf: Institut Ricci.

Pirazzoli-t'serstevens, Michèle; Margaret McIntosh, tr. 2009. "Death and the Dead: Practices and Images in the Qin and Han." In *Early Chinese Religion*, ed. John Lagerwey and Marc Kalinowski, vol. 2, pp. 949-1026. Leiden: Brill.

Poo, Mu-chou. 1998. *In Search of Personal Welfare: A View of Ancient Chinese Religion*. Albany: State University of New York Press.

Poo, Mu-chou. 2005. "How to Steer through Life: Negotiating Fate in the Daybook." In *The Magnitude of Ming: Command, Allotment, and Fate in Chinese Culture*, ed. Christopher Lupke, pp. 107-125. Honolulu: University of Hawaii Press.

Poo Mu-chou. 2013. "Religion and Religious Life of the Qin." In *Birth of an Empire: The State of Qin Revisited*, ed. Yuri Pines, Gideon Shelach, Lothar von Falkenhausen, and Robin D.S. Yates, pp. 187-205.

University of California Press, Berkeley.

Portal, Jane, ed. 2007a. *The First Emperor: China's Terracotta Army*. Cambridge: Harvard University Press and London: Trustees of the British Museum.

Portal, Jane. 2007b. "The First Emperor—Recent Excavations." *Orientations* 38.8: pp. 94-96.

Portal, Jane. 2007c. "The First Emperor: The Making of China." In *The First Emperor: China's Terracotta Army*, ed. Jane Portal, pp. 14-29. Cambridge: Harvard University Press and London: Trustees of the British Museum.

Portal, Jane. 2008. *Terra Cotta Warriors: Guardians of China's First Emperor*. Santa Ana, CA: Bowers Museum.

Powers, Martin. 2014. "Artistic Naturalism and Bureaucratic Theory." In *Beyond the First Emperor's Mausoleum: New Perspectives on Qin Art*, ed. Liu Yang, pp. 31-41. Minneapolis: Minneapolis Institute of Arts.

Qian, Kun. 2009. "Love or Hate: The First Emperor on Screen—Three Movies on the Attempted Assassination of the First Emperor Qin Shihuang." *Asian Cinema* 20.2: pp. 39-67.

Qian, Hao. 1981. "QinDynasty Warriors and Horses: A Great Terracotta Army of 220 B.C." In *Out of China's Earth: Archeological Discoveries in the People's Republic of China*, ed. Hao Qian, Chen Heyi, and Ru Suichu, pp. 65-85. New York: H.N. Abrams.

Qin, Guangyun, Xianjia Pan, and Shi Li. 1989. "Mössbauer Firing Study of Terracotta Warriors and Horses of the Qin Dynasty (221 B.C.)." *Archaeometry* 31.1: pp. 3-12.

Quinn, Patrick Sean, Shangxin Zhang, Yin Xia, and Xiuzhen Li. 2017. "Building the Terracotta Army: Ceramic Craft Technology and Organisation of Production at Qin Shihuang's Mausoleum Complex." *Antiquity* 91.358: pp. 966-979.

Rawson, Jessica. 2002. "Ritual Vessel Changes in the Warring States, Qin and Han Periods." In *Regional Culture, Religion, and Arts before the Seventh Century* 中世紀以前的地域文化、宗教與藝術, ed. Hsing I-tien 邢義田, pp. 1-57. Papers from the Third International Conference on Sinology, History Section. Taipei: Academia Sinica.

Rawson, Jessica. 2002. "The Power of Images: The Model Universe of the First Emperor and Its Legacy." *Historical Research* 75.188: pp. 123-154.

Rawson, Jessica. 2007. "The First Emperor's Tomb: The Afterlife Universe." In *The First Emperor: China's Terracotta Army*, ed. Jane Portal, pp. 114-145. Cambridge: Harvard University Press and London: Trustees of the British Museum.

Riegel, Jeffrey. 2006. "The Archaeology of the First Emperor's Tomb." *Journal of the Oriental Society of Australia* 38: pp. 91-103.

Riegel, Jeffrey. 2010. "Qin before the First Emperor." In *The First Emperor: China's Entombed Warriors*, ed. Liu Yang and Edmund Capon, pp. 31-35. Sydney: Art Gallery of New South Wales.

Rubin, Vitaly A; Steven I. Levine, tr. 1976. "The Theory and Practice of a Totalitarian State: Shang Yang and Legalism." In *Individual and State in Ancient China: Essays on Four Chinese Philosophers*, pp. 55-87. New York: Columbia University Press.

Sabattini, Elisa Levi. 2017. "How to Surpass the Qin: On Jia Yi's Intentions in the *Guo Qin lun*." *Monumenta*

Serica 65.2: pp. 263-284.

Sage, Steven F. 1992. *Ancient Sichuan and the Unification of China.* Albany: State University of New York Press.

Sanft, Charles. 2008a. "Notes on Penal Ritual and Subjective Truth under the Qin." *Asia Major* 3rd series, 21.2: pp. 35-57.

Sanft, Charles. 2008b. "Progress and Publicity in Early China: Qin Shihuang, Ritual, and Common Knowledge." *Journal of Ritual Studies* 22.1: pp. 21-37.

Sanft, Charles. 2008c. "The Construction and Deconstruction of Epanggong: Notes from the Crossroads of History and Poetry." *Oriens Extremus* 47: pp. 160-176.

Sanft, Charles. 2010a. "Environment and Law in Early Imperial China (Third Century BCE-First Century CE): Qin and Han Statutes Concerning Natural Resources." *Environmental History* 15.4: pp. 701-721.

Sanft, Charles. 2010b. "Law and Communication in Qin and Western Han China." *Journal of the Economic and Social History of the Orient* 53.5: pp. 679-711.

Sanft, Charles. 2011. "Debating the Route of the Qin Direct Road (*Zhidao*): Text and Excavation." *Frontiers of History in China* 6.3: pp. 323-346.

Sanft, Charles. 2013. "Qin Government: Structures, Principles, and Practices." In *Qin: The Eternal Emperor and His Terracotta Warriors*, ed. Maria Khayutina, pp. 118-129. Bern, Switzerland: Bernisches Historisches Museum.

Sanft, Charles. 2014a. *Communication and Cooperation in Early Imperial China: Publicizing the Qin Dynasty.* Albany, NY: State University of New York Press.

Sanft, Charles, 2014b. "New Information on Qin Religious Practice from Liye and Zhoujiatai." *Early China* 37: pp. 327-358.

Sanft, Charles, 2014c. "Shang Yang was a Cooperator: Applying Axelrod's Analysis of Cooperation in Early China." *Philosophy East and West* 64.1: pp. 174-191.

Sanft, Charles. 2015. "Population Records from Liye: Ideology in Practice." In *Ideology of Power and Power of Ideology in Early China*, ed. Yuri Pines, Paul R. Goldin, and Martin Kern, pp. 249-270. Leiden: Brill.

Sanft, Charles. 2019. "The Qin Dynasty (221-206 BCE)." In *Routledge Handbook of Imperial Chinese History*, ed. Victor Cunrui Xiong and Kenneth J. Hammond, pp. 11-24. Abingdon: Routledge.

Scheidel, Walter. 2009. "From the 'Great Convergence' to the 'First Great Divergence': Roman and Qin-Han State Formation and Its Aftermath." In *Rome and China: Comparative Perspectives on Ancient World Empires*, ed. Walter Scheidel, pp. 11-23. Oxford, England; New York: Oxford University Press.

Scheidel, Walter. 2017. "Slavery and Forced Labor in Early China and the Roman World." In *Eurasian Empires in Antiquity and the Early Middle Ages: Contacts and Exchange between the Graeco-Roman World, Inner Asia and China*, ed. H. J. Kim, F. J. Vervaet and S. F. Adali, pp. 133-150. Cambridge: Cambridge University Press.

Selbitschka, Armin. 2013a. "The Terracotta Men and Their Roles." In *Qin: The Eternal Emperor and His Terracotta Warriors*, ed. Maria Khayutina, pp. 156-163. Bern, Switzerland: Bernisches Historisches Museum.

Selbitschka, Armin. 2013b. "The Tomb Complex and Its Hidden Secrets." In *Qin: The Eternal Emperor and His Terracotta Warriors*, ed. Maria Khayutina, pp. 144-154. Bern, Switzerland: Bernisches Historisches Museum.

Shankman, Steven. 2002. "The Legalist Betrayal of the Confucian Other: Sima Qian's Portrayal of Qin Shihuangdi." *Who, Exactly, Is the Other? Western and Transcultural Perspectives*, ed. Steven Shankman and Massimo Lollini, pp. 59-64. Eugene: University of Oregon Books.

Shankman, Steven. 2010. *Other Others: Levinas, Literature, Transcultural Studies*. Albany, NY: State University of New York Press.

Shaughnessy, Edward L. 2014. "The Qin *Biannian ji* 編年記 and the Beginnings of Historical Writing in China." In *Beyond the First Emperor's Mausoleum: New Perspectives on Qin Art*, ed. Liu Yang, pp. 115-136. Minneapolis: Minneapolis Institute of Arts.

Shelach, Gideon. 2013. "Collapse or Transformation? Anthropological and Archaeological Perspectives on the Fall of Qin." In *Birth of an Empire: The State of Qin Revisited*, ed. Yuri Pines, Gideon Shelach, Lothar von Falkenhausen, and Robin D.S. Yates, pp. 113-138. University of California Press, Berkeley.

Shelach, Gideon, and Yuri Pines. 2006. "Secondary State Formation and the Development of Local Identity: Change and Continuity in the State of Qin (770-221 B.C.)." In *Archaeology of Asia*, ed. Miriam T. Stark, pp. 202-230. Blackwell Studies in Global Archaeology. Malden, MA: Blackwell.

Shen, Chen. 2010. *The Warrior Emperor and China's Terracotta Army*. Toronto: Royal Ontario Museum.

Shi Jie. 2014. "Incorporating All for One: The First Emperor's Tomb Mound." *Early China* 37: pp. 359-391.

So, Jenny. 1995. "Bronze Weapons, Harness and Personal Ornaments: Signs of Qin's Contacts with the Northwest." *Orientations* 26.10: pp. 36-43.

So, Jenny F. 2014. "Foreign/Eurasian Elements in Pre-Imperial Period Qin Culture: Materials, Techniques and Types." In *Beyond the First Emperor's Mausoleum: New Perspectives on Qin Art*, ed. Liu Yang, pp. 193-211. Minneapolis: Minneapolis Institute of Arts.

Song, Jie; Kai Filipiak and Eugenia Werzner, tr. 2015. "The Master of Works (*sikong*) in the Armies of the Qin and Han Dynasties." In *Civil-military Relations in Chinese History: from Ancient China to the Communist Takeover*, ed. Kai Filipiak, pp. 47-62. London; New York: Routledge. (Asian states and empires, 7).

Sørensen, Bo Ærenlund. 2010. "How the First Emperor Unified the Minds of Contemporary Historians: The Inadequate Source Criticism in Modern Historical Works about the Chinese Bronze Age." *Monumenta Serica* 58: pp. 1-30.

Sou, Daniel S. 2013. "Shaping Qin Local Officials: Exploring the System of Values and Responsibilities Presented in the Excavated Qin Tomb Bamboo Strips." *Monumenta Serica* 61: pp. 1-34.

Sou, Daniel. 2015. "Living with Ghosts and Deities in the Qin 秦 State: *Methods of Exorcism from "Jie* 詰 *" in the Shuihudi* 睡虎地 *Manuscript*." In *From Mulberry Leaves to Silk Scrolls: New Approaches to the Study of Asian Manuscript Traditions*, ed. Justin Thomas McDaniel and Lynn Ransom, pp. 151-175. Philadelphia: The Schoenberg Institute for Manuscript Studies, University of Pennsylvania Libraries.

Staack, Thies. 2018. "Single-and Multi-Piece Manuscripts in Early Imperial China: On the Background and Significance of a Terminological Distinction." *Early China* 41: pp. 245-295.

Staack, Thies. 2019. "'Drafting,' 'Copying,' and 'Adding Notes': On the Semantic Field of 'Writing' as

Reflected by Qin and Early Han Legal and Administrative Documents." *Bamboo and Silk* 2.2: pp. 290-318.

Steinhardt, Nancy Shatzman. 2011. "The First Emperor's Architectural Legacy: The Qin and Early Han Dynasties." In *Terracotta Warriors: The First Emperor and His Legacy*, pp. 45-65. Singapore: Asian Civilisations Museum.

Stecher, Anna. 2013. "Staging Qin Shi Huangdi: The First Emperor on Stage and Screen." In *Qin: The Eternal Emperor and His Terracotta Warriors*, ed. Maria Khayutina, pp. 250-253. Bern, Switzerland: Bernisches Historisches Museum.

Sterckx, Roel. 1996. "An Ancient Chinese Horse Ritual." *Early China* 21: pp. 47-79.

Sterckx, Roel. 2009. "The Economics of Religion in Warring States and Early Imperial China." In *Early Chinese Religion*, ed. John Lagerwey and Marc Kalinowski, pp. 839-880. Leiden: Brill.

Sterckx, Roel. 2010. "Religious Practices in Qin and Han." In *China's Early Empires: A Reappraisal*, ed. Michael Nylan and Michael Loewe, pp. 415-429. Cambridge: Cambridge University Press.

Sun Wenbo. 2017. "Bureaus and Offices in Qin County-Level Administration: In Light of an Excerpt from the Lost *Hongfan wuxing zhuan* (*Great Plan Five Phases Commentary*)." *Bamboo and Silk* 1.1: pp. 71-120.

Sun Xiao and Pan Shaoping. 1995. "Order and Chaos: The Social Position of Men and Women in the Qin, Han and Six Dynasties Period." In *The Chalice and the Blade in Chinese Culture: Gender Relations and Social Models*, ed. Min Jiayin, pp. 226-269. Beijing: China Social Sciences Publishing House.

Sun, Zhixin Jason, ed. 2017a. *Age of Empires: Chinese Art of the Qin and Han Dynasties* (*221BC–AD220*). NewYork: Metropolitan Museum of Art.

Sun, Zhixin Jason. 2017b. "The Making of China: The Establishment of a Lasting Political Paradigm and Cultural Identity during the Qin and Han Dynasties." In *Age of Empires: Chinese Art of the Qin and Han Dynasties* (*221BC–AD220*), ed. Zhixin Jason Sun, pp. 1-11. NewYork: Metropolitan Museum of Art.

Sun, Zhixin Jason. 2017c. "The Qin and Han Empires: Their Establishment and Their Legacy." *Orientations* 48.2: pp. 84-93.

Sypniewski, Bernard Paul. 2004. "The Use of Variables in the *Remnants of Qin Law*." *Monumenta Serica* 52: pp. 345-361.

Tanner, Jeremy. 2013. "Figuring out Death: Sculpture and Agency at the Mausoleum of Halicarnassus and the Tomb of the First Emperor of China." In *Distributed Objects: Meaning and Mattering after Alfred Gell*, ed. Liana Chua and Mark Elliott, pp. 58-87. New York: Berghahn.

Tanner, Jeremy. 2018. "The Ethics and Aesthetics of Tyrannicide in the Art of Classical Athens and Early Imperial China." In *How to Do Things with History: New Approaches to Ancient Greece*, ed. Danielle Allen, Paul Christesen, and Paul Millett. Oxford University Press Scholarship online. DOI:10.1093/oso/9780190649890.003.0011

Teng, Mingyu, Susanna Lam, tr. 2013. "From Vassal State to Empire: An Archaeological Examination of Qin Culture." In *Birth of an Empire: The State of Qin Revisited*, ed. Yuri Pines, Gideon Shelach, Lothar von Falkenhausen, and Robin D.S. Yates, pp. 71-112. University of California Press, Berkeley.

Terracotta Warriors: The First Emperor and His Legacy. 2011. Singapore: Asian Civilisations Museum.

Thatcher, Melvin P. 1977-78. "A Structural Comparison of the Central Governments of Ch'in, Ch'i, and Chin." *Monumenta Serica* 33: pp. 140-161.

Thatcher, Melvin P. 1985. "Central Government of the State of Ch'in in the Spring and Autumn Period." *Journal of Oriental Studies* 23.1: pp. 29-53.

The Ch'in Pit Archaeological Team. 1979. "Excavation of the Ch'in Dynasty Pit Containing Pottery Figures of Warriors and Horses at Ling-t'ung, Shenshi Province." *Chinese Studies in Archaeology* 1.1: pp. 8-55.

Thieme, Christine, et al. 1993. *Zur Farbfassung der Terrakottaarmee des I. Kaisers Qin Shihuangdi: Untersuchungund Konservierungskozept*. Bayrisches Amt für Denkmalpflege, Forschungsbericht 12/1993. Munich: Bayrisches Amt für Denkmalpflege.

Thierry, François. 2006. "Peut-il y avoir faux-monnayage en l'absence de monopole de fonte monétaire? L'exemple du royaume de Qin (IVe-IIIe siècles av. J.-C.)." *Fraude, contrefaçon et contrebande de l'antiquité à nos jours*, ed. Gérard Béaur et al., pp. 221-235. Geneva: Droz.

Thierry, François. 2008. "L'unification monétaire de Shihuangdi : aboutissement d'un processus ou rupture radicale?" In *Les soldats de l'éternité*, ed. Alain Thote and Lothar von Falkenhausen, pp. 217-221. Paris, Éditions de la Pinacothèque de Paris.

Thierry, François. 2013. *La ruine du Qin: Ascension, triomphe et mort du premier empereur de Chine*. Paris: Vuibert.

Thorp, Robert L. 1987. "The Qin and Han Imperial Tombs and the Development of Mortuary Architecture." In *The Quest for Eternity: Chinese Ceramic Sculptures from the People's Republic of China*, pp. 17-37. Los Angeles: Los Angeles County Museum of Art.

Thote, Alain. 2003. "Lacquer Craftsmanship in the Qin and Chu Kingdoms: Two Contrasting Traditions (Late 4th to Late 3rd Century B.C.)." *Journal of East Asian Archaeology* 5.1-4: pp. 337-374.

Thote, Alain. 2013. "Tombs of the Principality of Qin: Elites and Commoners." In *Qin: The Eternal Emperor and His Terracotta Warriors*, ed. Maria Khayutina, pp. 37-46. Bern, Switzerland: Bernisches Historisches Museum.

Thote, Alain. 2014. "Defining Qin Artistic Traditions: Heritage, Borrowing, and Innovation." In *Beyond the First Emperor's Mausoleum: New Perspectives on Qin Art*, ed. Liu Yang, pp. 13-29. Minneapolis: Minneapolis Institute of Arts.

Thote, Alain. 2017. "Daybooks in Archaeological Context." In *Books of Fate and Popular Culture in Early China: The Daybook Manuscripts of the Warring States, Qin, and Han*, ed. Donald Harper and Marc Kalinowski, pp. 11-56. Leiden: Brill.

Thote, Alain, and Lothar von Falkenhausen, eds. 2008. *Les soldats de l'éternité*. Paris, Éditions de la Pinacothèque de Paris.

Tong, Weimin; Yuri Pines, tr. 2016. "On the Composition of the 'Attracting the People' Chapter of the *Book of Lord Shang*." *Contemporary Chinese Thought* 47.2: pp. 138-151.

Tseng, Lillian Lan-ying. 2017. "Popular Beliefs in the Qin and Han Dynasties." In *Age of Empires: Chinese Art of the Qin and Han Dynasties (221BC-AD220)*, ed. Zhixin Jason Sun, pp. 51-61.NewYork: Metropolitan Museum of Art.

Tsui, Wai. 2014. "Li Si." In *Berkshire Dictionary of Chinese Biography*, ed. Kerry Brown. Great Barrington,

MA: Berkshire Publishing Group. E-resource.

Tsui, Wai. 2014. "Shāng Yāng." In *Berkshire Dictionary of Chinese Biography*, ed. Kerry Brown. Great Barrington, MA: Berkshire Publishing Group. E-resource.

Van Ess, Hans. 2013. "Emperor Wu of the Han and the First August Emperor in Sima Qian's *Shiji*." In *Birth of an Empire: The State of Qin Revisited*, ed. Yuri Pines, Gideon Shelach, Lothar von Falkenhausen, and Robin D.S. Yates, pp. 238-258. University of California Press, Berkeley.

Vankeerberghen, Griet. 2014. "A Sexual Order in the Making: Wives and Slaves in Early Imperial China." In *Sex, Power, and Slavery*, ed. Gwyn Campbell and Elizabeth Elbourne, pp. 81-92. Athens, Ohio: Ohio University Press.

Venture, Olivier. 2008. "L'écriture de Qin." In *Les soldats de l'éternité*, ed. Alain Thote and Lothar von Falkenhausen, pp. 209-215. Paris, Éditions de la Pinacothèque de Paris.

Venture, Olivier. 2011a. "Caractères interdits et vocabulaire officiel sous les Qin: l'apport des documents administratifs de Liye." *Études chinoises* 30: pp. 73-98.

Venture, Olivier. 2011b. "Dossier thématique: Manuscrits et documents de Qin: Avant-propos au dossier." *Études chinoises* 30: pp. 29-35.

Venture, Olivier. 2013. "Nouvelles sources écrits pour l'histoire des Qin." *Journal Asiatique* 301.2: pp. 501-504.

Venture, Olivier. 2016. "Chen Wei (ed.), *Qin jiandu heji*: A Review Article." *Early China* 39: pp. 255-263.

Wagner, Donald B. 1990. "The Stone Drums of Qin." *Acta Orientalia* 51: pp. 241-256.

Wang, Eugene. 2014. "Afterlife Entertainment? The Cauldron and Bare-torso Figures at the First Emperor's Tomb." In *Beyond the First Emperor's Mausoleum: New Perspectives on Qin Art*, ed. Liu Yang, pp. 59-95. Minneapolis: Minneapolis Institute of Arts.

Wang Gungwu. 1974. "'Burning Books and Burying Scholars Alive': Some Recent Interpretations Concerning Ch'in Shih-huang." *Papers on Far Eastern History* 9: pp. 137-186.

Wang, Helen. 2007. "Qin Coins." In *The First Emperor: China's Terracotta Army*, ed. Jane Portal, pp. 80-82. Cambridge: Harvard University Press and London: Trustees of the British Museum.

Wang Hui; Yiyi Liu, tr. 2014. "Archaeological Finds of the Majiayuan Cemetery and Qin's Interactions with Steppe Cultures." In *Beyond the First Emperor's Mausoleum: New Perspectives on Qin Art*, ed. Liu Yang, pp. 213-239. Minneapolis: Minneapolis Institute of Arts.

Wang, Qing, Zhong-Li Zhang, Hui Ding, Wen-Bin Shao, Cheng-Sen Li, Yu-Fei Wang, and Jian Yang. 2009. "The Wood in the Pits of Terracotta Figures and Its Architectural Application." *Journal of Archaeological Science* 36: pp. 555-561. https://doi.org/10.1016/j.jas.2008.10.016

Wang, Zijin; Chen Tifang, tr. 1991. "Inland Navigation in the Qin and Han Dynasties." *Social Sciences in China* 3: pp. 96-122.

Watson, Burton, tr. 1993. *Records of the Grand Historian: Qin Dynasty*. Hong Kong and New York: Columbia University Press.

Wei, Miao. 2013. "Dental Wear and Oral Health as Indicators of Diet among the Early Qin People: A Case Study from the Xishan Site, Gansu Province." In *Bioarchaeology of East Asia: Movement, Contact, Health*, ed. Kate Pechenkina and Marc Oxenham, pp. 265-287. Gainesville: University Press of Florida.

(Bioarchaeological interpretations of the human past: local, regional and global perspectives).

Wiedemann, Hans G., Andreas Boller, and Gerhard Bayer. 1988. "Thermoanalytical Investigations on Terracotta Warriors of the Qin Dynasty." In *Materials Issues in Art and Archaeology: Symposium Held April 6-8, 1988, Reno, Nevada, U.S.A.*, ed. Edward V. Sayre, et al., pp. 129-135. Pittsburgh, PA: Materials Research Society. (Materials Research Society Symposium Proceedings, v. 123).

Wong, Raphael. 2017. "Carpets, Chariots and the State of Qin." *Orientations* 48.1: pp. 17-20.

Wood, Frances. 2008. *China's First Emperor and His Terracotta Warriors*. New York: St. Martin's Press.

Wu, Baoping, and Cunguang Lin; Yuri Pines, tr. 2016. "Reflections on the Concept of 'Law' of Shang Yang from the Perspective of Political Philosophy: Function, Value, and Spirit of the 'Rule of Law'." *Contemporary Chinese Thought* 47.2: pp. 125-137.

Wu Yongqi, Zhang Tinghao, Michael Petzet, Erwin Emmerling, and Catharina Blänsdorf, eds. 2001. *The Polychromy of Antique Sculptures and the Terracotta Armyof the First Chinese Emperor: Studies on Materials, Painting Techniques and Conservation* 古代雕塑彩繪和秦始皇兵馬俑：材料、繪畫技術和保護之研究 .Arbeitshefte des Bayerischen Landesamtes für Denkmalpflege 111. Munich: Bayerisches Landesamt für Denkmalpflege.

Wu Yongqi. 2007. "A Two-Thousand-Year-Old Underground Empire." In *The First Emperor: China's Terracotta Army*, ed. Jane Portal, pp. 152-157. Cambridge: Harvard University Press and London: Trustees of the British Museum.

Xu, Pingfang; Taotao Huang and John Moffett tr. 2001. "The Archaeology of the Great Wall of the Qin and Han Dynasties." *Journal of East Asian Archaeology* 3.1-2: pp. 259-281.

Xu Pingfang. 2005. "The Formation of the Empire by the Qin and Han Dynasties and the Unification of China." In *The Formation of Chinese Civilization: An Archaeological Perspective*, by Kwang-chih Chang and ed. Sarah Allan, pp. 249-281. Culture and Civilization of China. New Haven: Yale University Press.

Xu, Zhi, Fan Zhang, Bosong Xu, Jingze Tan, Shilin Li, Chunxiang Li, Hui Zhou, Hong Zhu, Jun Zhang, Qingbo Duan, and Li Jin. 2008. "Mitochondrial DNA Evidence for a Diversified Origin of Workers Building Mausoleum for First Emperor of China." *PLoS ONE* 3.10: e3275. https://doi.org/10.1371/journal.pone.0003275

Yakobson, Alexander. 2013. "The First Emperors: Image and Memory." In *Birth of an Empire: The State of Qin Revisited*, ed. Yuri Pines, Gideon Shelach, Lothar von Falkenhausen, and Robin D.S. Yates, pp. 280-300. University of California Press, Berkeley.

Yamada Katsuyoshi. 1990. "Offices and Officials of Works, Markets and Lands in the Ch'in Dynasty." *Acta Asiatica* 58: pp. 1-23.

Yan Changgui. 2017. "Daybooks and the Spirit World." In *Books of Fate and Popular Culture in Early China: The Daybook Manuscripts of the Warring States, Qin, and Han*, ed. Donald Harper and Marc Kalinowski, pp. 207-247. Leiden: Brill.

Yang Hong. 2017. "Military Armaments of the Qin and Han." In *Age of Empires: Chinese Art of the Qin and Han Dynasties (221BC-AD220)*, ed. Zhixin Jason Sun, pp. 21-27. NewYork: Metropolitan Museum of Art.

Yates, Robin D.S. 1985-87. "Some Notes on Ch'in Law." *Early China* 11-12: pp. 243-275.

Yates, Robin D.S. 1987. "Social Status in the Ch'in: Evidence from the Yün-meng Legal Documents. Part One: Commoners." *Harvard Journal of Asiatic Studies* 47.1: pp. 197-236.

Yates, Robin D.S. 1995. "State Control of Bureaucrats under the Qin: Techniques and Procedures." *Early China* 20: pp. 331-365.

Yates, Robin D.S. 2002. "Slavery in Early China: A Socio-cultural Perspective." *Journal of East Asian Archaeology*, 3.1-2: pp. 283-331.

Yates, Robin D.S. 2007. "The Rise of Qin and the Military Conquest of the Warring States." In *The First Emperor: China's Terracotta Army*, ed. Jane Portal, pp. 30-57. Cambridge: Harvard University Press and London: Trustees of the British Museum.

Yates, Robin D.S. 2008. "Le Premier Empereur, la loi et la vie quotidienne en Chine ancienne." In *Les soldats de l'éternité*, ed. Alain Thote and Lothar von Falkenhausen, pp. 183-189. Paris, Éditions de la Pinacothèque de Paris.

Yates, Robin D.S. 2009. "Law and the Military in Early China." In *Military Culture in Imperial China*, ed. Nicola Di Cosmo, pp. 23-44; pp. 341-343. Cambridge: Harvard University Press.

Yates, Robin D.S. 2011. "Soldiers, Scribes and Women: Literacy among the Lower Orders in Early China." In *Writing and Literacy in Early China: Studies from the Columbia Early China Seminar*, ed. Li Feng and David Branner, pp. 352-381. Seattle: University of Washington Press.

Yates, Robin D.S. 2012-2013. "The Qin Slips and Boards from Well No.1, Liye, Hunan: A Brief Introduction to the Qin Qianling County Archives," *Early China* 35-36: pp. 291-329.

Yates, Robin D.S. 2013a. "Introduction: The Empire of the Scribes." In *Birth of an Empire: The State of Qin Revisited*, ed. Yuri Pines, Gideon Shelach, Lothar von Falkenhausen, and Robin D.S. Yates, pp. 141-153. University of California Press, Berkeley.

Yates, Robin D.S. 2013b. "Reflections on the Foundation of the Chinese Empire in the Light of Newly Discovered Legal and Related Manuscripts." In *Dongya kaoguxue dezaisi—Zhang Guangzhi xiansheng shishi shizhounian jinian lunwenji* 東亞考古學的再思－張光直先生逝世十週年紀念論文集 (Rethinking East Asian Archaeology – Memorial Essay Collection for the Tenth Anniversary of Kwang-chih Chang's death), ed. Kwang-tzuu Chen, pp. 473-506. Taipei: Academia Sinica.

Yates, Robin D.S. 2013c. "The Changing Status of Slaves in the Qin-Han Transition." In *Birth of an Empire: The State of Qin Revisited*, ed. Yuri Pines, Gideon Shelach, Lothar von Falkenhausen, and Robin D.S. Yates, pp. 206-223. University of California Press, Berkeley.

Yates, Robin D.S. 2017. "Qin and Han Political Institutions and Administration." In *Age of Empires: Chinese Art of the Qin and Han Dynasties (221BC-AD220)*, ed. Zhixin Jason Sun, pp. 13-19. New York: Metropolitan Museum of Art.

Yates, Robin D.S. 2018. "Evidence for Qin Law in the Qianling County Archive: A Preliminary Survey." *Bamboo and Silk* 1.2: pp. 403-445.

Yau, Shun-Chiu 2012-2013 "The Political Implications of the Minority Policy in the Qin Law." *Early China* 35-36: pp. 277-289.

Yuan Zhongyi; Isabelle Ang, tr. 2008. "L'armée en terre cuite." In *Les soldats de l'éternité*, ed. Alain Thote and Lothar von Falkenhausen, pp. 23-29. Paris, Éditions de la Pinacothèque de Paris.

Yuan Zhongyi; Lim Chye Hong, tr. 2010. "The Discovery and Excavation of the Terracotta Army." In *The First Emperor: China's Entombed Warriors*, ed. Liu Yang and Edmund Capon, pp. 112-117. Sydney: Art Gallery of New South Wales.

Yun Jae Seug. 2017. "Research Trends in the Study of Qin Bamboo Slips in Korea (2009-2012)." *Bamboo and Silk* 1.1: pp. 262-274.

Zeng, Zhenyu; Yuri Pines, tr. 2016. "Shang Yang as a Historical Personality and as a Symbol." *Contemporary Chinese Thought* 47.2: pp. 69-89.

Zhang Chunlong, Okawa Toshitaka, and Momiyama Akira; Christopher J. Foster, tr. 2015. "A Study of the Notched Slips of the Qin Dynasty Unearthed from Liye Town with a Discussion on Deciphering Slips from the Mathematical Treatise Calculations in the Slips of the Qin Dynasty in the Collection at Yuelu Academy." *Chinese Cultural Relics* 2.3-4: pp. 279-307.

Zhang, Hu-qin. 2011. "Sex Identification of Slave Sacrifice Victims from Qin State Tombs in the Spring and Autumn Period of China Using Ancient DNA." *Archaeometry* 53.3: pp. 600-613.

Zhang, Linxiang; Yuri Pines, tr. 2016. "Progress or Change? Rethinking the Historical Outlook of the *Book of Lord Shang*." *Contemporary Chinese Thought* 47.2: pp. 90-111.

Zhang Weixing. 2017. "Recent Archaeology and New Thoughts about Qin Shihuang's Mausoleum Complex." In *Terracotta Army: Legacy of the First Emperor of China*, ed. LI Jian and Hou-mei Sung, pp. 100-101. Richmond, VA: Virginia Museum of Fine Arts.

Zhang Wenli; Li Tianshu et al., tr. 1996. *The Qin Terracotta Army: Treasures of Lintong*. Beijing: Cultural Relics Publishing House.

Zhang, Zhijun. 2010. "Consolidation Methods for Cracks at the Qin Terracotta Army Earthen Site." In *Conservation of Ancient Sites on the Silk Road: Proceedings of the Second International Conference on the Conservation of Grotto Sites, Mogao Grottoes, Dunhuang, People's Republic of China, June 28-July 3, 2004*, ed. Neville Agnew, pp. 385-388. Los Angeles: Getty Conservation Institute.

Zhao, Dingxin. 2004. "Spurious Causation in a Historical Process: War and Bureaucratization in Early China." *American Sociological Review* 69.4: pp. 603-607.

Zhao, Dingxin. 2015. *The Confucian-Legalist State: A New Theory of Chinese History*. Oxford: Oxford University Press.

Zhao Huacheng; Andrew H. Miller, tr. 2013. "New Explorations of Early Qin Culture." In *Birth of an Empire: The State of Qin Revisited*, ed. Yuri Pines, Gideon Shelach, Lothar von Falkenhausen, and Robin D.S. Yates, pp. 53-70. University of California Press, Berkeley.

Zhu Xuewen. 2015. "The Use of Metal Fittings in Lacquerware Production from the Warring States Period to the Qin and Han Dynasties." *Chinese Cultural Relics* 2.3-4: pp. 217-227.

Zou, Dahai. 2007. "Shuihudi Bamboo Strips of the Qin Dynasty and Mathematics in Pre-Qin Period." *Frontiers of History in China* 2.4: pp. 632-654.

"海外中国研究丛书"书目